口　絵①

ウィーン・マウアーのヴァルドルフ学校
（Rudolf Steiner-Schule Wien-Mauer）

裏側から見たウィーン・マウアーのヴァルドルフ学校

ウィーン・マウアーのヴァルドルフ学校校舎入り口にて
（左は筆者〔当時13歳〕、右は弟）

口　絵③

第8学年クラス劇：J. ネストロイ作『*Heimlich Geld, heimlich Liebe*』

第8学年クラス劇：C. ゴルドーニ作『二人の主人を一度にもつと』

第8学年クラス劇：F. シラー作『ウィリアム・テル』

第8学年クラス劇：W. シェイクスピア作『真夏の夜の夢』

演劇教育の理論と実践の研究

◆自由ヴァルドルフ学校の演劇教育◆

Untersuchung über Theorie und Praxis der Dramenerziehung

Theaterspiel in der Freie Waldorfschule

広瀬綾子

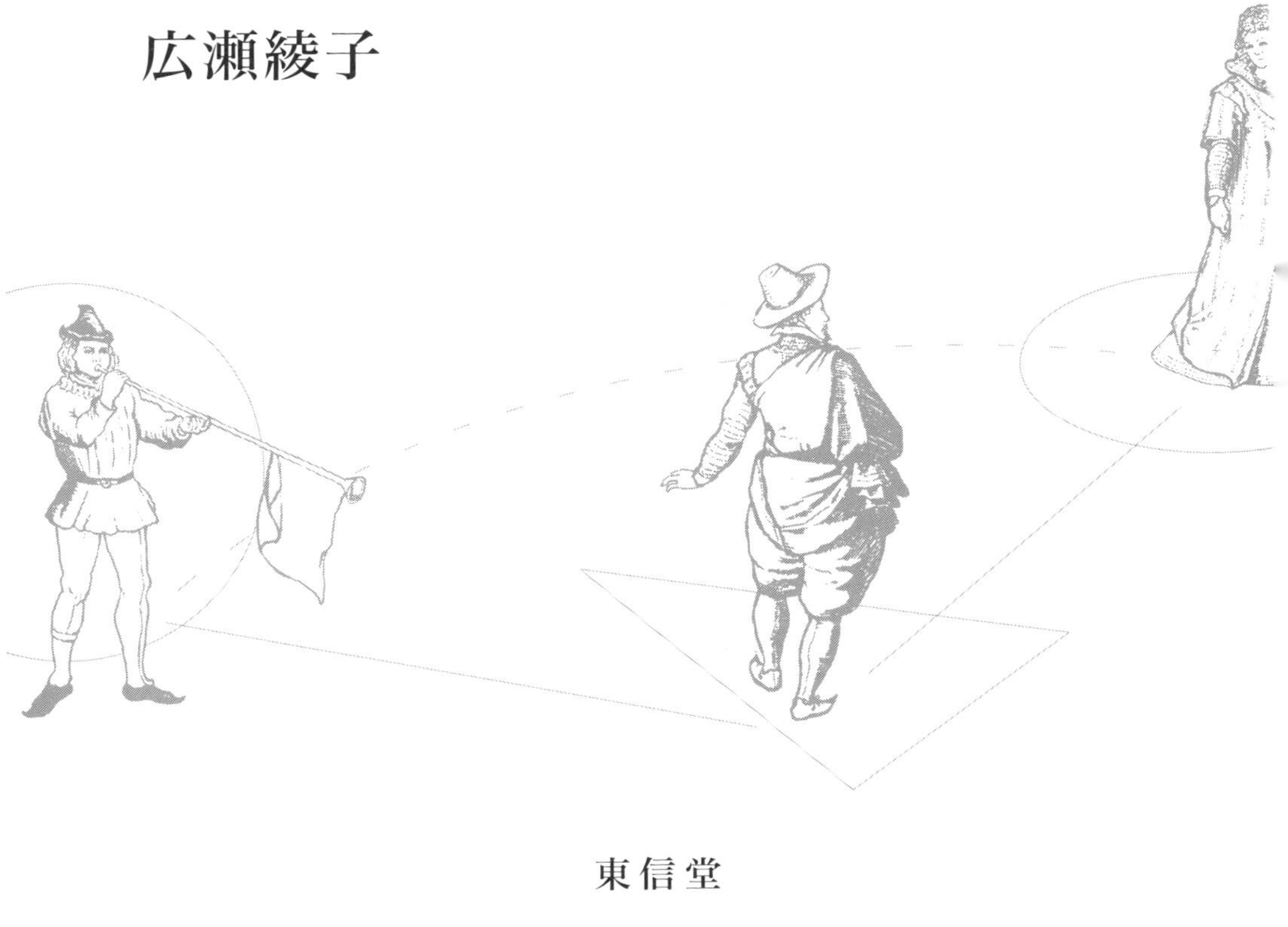

東信堂

まえがき

演劇が子どもの成長に作用する力は、この上なく強く大きい。演劇教育を学校に取り入れる重要性と必要性の認識の上に、二〇世紀初頭の改革教育運動の中で、演劇教育は学校に導入され始めた。今日、演劇に学校教育の中で重要な位置を与え、演劇を教育の必修の分野として展開している国は少なくない。

アメリカやイギリス、カナダ、ドイツ、オーストラリアなど先進諸国では、小学校から演劇が学校教育に導入され、大きな役割を果たしている。中でもイギリスでは、ナショナル・カリキュラムに演劇が明確に位置づけられ、週一時間程度をこれにあて、実質的な必修教科としている小・中学校も少なくない。また中等学校では、専用のドラマ教室やシアターを持っている学校も多く、スクールプレイと呼ばれる演劇発表会も盛んである。専任のドラマ教師がいる学校も多い。ドラマは、芸術科目や英語の一領域としてではなく、より幅広い学習の媒体としてとらえられ、クロスカリキュラム的な学習の核として用いられる。また、演劇はＧＣＳＥ（中等教育修了一般資格試験）の教科や、大学入学の試験科目の一つとしても存在している。

ＯＥＣＤ（経済協力開発機構）によるＰＩＳＡ調査で、全教科で上位を占め、学力世界一としてその教育が注目を浴びているフィンランドにおいても、演劇が学校教育に取り入れられ、重視されている。フィンランドの小・中学校では、演劇教育を行うドラマ科が教育課程に位置づけられ、演劇教育、つまり「演じる」ことを通して「表現する」ことを子どもたちは学び、一人一人の個性や多様性の理解、創造力や問題解決能力などを身につける。ドラマ科以外の活動でも、演劇にかかわる活動は盛んである。たとえば国語の教科書では、各単元の最後に演劇的表現が組み込まれている場合が多い。「今日習ったお話を劇にしてみましょう」、「今日読んだ物語の先を考えて、人形劇にしてみましょう」、「今日のディスカッションを題材にして、ラジオドラマにしてみましょう」といった具合である。

わが国でも、明治期および大正期の児童劇・学校劇運動に始まり、児童演劇などの鑑賞の場や「学芸会」など、演劇教育が学校に取り入れられ重視された時期もあった。最近では、従来のように出来上がった演劇作品をただ鑑賞するだけでなく、「総合的な学習の時間」などを利用して、子どもたち自身が演じ、表現する活動が大切にされている。プロの俳優や演出家が学校に入り込んで、演劇活動の一翼を担ったり、児童・生徒とともに演劇活動を行うといった試みも、全国各地で盛んに行われている。また、かつての「学芸会」や「劇づくり」のような上演は行わないが、「演劇的な方法を用いた活動」、もしくは演劇の手法を生かした教育、いわゆる「ドラマ教育」がクローズアップされ、これについての研究も始まりつつある。演劇は、学級づくりやいじめ、非行などの問題の克服に寄与する教育活動としても着目され、子どもの人間形成に大きな力を発揮する教育活動として注目されている。

新学習指導要領において、「生きる力」の基盤となる「言葉の力の育成」が、重点項目として前面に押し出されることになった。国語を含むすべての教科、および全教育課程を通して言語活動を充実させることが明示され、子どもの「言葉の力」を育てることが求められている。演劇はこうした「言葉の力」の育成に大きく寄与する活動とみなされ、すでに二〇〇二年度から、中学2年教科書「現代の国語」(三省堂)に、劇作家・演出家である平田オリザの演劇学習教材「対話劇を体験しよう」が掲載され、国語の授業で生徒が演劇を体験する機会が設けられている。また文部科学省は、学校における「芸術表現を通じたコミュニケーション教育の推進」を掲げ、その具体的な活動の一つとして、演劇を挙げる。文部科学省では文化庁と連携し、文化庁事業の「子どものための優れた舞台芸術体験事業」のうち、演劇やダンスなどの芸術表現体験に取り組むことを目指し、二〇一〇年度、学校での演劇ワークショップなどのコミュニケーション教育のための予算(一億円)が、新規に組み込まれた。「生きる力」や「基礎学力」の向上の手助けになる活動として、演劇教育に向けられる期待や関心は大きい。

演劇教育に対する期待や関心が高まる一方、指導者の問題、内容や題材、方法およびカリキュラムの問題、子どもの発達段階に即した演劇活動の難しさ、継続した演劇教育が困難であることなど、さまざまな問題も指摘されている。とりわけ、学校で演劇を十分に指導できる教員の不在・欠如は、深刻な問題である。その問題の大きな原因の一つは、わが国の大学における教員養成の貧しさ・不備にある。すなわちそこでは、演劇教育への関心は薄く、演劇指導のできる教員の養成はなされていないのである。学校教員の大半は、学生時代に演劇教育についての学びの体験は持たない。教員養成の改善が急務であろう。

また、わが国では、演劇教育の実践全般を支える教育理論はきわめて薄いのが現状であり、演劇教育に関する理論の構築や学術的な研究の不十分さが以前より指摘されてきた。ともすれば、わが国の演劇教育に関する研究は、演劇教育についての個々の事例や単なる演劇活動の実践報告に終始しがちであり、その目的や方法、意義、課題、問題点等を教育学の見地から明らかにし、論究したものはきわめて少ない。

このような諸問題を克服し、よりよい演劇教育のあり方を求めて模索するとき、私たちの関心を呼び起こす演劇教育の一つに、世界約六〇カ国に広がる自由ヴァルドルフ学校（Freie Waldorfschule, 以下、ヴァルドルフ学校と略す）の演劇教育を挙げることができる。周知のように、ルドルフ・シュタイナー（Rudolf Steiner, 1861 ~ 1925）の教育理論に基づくヴァルドルフ学校の教育の特徴は、絵画、音楽、オイリュトミーなどの芸術活動を教育活動・学習活動の中核に据えている点にある。演劇はさまざまな芸術的要素を集約した「総合芸術」と言われるが、ヴァルドルフ学校では、この演劇が教育活動・学習活動の一環としてきわめて重視される。演劇は1学年から12学年に至るまで、クラス全員参加の「クラス劇（Klassenspiel）」の形で行われる。そのほか、クリスマスやその他の年中行事、季節に応じてさまざまな演劇が頻繁に行われる。それらの演劇には、英語劇やフランス語劇、ロシア語劇といった外国語劇も含まれる。演劇の指導は、担任教師または演劇の専任教師により、子どもの発達段階に応じて継続して行われる。こうしたヴァルドルフ学校の演劇教育は、ドイツの一般新聞や研究書その他で取り上げられると同時に高く評価されている。ヴァルドルフ学校の演劇教育は、第二次世界大戦前から徐々に行われ、戦後一九四八年にドイツ・ヴッペルタールのヴァルドルフ学校で、初めて12学年の卒業演劇公演が上演されたのをきっかけに、各ヴァルドルフ学校で、定期的に継続して本格的にクラス劇が上演され始める。

以後、今日まで約六〇年にわたって、演劇教育がこの学校の太い柱の一つとなり行われてきた。その実践で注目すべきことは、演劇教育が確かな理論の支えのもとで展開されていることである。この確かな理論に基礎づけられた演劇教育は、約六〇年の長い年月の実践によってその効果と成果、適切さが検証されてきた。ヴァルドルフ学校の演劇教育は、これを見る人々を魅了する。わが国の演劇教育のあり方を考え模索する人々に、力と希望を与えずにはおかない。私たちは、この学校の演劇教育から、わが国の演劇教育が抱える問題や課題の解決の糸口やヒントを多く見出し、演劇教育の本質等多くを学ぶことができる。

本書の執筆にあたっては、「ルドルフ・シュタイナー全集」に納められたドイツ語版の原典を中心とした諸文献、ならびにオーストリアのウィーン・マウアーのヴァルドルフ学校、およびウィーン郊外シェーナウのヴァルドルフ学校におけるフィールドワークや、ヴァルドルフ学校卒業生へのアンケート、著者自身のヴァルドルフ学校における演劇体験などを用いた。その上で本書は、ヴァルドルフ学校における演劇教育の理論と実践の特質を、とりわけ第1学年から第8学年までの演劇教育に主眼を置き、シュタイナーの人間観および発達観に基づいて、理論的かつ体系的、具体的に解明し、まとめ上げたものである。

ヴァルドルフ学校の教育については、これまで欧米でもわが国でも、この教育への一般的な関心と評価の高まりとともに、教育哲学、教育史、教育方法学、キリスト教教育学その他の学問の領域から究明の光が当てられてきた。それによって、その教育の基礎をなす人智学、人智学的発達観と結びついた授業論、教師論、宗教教育、外国語教育、気質教育その他が次第に明らかにされてきた。しかし、ヴァルドルフ教育を構成する諸分野とりわけ演劇教育の分野の究明は著しく遅れている。

二〇〇九年に私は、ヴァルドルフ学校の演劇教育研究の研究成果を、「自由ヴァルドルフ学校の〈演劇教育〉に関する研究」の論題のもとにまとめ、大阪大学に学位請求論文として提出し、博士（人間科学）の学位を授与された。本書は学位請求論文に加筆し、修正を加えたものを主柱にし、体系的にまとめ上げたものである。

なお、本書は、独立行政法人日本学術振興会の平成二一年度科学研究費補助金「研究成果公開促進費」の交付を受けて、出版の運びとなったものである。本書の出版にあたっては、東信堂の方々に大変お世話になった。とりわけ東信堂社長の下田勝司氏および編集部の二宮義隆氏には暖かいご配慮と貴重な助言をいただいた。東信堂の方々に心から感謝する次第である。

二〇一一年二月

著　者

演劇教育の理論と実践の研究——自由ヴァルドルフ学校の演劇教育／目次

演劇教育の理論と実践の研究——自由ヴァルドルフ学校の演劇教育

序　章　研究目的、先行研究および研究方法

はじめに

ドイツの教育で注目すべきことの一つは、モンテッソーリ学校、田園教育舎、自由ヴァルドルフ学校[1]など、自由な教育を行う私立学校の存在[2]である。これらの多くは、一定の条件のもとに学校として「公認」され、そこでの独自な教育に対する評価も高い。最近では、公立学校の教育の荒廃を克服する手がかりの一つとして注目を集めている[3]。二〇〇一年にOECDが公表した学習到達度調査では、ドイツは先進国の中で最低レベルまで落ち込んだ[4]。「落ちこぼれ」が増え、悲惨な暴力事件(少年非行、性の暴走、アルコール中毒や精神異常など)が起こり、硬直した学校制度をはじめとする教育の荒廃が叫ばれ、抜本的な見直しに迫られている[5]。そうした状況を憂い、たとえばベルリン自由大学の教育学者D・レンツェンは「子どもの個性に合わせた私立学校の教育を導入すれば、多様化が期待できると思う」として、私立学校のすぐれた教育の導入を打開策の一つとして挙げている[6]。

自由な教育を行う私立学校の中でも、とりわけ注目に値するのは、自由ヴァルドルフ学校である。この学校は州の教育課程・内容の基準、つまり「学習指導要領（Lehrplan）」からの逸脱を認める法的状況[7]の中で、国の定めた学習指導要領に従わない自由な教育を行っている公認の学校として知られている。ヴァルドルフ学校設立当時のヴュルテンベルク州教育省は、はじめはこの学校の方針を疑いの目で見ていたが、一九二六年、念入りにこの学校を視察したのちは、生徒の受け入れを無制限に許可したばかりか、「当教育局は、シュタイナー学校が存続してきたことを、特別の関心の目で見ている」と発言するにまで至った[8]。のちに、ヴァルドルフ教育[9]は、公的な学校制度の中でも注目されていくことになる[10]。

ヴァルドルフ学校の教育には、八年間一貫担任制、オイリュトミー（Eurythmie）[11]、気質教育、第1学年からの二カ国の外国語の授業、言語造型（Sprachgestaltung）、すべての授業への芸術的活動の導入など、独自性を持ったものが多い。その独自性を多く持つ教育が子どもの成長に大きな力を発揮することが認められ、この学校は教育学の歴史の上でも市民権を得ており、ことに一九七五年以降、多くの人々の強い関心を呼び、ユネスコのプロジェクト校に指定されるまでに至っている。

哲学者・人智学者・教育者ルドルフ・シュタイナー[12]の教育理論に基づくヴァルドルフ学校は、日本の小、中学校および高校の三つの段階を統合した一二年制一貫教育の私立学校であるが、幼稚園とも連携しており、すぐれた人間教育として世界六〇カ国に広まり注目を浴びる。二〇一〇年現在、ドイツ、アメリカ、フランス、オーストラリア、インド、南アフリカ共和国、フィリピンをはじめとする世界約六〇カ国、学校総数は約一、〇〇〇校に達し、とりわけヴァルドルフ学校発祥の地、ドイツでは約二〇〇校に至っている。一つの理念に基づいた独自の学校が、世界中に約一、〇〇〇校というスケールで広まったことは類例がなく、ドイツ改革教育運動に起源を持つ学校としては、群を抜いて発展を遂げていると言えよう。教育にかかわるプロジェクトが最初の段階だけでなく、その後が重要であることを考えると、学校数の増加のみならず、一度つくられた学校が長く存続する、という点にも大きな意味がある[13]。実際、ナチス政権下で自主的・強制的閉鎖を余儀なくされたケースを除けば、一度設立されたヴァルドルフ学校が廃校になった例はきわめてわずかである[14]。他にもユニークな教育実践で知られる学校は少なくないが、ヴァルドルフ学校はその普及した国の数、学校数、教育のユニークさで、とりわけ注目に値する。

日本では二〇〇八年三月現在、政府の構造改革特区での認可を受けている「学校法人シュタイナー学園（初等部・中等部）」（神奈川県藤野町）[15]、「学校法人北海道シュタイナー学園（初等部・中等部）」（北海道豊浦町）が学校法人として文部科学省に認可されている。さまざまな教育改革が叫ばれる今日、ヴァルドルフ学校が公教育と並び立つ第一歩を踏み出したと見てよいだろう。その他は特定非営利活動法人が運営する、いわゆるフリースクールの形で、「ＮＰＯ法人あしたの国まちづくりの会　ルドルフ・シュタイナー学園」（千葉県長生郡）、「ＮＰＯ法人東京賢治の学校　自由ヴァルドルフシューレ」（東京都立川市）、「ＮＰＯ法人京田辺シュタイナー学校」（京都府京田辺市）、「ＮＰＯ法人横浜シュタイナー学園」（神奈川県横浜市）、「ＮＰＯ法人藤野シュタイナー高等学園」（神奈川県藤野町）などがある。また、忘れてはならないのが、シュタイナー教育を取り入れた幼児教育施設の存在である。その施設は、小さな自主幼児教育施設から幼稚園までを合わせると、全国で一〇〇以上の数となる。二〇〇一年二月には、「日本シュタイナー幼児教育協会」が発足した[16]。

ヴァルドルフ学校に関しては、高く評価される一方、批判的な見解も見られる。たとえば、Ｋ・プランゲやＨ・ウルリヒは、ドイツの教育学学術雑誌“*Vierteljahrsschrift für wissenschaftliche Pädagogik*”の中で、「ヴァルドルフ学校の儀式的で科学的に時代錯誤的な教育学」[17]と述べ、経験科学の立場からその「非科学性」を指摘する。また、八年一貫担任制という教育方法に対する疑念[18]等も見られる。

ところで、ヴァルドルフ学校の教育を詳細に検討すればわかるように、この学校の教育には、前述のほかにも独自性の強いものがある。その重要な一つは、演劇を教育活動として行う演劇教育である。言うまでもなく、この学校の演劇教育は、俳優や演出家などプロの演劇人を育成するためのものではない。演劇の上演およびその練習や準備などの過程を通して、人間形成、全人教育を行うことを念頭に置いている。もちろんこうした演劇教育は、他の公立や私立の学校でも行われており、ヴァルドルフ学校の独自のものとは言えないのではないか、との指摘もあるかもしれない。後述するように、たしかにドイツの公立および私立の学校でも演劇教育は行われている。しかしヴァルドルフ学校の演劇教育は、これをよく見ればわかるように、他の学校にはない注目すべき側面をいくつも持っており、それゆえ他の学校のものと同列に扱うのは適切ではない。ここで、本書における演劇教育の「演劇」について述べておきたい。一般に演劇には、即興劇、黙劇（パントマイム）、人形劇(Puppenspiel)、影絵劇（Schattenspiel)、ロールプレイ（Rollenspiel）などさまざまなものがあるが、本書では、子どもたちが舞台上演を前提に台本およびセリフを用いて練習を重ね、観客を前に舞台で演じるものを「演劇」と呼ぶ。

第一節　研究目的

かつてヴァルドルフ教員養成大学講師Ch・リンデンベルクは、シュタイナーの理論を基礎につくられたヴァルドルフ学校の教育実践を公に知らせる著書や論文の少なさを嘆き、「今日のヴァルドルフ学校運動は、どちらかといえば実践者達の沈黙せる運動である」[19]と述べた。しかし今日、ヴァルドルフ学校運動は、徐々に「沈黙せる運動」から活発な発言活動へと変化しつつある。それとともに、まえがきでも述べたことであるが、欧米でもわが国でも、この教育への関心が著しく高まり、教育哲学、教育史、教育方法学、キリスト教教育学その他の学問領域から究明の光が当てられるようになった[20]。その結果、ヴァルドルフ学校の教育の基礎をなす人智学、人智学的発達観と結びついた授業論、教師論、宗教教育、外国語教育、気質教育その他が次第に明らかにされてきた。また、前述のプランゲやウルリヒの研究に見られるように[21]、ヴァルドルフ教育に対する批判的な見解も出され、学問的な解明が進みつつある。

しかし、国語教育、理科教育、家庭科教育、歴史教育をはじめとして、ヴァルドルフ学校の教育を構成する諸分野についてはいまだ十分に明らかにされているとは言えない。本書で取り上げる演劇教育も、また究明されていない分野の一つである。演劇教育は、算数、理科、音楽などの他の教育の分野と同様に、とりわけその実態がどのようなものであるのかはほとんど具体的に明らかにされていない。この演劇教育の分野に注目し、ヴァルドルフ学校における演劇教育の理論と実践の特質を、シュタイナーの人間観および発達観に基づいて、理論的かつ体系的に解明することが本書の目的である。ヴァルドルフ学校、とりわけ第1学年から第8学年（日本の中学校2学年）までの演劇教育に主眼を置き、その独自性をも考慮して、この学校の演劇教育がどのようなものであるかを明らかにしたい。

本書の具体的な目的は主に以下の五つにある。

第一の目的は、ドイツの公立学校および私立学校（田園教育舎・オーデンヴァルト校など）の小・中学校段階における演劇教育について概観し、これらの学校の演劇教育の現状および課題を踏まえ、ヴァルドルフ学校の演劇教育とそれらの学校の比較をも取り入れつつ、ヴァルドルフ学校の演劇教育の特徴、独自性を明らかにすることである（第一章）。あわせて、ヴァルドルフ学校の演劇教育の成立・発展の経緯を明らかにすることである。シュタイナーは演劇についてはさまざまなかたちで言及しているが、演劇教育そのものについては多くを述べていない。ヴァルドルフ学校の演劇教育は、シュタイナーの理論をもとにしつつ、後継者の補完および尽力によって歴史的に成立してきたものであり、その成立・発展の経緯を具体的に明らかにする。さらにシュタイナー自身の演劇活動についても明らかにする。

第二の目的は、ヴァルドルフ学校の演劇教育の基礎となるシュタイナーの人間観、すなわち人智学的人間観について解明することである（第二章）。この演劇教育をいかなるものであるかを解明するためには、その基礎にある人智学的人間観を明らかにしなくてはならない。ヴァルドルフ学校における演劇教育の基礎をなすのは、シュタイナーの人智学的人間学に基づく人間観であり、（1）ヴァルドルフ学校で人智学的人間学に基づく人間観がどれほど重視されていたか、次に（2）人智学的人間学に基づく人間観とはどのようなものか、さらに（3）人智学的人間学に基づく人間観がどのようなかたちで演劇教育の基礎になっており、どのようなかたちで演劇教育と結びついているのか、について明らかにしたい。

第三の目的は、まずシュタイナーの言語観を明らかにするとともに、彼の言語観とのかかわりで、ヴァルドルフ学校における演劇・クラス劇（Klassenspiel）を取り上げ、演劇の中で言語がいかなる役割を果たし、演劇の中でどのような言葉の学びが行われているのかを考察することである（第三章）。

第四の目的は、ヴァルドルフ学校の演劇教育、とりわけ児童期である第1学年から第8学年までの演劇教育を、シュタイナーの人間観および発達観に基づいて、理論的かつ体系的に究明することである（第四章）。各学年において、子どもの発達段階に応じた演劇教育の内容、方法、形態等や演劇の教育的意義などがどのようなものかを明らかにする。具体的には演劇重視の理由、カリキュラムにおける演劇の位置づけ、他の授業との関係性、上演作品の内容、配役の方法、練習過程、演出者・指導者である教師との関係性、舞台美術・大道具・音楽・衣装・小道具の作成や上演準備の過程などについて論述し、また演劇の教育的意義として①クラス共同体の形成と子どもの社会生活能力の育成への寄与、②道徳性の形成、③自我の発達への寄与、④知的能力の成長・発達への寄与などを取り上げ論究する。

第五の目的は、ヴァルドルフ学校で演劇教育を行う教師の養成について明らかにすることである(結章)。ヴァルドルフ学校でのさまざまな演劇活動を支えるのは、演劇を適切に指導できるこの学校の教師の存在であり、それゆえ、ヴァルドルフ学校にとって演劇を指導できる教師の育成はきわめて重要である。ヴァルドルフ教員養成大学における演劇教育カリキュラムおよび内容に焦点を当て、演劇の目的、演劇の位置づけ、形態等について明らかにする。

第二節　先行研究

すでに述べたように、"*Zeitschrift für Pädagogik*" "*Pädagogische Rundschau*" "*Vierteljahrsschrift für Pädagogik*" 等のドイツの代表的な教育学関係の学術雑誌には、ヴァルドルフ教育について論じた研究論文はいくつも掲載されているが[22]、この学校の演劇について論じたものは、皆無である。ヴァルドルフ学校の演劇教育はいまだ学問的・体系的な究明の行われていない分野であり、それを示すように、ドイツの演劇教育の専門誌 "*Zeitschrift für*

Theaterpädagogik"や、ドイツにおける演劇教育とヴァルドルフ学校の源でもある改革教育学との関係について述べられた最新の研究書（"*Schultheater und Reformpädagogik*" 2005）、ドイツの学校教育における演劇教育全般について述べられた文献（"*Schultheater*" 2004、"*Theater in der Schule*" 2003など）、演劇教育全般について書かれた文献（"*Handbuch Theaterspielen, Band 4: Theaterpädagogik*", 2000）にも、この学校の演劇教育についての記述は見られない。

学術誌では皆無であるが、教育学の辞典、ヴァルドルフ教育連盟編集の月刊誌、さらには一般市民への啓蒙書などでは、ヴァルドルフ学校の演劇教育は取り上げられている[23]。ヴァルドルフ学校の演劇に関する先行研究を見るに、その研究は始まったばかりであると言える。ヴァルドルフ学校の演劇に関する研究についてのこのような近年の状況は、大きくは以下の三つに分けることができる。

一つ目は、この学校で行われている演劇の紹介、つまり、この学校で演劇が教育活動に組み込まれていることを数行で紹介するものである。教育学辞典"*Wörterbuch Pädagogik*"の「ヴァルドルフ学校」の項目においては、演劇がヴァルドルフ学校のカリキュラムの特徴として挙げられ、ヴァルドルフ学校の演劇に関する著作のうちで、最も詳細な記述が見られる"*Erziehung Zur Freiheit*, 1977"ではヴァルドルフ学校の演劇が五ページ弱で概観されている。最近刊行された"*Der Klassenlehrer an der Waldorfschule*, 1998"や"*Zum Unterricht des Klassenlehrers an der Waldorfschule*, 2000"などでも、この学校の演劇が紹介されている。

二つ目は、ヴァルドルフ学校の教師によるこの学校の演劇についての実践報告である。ヴァルドルフ学校の月刊誌"*Erziehungskunst*"[24]では、この学校の教師による低学年から高学年にわたる演劇活動の豊富な事例や活動記録、実践紹介のかたちで、各学年の演劇への取り組みの状況が述べられている。

三つ目はヴァルドルフ教育やヴァルドルフ学校における演劇に関する評価についての簡単な記述である。モンテッソーリ教育とヴァルドルフ教育を比較した著作“*Montessori oder Waldorf?*, 1996”では、学年の節目である第8学年と第12学年（日本の高校3学年）における演劇が、一般の演劇関係者の間でも高く評価されていることが記されている[25]。一方、ヴァルドルフ教育について賛否両論を論じている“*Pro und Contra Waldorfpädagogik*, 1987”においては、ヴァルドルフ学校の演劇教育に対する疑念や批判的な見解も出されている。すなわち、ヴァルドルフ学校における演劇は、あくまでシュタイナーの人智学的人間観に基づいて行われている、という見解や、上演が画一的である、個性が見られない、ヴァルドルフ学校という枠の中のみでなく、青少年演劇大会のような公の場で上演すべきだという見解などである[26]。

こうした近年の研究状況は、たしかにヴァルドルフ教育における演劇の全体像と本質の解明への一つのステップとして注目に値する。また、ヴァルドルフ学校の演劇教育を人々に理解させ、ひいてはヴァルドルフ学校の教育の全体の認識に貢献するものである。だが、いまだきわめて不十分である。こうした先行研究のいずれもが断片的であり、ヴァルドルフ教育における演劇の理論と実践の特質を、総合的・体系的に解明したものとは言い難い。その大きな問題点として次の三つが挙げられる。

その一は、概略の記述や実践報告が、公立学校の演劇教育や、他の私立学校とりわけヴァルドルフ学校と同じくドイツ改革教育運動に源を発する田園教育舎など、他校の演劇教育に一切触れることなく、単にヴァルドルフ学校の枠内でのみ行われているということである。一般の公立学校で行われている演劇教育との比較によって、ヴァルドルフ学校の演劇教育の独自性を明らかにすることも必要であるが、この種の研究もいまだ見られない。

その二は、この学校の演劇教育がこの学校の創設者R・シュタイナーの人智学的人間観・発達観と深く結びついているにもかかわらず、そのことが明確に論究されていないことである。ヴァルドルフ学校における演劇教育と、その演劇教育を支えるシュタイナーの教育理論との関係を体系的に明らかにした研究はほとんど存在しない。つまり、この学校の演劇が、シュタイナーの人智学的子ども観とのかかわりで深く体系的に究明されていないということである。

その三は、この学校が演劇をなぜ重視するのか、その教育的意義をどこに置いているのか、などについて断片的な記述しか行われていないことである。

第三節　研究方法

以上の先行研究の状況を踏まえ、それらにおける不十分な点を克服することを意図しつつ、本書はヴァルドルフ学校における演劇教育が、どのようなものであるかを明らかにするものであるが、主に以下に示す研究方法すなわち（1）文献および資料、研究論文その他、（2）フィールドワーク（オーストリアのヴァルドルフ学校の演劇教育の調査・分析を中心に）を用いることによって体系的、かつ実証的な究明を目指す。

1　文献および資料、研究論文による解明

シュタイナー全集の中で、教育学に関して中心となる巻は、GA293～GA311である[27]。また、演劇および演劇教育を扱っている主な巻は、GA29『演劇論集（*Gesammelte aufsätze zur Dramaturgie*）』、GA43『舞台脚色（*Bühnenbearbeitungen*）』、GA44『「神秘劇」草稿（*Entwürfe, Fragmente und Paralipomena zu den Vier Mysteriendramen*）』、GA274『オーバーウーファーのクリ

スマス劇（*Ansprachen zu den Weihnachtspielen aus altem Volkstum*）』、GA280『言語造型の方法論と本質（*Methodik und Wesen der Sprachgestaltung*）』、GA281『朗唱と朗詠（*Die Kunst der Rezitation und Deklamation*）』、GA282『言語造型と演劇―演劇講座―（*Sprachgestaltung und Dramatischekunst*）』、GA304『人智学に基づいた教育方法（*Erziehungs-und Unterrichtsmethoden auf Anthroposophischer Grundlage*）』の中の「演劇と教育の関係（*Das Drama mit Bezug auf die Erziehung*）」などであり、本書ではこれらを中心として用いる。

2　フィールドワークによる解明

(1)オーストリアのウィーン・マウアーのヴァルドルフ学校（Rudolf Steiner-Schule Wien-Mauer）、およびウィーン郊外シェーナウのヴァルドルフ学校（Rudolf Steiner Landschule Schönau）において、演劇活動の観察、調査、記録を含むフィールドワーク（二〇〇一年四月～五月）を行った。このフィールドワークの中で、演劇活動のビデオ撮影、聞き取り調査の記録、面談、アンケー

筆者と当時クラスメートだったヴェロニカ・コナス（1998年、ウィーン）

トなど多彩な方法を用いた。

(2)ヴァルドルフ学校の演劇教育を受けて卒業したヴァルドルフ学校卒業生や、ヴァルドルフ学校教師に対するインタビュー、聞き取り調査、アンケート（ヴァルドルフ学校卒業生が在学中に行った演劇活動が、彼ら自身の人間形成にどのような影響を与えたかについてなど）を用いた。なお、これらは限られた人間および人数を対象としたものであり、あくまでその目的は文献を裏付け、補強するためのものである。それゆえ、質問紙調査法などに見られるような、一定の形式や規定の方法に基づいたものではないことを明記しておきたい。

(3)筆者自身のヴァルドルフ学校における演劇体験（筆者は一九九〇年から一九九一年にかけて、ウィーン・マウアーのヴァルドルフ学校第7学年に在籍した）をもとに分析・解釈を行った。

(4)ヴァルドルフ学校の演劇教育の究明に必要な演劇教育全般に関する知見を深めるために、以下の（a）（b）（c）の三点の方法を用いた。

（a）日本で唯一の公立の演劇学校であり、演劇指導者養成に力を注ぐ兵庫県立尼崎青少年創造劇場付属ピッコロ演劇学校に入学し、自ら四年間、演劇の理論と実践、すなわち演技基礎、演劇論、戯曲研究、狂言、歌唱、舞踊などを学んだ（二〇〇〇年四月、兵庫県立尼崎青少年創造劇場付属ピッコロ演劇学校本科一八期入学、二〇〇四年三月、同演劇学校研究科二〇期修了）。

（b）公立中学校における外部指導員として、中学生の演劇指導に従事し、ヴァルドルフ学校の演劇教育の理論の有効性を検証した。中学生への演劇指導を通して、演劇の持つ教育的意義および人間形成に働きかける力に対する認識を深めることに努めた（二〇〇四年四月〜二〇〇五年八月：兵庫県尼崎市立日新中学校課外クラブ活動技術指導者（演劇部指導））。

ピッコロ演劇学校研究科20期卒業公演：清水邦夫作『草の駅』(左から7番目は筆者、2004年)

ピッコロ劇団オフシアター公演：A. チェーホフ作『ワーニャ伯父さん！』(中央は筆者、2010年)

（c）全国で唯一の公立のプロ劇団「兵庫県立ピッコロ劇団」に入団し、俳優部および文芸演出部所属の劇団員として活動（二〇〇六年一〇月～）。各公演における俳優活動および舞台スタッフ、小学校巡回公演やファミリー公演の演出助手として活動するかたわら、ピッコロ劇団が柱の一つとして掲げる、演劇指導（小・中・高校生対象演劇ワークショップ、教員を目指す大学生のための演劇ワークショップ、成人向け演劇セミナー、ピッコロ演劇学校講師など）に従事することで、今日の日本の演劇教育の研究および実践に携わり、現状の把握に努めるとともに、その発展に貢献する。ヴァルドルフ学校の演劇教育と日本の演劇教育の比較を行うことで、ヴァルドルフ学校の演劇教育の特色がより鮮明になる。

第一章　ドイツの公・私立学校およびヴァルドルフ学校の演劇教育

第一節　公立学校における演劇および演劇教育の目的

教育や学校に演劇を導き入れる試みは、すでに一七世紀に、「近代教育の父」と言われるコメニウス（Johann Amos Comenius, 1592-1670）によって実践されていた[1]。コメニウスは、演劇が子どもにとっての興味深い表現形式であることに着目し、それを有効な教育方法として活用した。知識のすべての分野を系統的・体系的に教えるための教授法の一つとして、コメニウスが演劇に着目したのは、子どもの本性に潜む「遊戯」的本性を重視したためであった[2]。しかし、コメニウスにあって演劇は、結局のところ、実際的事物や知識を教授するための効果的な動機付けの手段として利用されたに過ぎず、演劇それ自体を人間形成的観点でとらえる視点はいまだ存在しなかった。

現在ドイツの公立学校において「演劇は、子どもの個性（人格）の発達に役立つ」[3]とされ、学校教育において、人間形成の一翼を担うものとして、積極的に取り入れられている。それらは、「演劇（Theaterspiel）」、「寸劇（Szenisches

Spiel)」、「ロールプレイ (Rollenspiel)」などの名称で、教育活動として組み入れられている[4]。正式な科目として位置づけられない場合もあるが、実際は、国語 (Deutsch)、音楽 (Musik)、芸術 (Kunst) などの科目の一部として、あるいは「表現劇 (Darstellendes Spiel)」の名称で、選択科目やカリキュラムに組み込まれている場合も少なくない[5]。たとえば国語の授業では、文学作品のジャンルの一つとして戯曲 (Theaterstück) が取り上げられたり、あるいは朗読やスピーチの練習のために戯曲の一部が抜粋され、題材として用いられることもある。

たとえば、ノルトライン・ヴェストファレン州の基礎学校 (日本の小学校に相当) のカリキュラムの一部である「芸術」の学習指導要領においては、演劇に加えて舞台装置や舞台美術、小道具、衣装についても言及されている[6]。また、ハンブルク州の文部省は、学習指導要領の中に「表現劇」の項目を設けている。「表現劇」は、すでに二〇世紀初頭に展開された芸術教育運動、ないし改革教育運動によって、芸術的な活動として学校教育に組み込まれていた[7]。そこでは、最終的な出来栄えの良し悪しよりも、練習過程に潜む教育的な効果が重視された[8]。こうして学校教育に導入された「表現劇」は、学習内容の習得を助け、理解を深める一助として教授法的な役割をも担っており、とくに低学年ではすべての科目の中に取り入れられる可能性を持っている。それだけではない、前述の「表現劇」の項目では、「表現劇」の目的は、さらに、個性の発達、人格の発達、判断力の育成、身体認識と言語規範の拡張、美的経験、想像力の育成、アイデンティティの形成、異なった価値観の受容、自我の強化にも置かれている[9]。

このように今日、「演劇は、方法論的な原理として、あらゆる授業に取り入れられなくてはならない」[10]との主張に基づき、演劇の手法、演劇が持つ原理を教育活動に生かそうとするさまざまな試みが行われている。演劇は、学校の教育活動の全体をまとめ上げ、人格形成のために、身体的、感情的、そして社会的な要素を併せ持つ、すなわち全体性を持つ他には見られない芸術形式である[11]。演劇におけるこの統合的かつ全体的な学びは、まさにペスタロッチ（Johann Heinrich Pestalozzi, 1746-1827）の言う「頭、心、手」の形成に相当すると言えるだろう[12]。演劇の持つそうした特徴ゆえに、ドイツの教育学者H・v・ヘンティヒは、演劇は、自らの行為を拡張する大きな一歩、すなわちある人間（人格）を踏み越える手段であり、それゆえ最も強力な人間形成の手段であると指摘する[13]。このように、教育学の中で演劇は、単に個々の教科の学習効率を高めるための手段としてのみならず、人間形成・全人教育を目指すものとしても位置づけられてきたのである[14]。

1　公立学校のカリキュラムにおける演劇の位置

周知のように、ドイツの教育制度は、段階的に見れば、①就学前教育（Elementarbereich）、②初等教育（Primarbereich）、③中等教育（Sekundarbereich）、④高等教育（Tertiäler Bereich）、⑤継続教育（Weiterbildung）に区分される[15]。

学齢期に達した子どもは、すべての子どもにとって共通で、四年間から成る基礎学校（Grundschule: 日本の小学校の第1～4学年に相当する初等教育学校）で初等教育を受ける[16]。初等教育に続く中等教育段階（通常第5学年から第12学年まで）にはいくつかの学校類型（Schultyp）があり、さまざまな修了資格を付与している[17]。中等教育段階の学校は、州により若干の違いはあるが、生徒の能力・適性に応じて、①基幹学校〔Hauptschule: 通常第5～9学年の五年制。主に卒業後に就職して見習い訓練を受ける者が就学〕、②実科学校〔Realschule: 通常第5～10学年の六年制。卒業後に全日制の職業教育学校に進学する生徒が主に就学〕、③ギムナジウム〔Gymnasium: 通常第5～13学年の九年制。通常第10学年までは前期中等教育段階（Mittelstufe）、最終の3学年（通常第11～13学年）は後期中等教育段階に位置づけられ、ギムナジウム上級段階（Gymnasiale Oberstufe）と呼ばれる。大学進学希望者が主に就学。ギムナジウムの卒業試験アビトゥーア（Abitur）に合格すると、大学入学資格が得られる）の三種類に分岐する。このほか、一部の州・地域には、実験的取り組みとして、これら伝統的な三種類の学校を一つに統合する中等教育学校として総合制学校（Gesamtschule）が設けられている[18]。ここではドイツ・ヘッセン州に焦点を当て、初等教育段階として基礎学校、次に中等教育段階の学校として実科学校とギムナジウムを取り上げ、これらそれぞれの学校カリキュラムにおいて、演劇がどのように位置づけられているかを明らかにしたい。

まず、ヘッセン州の基礎学校のカリキュラムを見てみよう。ヘッセン州の文部省によれば、演劇は、基礎学校では「表現劇」として、基礎学校の科目である国語、芸術、音楽の中に組み込まれている[19]。

この「表現劇」には、人形劇（Puppenspiel）、仮面劇（Maskenspiel）、影絵劇（Schattenspiel）、ダンス（Tanz）、即興劇（Improvisation）、パントマイム（Pantomime）などが含まれる[20]。ヘッセン州における基礎学校の学習指導要領によると、「表現劇」は他の教科を包括する性質を持ち、同時に他の教科や学習の目的をも満たす[21]。たとえば、国語の授業であれば、言葉やテキストとのかかわり、体育の授業であれば、身体表現、芸術の授業であれば、舞台装置、衣装、小道具、人形、仮面等の製作、音楽の授業であれば、舞踊や歌唱などと結びつく可能性がある[22]。このように「表現劇」は、すべての教科に寄与しうる教科横断的な性格を持っている。

次に、中等教育学校の一つであるヘッセン州の実科学校のカリキュラムにおいて、演劇がどのように位置づけられているかを見てみよう。

実科学校においても、演劇は「表現劇」として、「国語」、「音楽」や「芸術」の領域の中で扱われることが多い[23]。たとえば、「国語」の学習指導要領の中では、以下のように多様な関連が示されている（**表1**参照）。

「芸術」の学習指導要領の中で、演劇は、他の芸術活動すなわちデッサン、水彩画、コラージュ、造形、デザイン、建築、写真、映画などと並んで次のように述べられている。

「この美的教育の領域では、全身を表現・造形手段として用いる。思春期・青年期においては、身体を用いた表現に消極的になりがちである。そうした場合には、影絵劇や仮面劇を積極的に用いることもできる。芸術作品と取り組む際に、……〈表現劇〉の形態を用いることによって、子どもの表現を活気づけることができる」[25]。

表1　ヘッセン州の実科学校の「国語（Deutsch）」学習指導要領のなかの演劇と関連した項目について[24]

学　年	戯曲のさまざまな形態
第5学年	「オイレンシュピーゲル（悪ふざけやいたずらを描いた笑い話）」などの寸劇やロールプレイのためのテキスト
第6学年	笑劇、道化芝居、ユーモア劇、寸劇やロールプレイのための短編ドラマ
第7学年	道化芝居、寄席のテキスト、ユーモアに満ちた短編ドラマ、現実をリアルに描いた一幕ものの劇、社会批評的な放送劇、シナリオからの抜粋
第8学年	寄席のテキストやユーモアに満ちた短編ドラマ、社会的現実をリアルに描いた一幕ものの劇、社会批評的な放送劇、ブレヒト作品などから抜粋した一場面
第9学年	怪奇的な特色を持った道化芝居や寄席のテキスト、現代劇、史実に基づいた劇、叙事的演劇、寓話劇、怪奇劇、喜劇、悲喜劇、古典悲劇、写実主義的演劇、自然主義的演劇、近代劇。たとえば、F. ヴェーデキント『春の目覚め』、ブレヒト『肝っ玉おっ母とその子どもたち』『コーカサスの白墨の輪』など
第10学年	現代劇、史実に基づいた劇、叙事的演劇、寓話劇、怪奇劇、喜劇、悲喜劇、古典悲劇、写実主義的演劇、自然主義的演劇、近代劇。たとえば、M. フリッシュ『アンドラ』、B. ブレヒト『第三帝国の恐怖』『肝っ玉おっ母とその子どもたち』『コーカサスの白墨の輪』、W. ボルヒェルト『戸口の外で』、F. デュレンマット、シュトラウスなど

学　年	演劇活動
第6学年	表現劇（舞台劇、パントマイム）
第7学年	表現劇、レクリエーション
第8学年	表現劇、ショー、寄席、レクリエーション
第9学年	表現劇、戯曲、舞台劇、パントマイム、人形劇、影絵劇、ショー、寄席、レクリエーションなど
第10学年	表現劇、ショー、寄席、レクリエーション

「表現劇」には、パントマイムやジェスチャー、即興劇も含まれる[26]。その目的は、たとえば第5学年では、自己表現や感情の表現に置かれている[27]。

さらに演劇は、「音楽」の授業とも結びつきが深い。「音楽」の学習指導要領の中では、次のように扱われている。

「音楽は、芸術、国語、体育、表現劇など他の表現領域と深く結びついている。このような結びつきによって、たとえば音楽と美術の融合が音楽劇（Singspiel）やミュージカル（Musical）となるように、異なる芸術表現形態が一つになることが可能になる。さらに、音楽学校や楽友協会、劇場と協力することによって、こうした融合への実現に近づく」[28]。

第10学年では、歌やカノン、楽器、作曲家について、ゴスペル、ポップミュージック、ロック、音楽史などと並んで、演劇が音楽劇（Musiktheater）の名称で、学習内容に含まれている[29]。そこでは音楽劇、オペラやミュージカルの一場面を演じたりする[30]。その際、詩的要素を持つ作品として、たとえば、スメタナやヴェルディなどのオペラ、演劇的な要素を持つ作品として、ビゼーの『カルメン』、バーンスタインの『ウェスト・サイド・ストーリー』、ガーシュインの『ポギーとベス』、社会批評の色彩の濃いクルト・ヴァイルの『三文オペラ』などが挙げられている[31]。

最後に、ギムナジウムのカリキュラムでは、演劇はどのように位置づけられているのだろうか。ヘッセン州のギムナジウムにおけるカリキュラムを見てみよう。

ヘッセン州のギムナジウムでは、演劇は、主に、「国語」、「音楽」、「表現劇」の中で扱われる[32]。また、ギムナジウム上級段階で初めて、「表現劇」が独立した教科としてカリキュラムに位置づけられる。まずは、ギムナジウムにおけるこの三つの教科の中で、演劇がどのように扱われているかを見てみよう。

「国語」の学習指導要領では、テキストの一場面を演じたり、自分で構想したシチュエーションを、ロールプレイ、即興劇、パントマイム等を用いて演じる[33]。また戯曲を扱ったり、戯曲の演出、劇場訪問なども行われる[34]。

「音楽」の学習指導要領によれば、たとえば第10学年では、音楽劇、オペラ、ミュージカルの場面の解釈およびその一場面を演じることが挙げられている[35]。音楽劇には、歌うこと、演じること、演出、場面の解釈などが含まれる[36]。また、『エビータ』や『ミス・サイゴン』といったミュージカルは、ジャズ色の強い作品であるが、音楽劇ではこれらを取り上げ、政治的歴史的背景をも学ぶ。

次いで、「表現劇」の学習指導要領を見てみよう。「〈表現劇〉は、ギムナジウム上級段階では、授業科目として位置づけられる」[37]とあるように、上級段階では演劇は、単独でカリキュラム内に位置づけられる。「表現劇」に含まれる領域は大きく分けると、①演技（第11学年）、②ドラマツルギーと演出（第12学年）、③演劇理論および演劇史（第13学年）である[38]。ちなみに、「表現劇」が大学入学資格試験アビトゥーアの試験科目として、試行されている州もある[39]。

以上、ヘッセン州の場合を紹介してきたが、「演劇」が公的に認められた科目としてカリキュラム内に位置づけられる場合、その位置づけのあり方は州によって異なる。一般的に「表現劇」は、多くの学校において「芸術」ないし「音楽」の一部、ないしその代替として位置づけられている[40]。ベルリン州、ブレーメン州、シュレスヴィヒ・ホルシュタイン州、テューリンゲン州、ヘッセン州、ノルトライン・ヴェストファレン州では、音楽や美術の領域の選択必修科目として位置づけられ、「音楽」、「芸術」、そして「体育（スポーツ）」と同等の位置づけを持つものとしてとらえられる。またハンブルク州、ニーダーザクセン州などでは、「国語」の授業の一部あるいは「美学」、「文学」の授業の特殊形態として位置づけられている[41]。また任意参加の演劇活動を、市民演劇サークルのような学校外の活動としてではなく、学校内の教育活動（演劇クラブ：Theater AG）として行う学校もあるが[42]、こうした演劇クラブの存在も演劇教育の一翼を担っている。

さらに、課外の演劇クラブなどが集う青少年演劇大会が、ニーダーザクセン州、ノルトライン・ヴェストファレン州等で開催されている[43]。二〇〇四年にはドイツで初めての子ども演劇大会が行われ、子どもと演劇、学校と演劇に関するさまざまな採択や決議がなされた[44]。このような学校への演劇の奨励・導入の一因には、一九六〇年代以降の学校改革構想・胎動を経て、一九九〇年代に入り急速に具体化へと進んだ学校改革の基本的方向性、すなわち「学校の自律性」の保障ないし拡大があると言ってよい[45]。この新たな枠組みに基づいて、学校自らがその自主性を最大限に活用して、学校独自の目標、教育内容および方法を掲げ始めた[46]。学校全体で取り組む重点事項に演劇を据えた、ノルトライン・ヴェストファレン州にあるブリュンニングハウゼン総合制学校は、その一例であると言える。このような演劇教育の重視は、演劇が子どもの知・情・意の諸能力の成長に有益な力を発揮する教育活動であるとする見方に支えられているが、他方、暴力、喫煙、麻薬、自殺、性非行といった青少年問題の克服への手がかりを演劇教育に求める教育関係者たちの要求によっても支えられている。

2　プロの俳優・演出家・学校外の演劇教育者による演劇教育

前述のような一般的なカリキュラムの枠を超えて、演劇重視を学校独自の特色として掲げている学校もある。

たとえば、ベルリンでは演劇教育に重点を置く小学校を「演劇教育推進校」に指定している[47]。基礎学校エリカ・マン小学校(Erika-Mann-Grundschule)はベルリンで最初の演劇教育推進校である[48]。この学校が位置する地区には、外国人労働者やトルコ人の子弟が多く、生徒の国籍も二〇カ国を超える。それゆえ共通語となるドイツ語の習得やドイツ語での表現力の育成と同時に、言葉以外の表現手段や表現形態を学ぶことも重視される。こうした状況で、演劇は大きな役割を果たす。この学校は劇団シャウブーデ(Schaubude)と連携し、この劇団が学校に協力・援助を提供している[49]。また、毎週二回、プロの俳優が学校にやってきて指導を行う[50]。ベルリンの基礎学校シュプレーヴァルト小学校(Spreewald-Grundschule)もこうした演劇教育推進校の一つであるが、言語能力やコミュニケーション能力、社会的能力の獲得、クラスの結束を高めることを目標に、すべてのクラスに毎週、演劇の時間が組み込まれている[51]。演劇は国語や音楽、美術などの科目とも連携して行われるが、他の教科にも影響や刺激を与え、学習効果を高める働きがあるとされている[52]。この学校の演劇教育は、外部の演劇教育研究機関や人形劇シアター、ベルリン芸術大学の教授との協力・連携のもとに行われ、青少年演劇アトリエの俳優がこの学校の演劇活動を支えている[53]。

このように、公立学校では、しばしば俳優や演出家といった演劇の専門家たちを学校内に招き入れ、教師と生徒がともに彼らのもとで演劇活動を行うプロジェクトが行われている[54]。たとえば、ベルリン市の基幹学校フェルディナント・フライリグラート中学校(Ferdinand-Freiligrath-Schule)[55]では一九九〇年にKidSプロジェクトが開始された[56]。このプロジェクトは、演劇に限らず、さまざまの芸術分野の専門家を学校内に招き入れ、週に二時間の選択必修コースの中で、教師と生徒がともに彼らのもとで芸術活動を行うというものであり、その名称KidSはKreativität in die Schule(学校に創造性を)を意味する。その芸術活動は幅広く、音楽、ミュージカル、演劇、映画、写真、造形芸術、絵画、詩作、彫刻等々、多岐にわたる。演劇では、演出家や俳優を招き、ベルリンのグリップス劇団（GRIPS-Theaters）や他校とともに共同で演劇プロジェクトを行い、子ども期と成人期の狭間（思春期）で、拠り所と自己の長所を見出せず、校舎の破壊、殴り合い、脅迫、喫煙やアルコールや薬物の摂取など、自他に対する破壊・暴力行為に走る生徒たちに、自信、生きる力、他者への信頼、そして硬直した「教師―生徒」関係を脱構築するチャンスを提供した[57]。グリップス劇団や東ベルリンのマルツァーナー学校（Marzahner Schule）との共同の演劇活動は、マルツァーン区を拠点として外国人排斥を叫ぶネオナチと、多くのトルコ人やアラブ人が住むベルリン・クロイツベルク区の外国人居住者との緊張関係や偏見を緩和したり、解決したりすることにも大きな役割を果たしている[58]。これはまさに演劇が、この学校が目指す「社会的結合における学校（Schule im gesellschaftlichen Verband）」という目標に寄与していることを示している。

一九八六年にユネスコのプロジェクト校に指定され、一九九五年からはヘッセン州の実験校となったヘッセン州のヘレーネ・ランゲ総合制学校（Helene-Lange-Schule: 一八四七年創立）では、演劇教育にとくに重点が置かれている[59]。個々のプロジェクトに、そのつど学校の外から招いた演劇の専門家や演出家がつき、指導が行われ、各々の演出家がそれぞれの方法論を持ち込む[60]。この学校の第5学年、第6学年では、プロジェクト学習や国語(物語、寓話、詩)あるいは英語の授業の中で演劇に取り組む。授業の内容に応じたテーマあるいは日常のテーマに即して、オリジナル作品や既成作品が用いられる[61]。中でも保護者や外部の人間など多くの観客を前に上演される第9学年の演劇は、とくに重要な行事になっている。生徒たちはこの演劇プロジェクトの間、五週間、演劇の練習だけに専念し、他の授業は行われない[62]。このことからも、いかにこの学校が演劇を重視しているかを見て取ることができる。

第二節　私立学校（田園教育舎その他）における演劇教育

演劇が、ドイツの学校教育において明確なかたちで登場したのは、ドイツ改革教育運動における「芸術教育運動」においてであるが、演劇を早くから取り入れた学校に田園教育舎（Landerziehungsheim）がある。この田園教育舎、とりわけ一九一〇年にP・ゲヘープが創立したオーデンヴァルト校（Odenwaldschule）では、演劇が教育活動として取り入れられ、学習活動の中心的位置を占めている。今日、演劇は第7、第8学年の選択必修科目、第11～13学年の授業科目となっている[63]。そこでは、第8学年でクラス劇、第10学年では修了演劇が恒例になっており、課外活動としての演劇クラブもある。一九九六年には専用劇場を持つに至り[64]、この劇場では、演劇が一般市民に公開のかたちで上演される。生徒たちはときには公演旅行を行ったり、定期的に市立劇場を訪れ、プロの俳優とワークショップを行ったりする。その意義については「プロの演劇人のもとを定期的に訪れることは、演劇活動に新しいアクセントをもたらし、演劇活動を活発にする」[65]と述べられている。オーデンヴァルト校で演劇にこのように力を入れるのは、演劇を子どもの人間形成、つまり身体的・言語的なコミュニケーション能力の育成、自己認識の能力や表現力の形成、自主性や創造性の育成などに大きな力を発揮する教育活動と見るからである[66]。そうした教育効果は、具体的には「自分との出会い」あるいは「クラスの結束を高める」、「自分自身を発見し、自己信頼、自己訓練、責任感情を育む」、「演劇は身体、魂、思考、意志の結びつきを強調する」[67]といった言葉で述べられている。

また、ゾリングの田園教育舎（Landschulheim am Solling）でも、演劇が盛んに行われている。「演劇はそれ自体、田園教育舎の教育学的な根本原理を含んでいる」[68]とされ、演劇が持つ教育学的な側面が高く評価されている。田園教育舎で演劇が重視され、盛んに行われている背景には、一九二四年に田園教育舎系列である「海辺の学校（Die Schule am Meer）」を創設したM・ルゼルケが、青年運動から発展した「素人演劇（Laienspiel）」[69]の分野で指導的役割を果たし、演劇を教育活動の中に普及させていったことが挙げられる。「海辺の学校」を対外的に有名にするのに最も貢献したのがこの「素人演劇」であり、この「素人演劇」は、すでに当時のプロイセン文部省によって学校の正規の授業科目として設ける許可が与えられていた[70]。

ドイツ改革教育運動の流れを汲むシュトットガルトの私立学校であるメルツ学校（Merz-Schule: 一九一八年創立）は、芸術を教育の基礎に据え、それを幼稚園からギムナジウムまでの一貫教育の中で実践している。ギムナジウムの第5学年以降では、毎週、「音楽の午後（Musischer Nachmittag）」がある。これは週一回、生徒がそれぞれの興味や関心に応じて、演劇や音楽、絵画、舞踊、工芸、各種スポーツやコンピューターなどおよそ四〇講座の中から、好きな科目を選択し学ぶ時間である[71]。演劇はその中でも大きな位置を占めている。ここでは、多様な方面に創造的な力を伸ばし、それぞれの素質や能力を深め高めること、そして将来の職業選択の助けにもなることが演劇の目的とされている[72]。

シュトットガルトのハイデホーフギムナジウム（Evangelisches Heidehof-Gymnasium）は、プロテスタント系のギムナジウムであるが、この学校のカリキュラムでは音楽、造形芸術、演劇がとりわけ重点事項として掲げられている[73]。この学校では「集団と私（Gruppe und Ich）」すなわち個人が個性を発揮しながら、集団の一員として責任を果たし、集団にいかにかかわっていくかを重視し、そのためのクラス共同体（Klassengemeinschaft）の育成が教育目標とされているが、これに演劇が寄与すると考えられている。

第三節　公立学校と田園教育舎に共通する問題点

以上の状況からわかるように、演劇教育は、ヴァルドルフ学校以外の他の公・私立学校においても広く教育活動として取り入れられている。田園教育舎との比較で言えば、演劇教育は、ヴァルドルフ学校よりも早くから田園教育舎で行われており、しかもその規模も田園教育舎の方が大きい。しかし、前述の他の公・私立の学校で行われている演劇教育には問題点も少なくない。すでに述べたように、演劇は、公立学校では主に国語、音楽、芸術といった科目の中に位置づけられ、多くの場合、教科としての独立した位置を持たない。それはあくまで教科内容の選択肢の一つ、または行われる可能性があるものとして、各々の科目の学習指導要領に記載されているだけである。演劇を取り入れるか否かは、各学校および教師の裁量に委ねられており、必ずしもすべての学校で実際に演劇が行われるわけではない。むしろ演劇を行うのは、少数であろう。

さらに、公立学校と田園教育舎に共通する演劇教育の問題点として、大きく二つが挙げられる。一つは演劇の専門家と学校教師との間の連携の欠如である。前述のエリカ・マン小学校や、シュプレーヴァルト小学校、フェルディナント・フライリグラート中学校、ヘレーネ・ランゲ総合制学校に共通しているのは、担任や学校の教師ではなく、外部からプロの俳優や専門の演劇人を招いて演劇教育を行うという点である。このように近年、ドイツの公・私立学校では、学校の教師が演劇の時間を受け持つのではなく、俳優や演出家などプロの演劇人が、演劇の時間を担当し指導を行うケースも少なくない。この場合、各々の演出家がそれぞれの方法論を持ち込み、指導形態や方法が一貫しない場合も多い[74]。こうした状況においては、演劇の専門家と学校教師との間に「慎重に、ともに協議された指導要綱（方針）が必要」[75]であるが、実際には演劇の専門家に任せきりというのが実状である[76]。そうしたことから、たとえばドイツ演劇教育連盟（Bundesverband Theaterpädagogik）は、演劇の専門家を「学校のことを知らない学校外の演劇教育者（Theaterpädagoge）」[77]と呼び、「演劇教育者と演劇教師（学校内の演劇担当教師を意味する、筆者注）との対話があまりにも少ない」[78]と警鐘を鳴らしている。たしかにプロの俳優や演出家および演劇指導者が演劇指導を行うことによって、演技のテクニックの伝授や効果的な演出のもと、レベルの高い演劇活動が期待できる。しかし、彼らは、その学校やクラスの状況、一人一人の子どもの個性や発達段階といった教育的な事柄まで配慮することは少ない。この点については次のように述べられている。

「多くの学校は、プロの演出家や俳優を連れてくるが、これには議論の余地がある、なぜなら、学校での教育（学）的な状況は決して無視されてはならず、生徒の年齢についても無関心であってはならないからである」[79]。

もう一つは、すでに前の引用にも示されているが、教育活動としての演劇が子どもの発達段階に即さない、あるいはそれを無視したかたちで行われる傾向にあるということである。このことを指摘する教育者・研究者は少なくない。たとえば、演劇教育者F・レルシュタプは、ドイツやスイスの学校の演劇教育の多くの実践を検討して、それらが子どもの遊戯衝動や青少年にふさわしい内容をともなった演劇上演に発展することはまれであった、と指摘する[80]。その主な原因は、演劇教育の指導者の力量にあるとされる。彼によれば、その指導者は、成人対象の演劇学校でプロの俳優としての教育を受けた者が少なくなく、その学校で学んだ事柄をそのまま学校教育に持ち込んだ[81]。レルシュタプによると、演劇の指導者自身、自分たちの受けてきた俳優養成のための専門教育を、学校および異なった発達段階にある子どもたちに持ち込んでいること、そしてそれゆえに、子どもや青少年に無理を強いることの危険を冒していることに気づいているという[82]。このレルシュタプの指摘は一言で言えば、演劇の専門知識と教育学的な視座の双方を兼ね備えた教師が不足しているということである。それゆえ、ドイツ演劇教育連盟が「ドイツのすべての州で、学校における科目としての演劇が他の科目と同じように実現するには程遠い」[83]と指摘するように、一過性で終わってしまい、継続した演劇活動が困難な場合も多い。

そうした教師の不足は換言すると、学校の演劇教育が子どもの発達に関する理論を欠いていることを意味する。この理論の欠落は、演劇教育の盛んな田園教育舎・オーデンヴァルト校にも見られる問題である。この学校の演劇担当の責任者であり中心的人物である教師が、「演劇は特別な理論に基づいて行われているわけではない」[84]と明言していることが、そのことを示している。

第四節　ヴァルドルフ学校における演劇教育

1　盛んな演劇教育とその特徴

すでに述べたように、ヴァルドルフ学校は世界的に広がり、この学校への評価も高い。繰り返すが、この学校の教育の一環として行われる演劇も、ヴァルドルフ学校関係者を超えて広く注目され、高く評価されている。この学校の演劇教育は、授業の「集大成」として大々的に展開され、『バーデン新聞』や『ハノーファー一般新聞』

など、ドイツの一般新聞でも取り上げられ、高い評価を受けている[85]。また、ヴァルドルフ学校の演劇教育は、『教育学辞典』[86]で、エポック授業[87]や、オイリュトミーなどと並んでこの学校の大きな特徴として取り上げられ、「第8学年、そして第12学年の終わりに上演される大規模なクラス演劇によって、ヴァルドルフ学校の生徒たちの〈舞台キャリア〉は集大成を飾り、これら質の高い上演は、一般の演劇関係者の間でも一見に値する」[88]と高く評価されている。

ヴァルドルフ学校の演劇教育は、この学校の創設者シュタイナーの教育理論に基づいて行われる。ヴァルドルフ学校は、ギムナジウム段階の子どもを対象とするオーデンヴァルト校とも違い、また第5学年からオリエンテーション段階を経て、実科学校やギムナジウムなどさまざまな学校に分かれていく公立学校とも違って、第1学年から第12学年までの一二年間一貫の学校である。この学校では第1学年から第12学年に至るまで、すべての学年で演劇が教育活動として組み込まれている。ヴァルドルフ学校では演劇は特別な活動ではなく、「学校の日常の行事」[89]とされるほど生徒が演劇に接する機会は多い。同時に「演劇は、教育の手段として実に効果的な要素をもっている」[90]、あるいは「演劇をクラス全員で演じることは、ヴァルドルフ学校で定評のある教育の手段・方法である」[91]と言われるように、演劇活動はこの学校の教育活動の主柱として位置づけられている。「ヴァルドルフ学校での演劇活動は、多層かつ実に多彩である」[92]と言われるように、ヴァルドルフ学校では、大規模な演劇が各学年で、年に一回上演され、さらに月例祭[93]では、寸劇や、クリスマスやその他の年中行事、季節に応じたさまざまな演劇が頻繁に行われる。それらの演劇には、英語劇やフランス語劇、ロシア語劇といった外国語劇も含まれる。

すでに述べたように、ロールプレイなどの演劇的手法や原理を、他の教科や教育活動全体に生かそうとする試みは、他の公・私立学校においても存在する。また近年、上演を前提としない演劇、すなわち観客の存在しない演劇である「ドラマ教育（Drama in Education）」の形態も見られるようになった。これは、一九六〇年代に行われた英米の演劇教育者P・スレイド、B・ウェイらによる、上演を目指す演劇教育すなわちシアター教育（Theater in Education）と、上演を前提とせず、プロセスを重視する演劇教育、すなわちドラマ教育の区分の明確化に端を発する。ドラマ教育では、即興表現等を通じて、子どもの内部で起こることや発見、探求、あるいはその集団で起こることに重点を置き、それらを内面化して理解し、学び、自ら表現を磨き上げたり、互いに刺激しあったりすることを重視する。ここでは、台本を使用した長期間にわたる練習や、大掛かりな舞台装置や衣装、照明等はほとんど用いられない。こうした演劇の形態は近年、増加の傾向にある。また、一般の公・私立学校における演劇活動の約六〇パーセントが、自由参加を前提とする課外のクラブ活動（Arbeitsgemeinschaft）として行われているという事実が報告されている[94]。

ヴァルドルフ学校の演劇は、こうした演劇の形態とは異なる。担任教師による指導・演出のもと[95]、台本およびセリフを用いて練習を重ね、観客を前に舞台で上演を行う。舞台装置、大道具、小道具、衣装などの製作も長い時間をかけて行われる。演劇上演の準備の過程を何より重視しているためである。演劇を必須の教育活動として教育活動の中心に据え、あらゆる授業の集大成として演劇を行っている学校は、ヴァルドルフ学校の他に例を見ないが、その特徴を挙げると、以下のようになる。

第一は、ヴァルドルフ学校の第1学年から第12学年まで各学年における演劇上演のいずれもが、クラブ活動のように課外授業としてではなく、あくまで授業の一環として行われていることである。ヴァルドルフ学校では午前中に、エポック授業が行われ、その後、外国語や音楽、オイリュトミー、さらに昼食休憩を挟んで家庭

布に描かれた舞台美術（第8学年クラス劇：F. ライムント作『百万長者になった百姓』）

科や工作、体育の授業が行われる。演劇活動はこうした日々のすべての教科の中で行われ、相互に有機的に結びついている。

たとえば、国語や歴史、地理の授業では時代背景、文化、経済状況、登場人物の性格や生活習慣、ものの考え方、セリフの解釈に至るまで、徹底した理解に努める[96]。美術の授業では、舞台美術の原案を描き、宣伝用のポスターやチラシ、チケットを作る。工作の時間では、大道具や小道具を製作し、音楽の授業では、音楽教師の指導のもと、歌やオーケストラ演奏の練習が行われる。オイリュトミーの授業では、ダンスの練習が行われ、家庭科の授業では、子どもたちは各自自分の衣装を作る[97]。スイスのヴァルドルフ学校教師H・アルブレヒトは、次のように述べている。「たとえばオイリュトミーでは、身体の動きと魂の感情が言葉や音楽と結びつき、互いに価値を高め合う。家庭科や木彫りで獲得した能力が衣装の構想や彫刻、小道具の製作に役立ち、また、絵画の時間に学んだことが、舞台美術やポスターを描くのに役立つ」[98]。こうした有機的結びつきについてシュタイナーは、「認識、生の形成、実際的な技術の練習などの一切は、芸術への欲求と一体にならねばならない」[99]、あるいは「他の教育や授業と芸術的なものが並行して行われる際には、芸術が授業に有機的に組み込まれるべきである。なぜならすべての授業・すべての教育は一つの統一体でなければならないからである」と述べる[100]。

こうした有機的結びつきは、言い換えると「さまざまな教科の調和（Zusammenklingen）」[101]を可能にする。このことについて、ウィーン・マウアーのヴァルドルフ学校教師C・メルヒンガーは次のように述べている。「ここでは、生徒がさまざまな科目で獲得した知識（技術）と能力を使用する」[102]。加えて、「演劇は繰り返し授業を補足する」[103]とヴァルドルフ学校の教師が述べるように、演劇の上演に付随して発生する多岐にわたるさまざまな準備や作業は、他の教科の理解を助け、深めることにつながる。逆に、個々の教科の中で学び獲得した知識は、演劇活動の中で具体的に生かされ、これを体によって表現し、さらに長い期間をかけることによって、子どもの頭、心、体に浸透し、生涯にわたって子どもの中で生き続けるのである。こうしたことに着目して、シェーナウのヴァルドルフ学校教師B・ショーバーは、「演劇は、多くの能力を獲得し、強め、発展させることができるすぐれた教育方法である」[104]との言葉で述べるのである。

演劇はどの年齢においても多くの要素を発揮すると言われるように、さまざまな領域があり、子どもたちはそのいずれかで必ず力を発揮できる。もちろん、そのためには多くの時間と労力、家庭科（衣装）や工作（大道具、小道具）や音楽の教師などとの連携、さらに親たちの協力も必要不可欠である。練習は補習時間や放課後などを利用し、毎日少しずつ進められていく。このように上演に向けての準備は、決して単独ではなく他の授業との密接な関係において行われ、そういった意味で、演劇があらゆる教科内容を含む総合的な教育活動として、

第8学年クラス劇：J. ネストロイ作『*Heimlich Geld, heimlich Liebe*』

教育活動の中心に据えられるのである。

第二は、ヴァルドルフ学校の演劇が、クラスの中の一部の生徒によって行われるのではなく、クラスの子ども全員が参加し、クラス全員が舞台に立つ「クラス(学級)劇」の形で行われることである。オーデンヴァルト校の演劇では、クラスの子ども全員が舞台に立つとは限らない。公立学校では、最近、第1学年からクラス全員が舞台に立つことを試みる学校も出始めた[105]が、そうした試みはごく限られたものである。なお、オーデンヴァルト校には課外の演劇クラブもあるが、ヴァルドルフ学校にはそうしたものはない。

第三は、とくに児童期(小・中学校段階)では教師の関与が大きいことである。ヴァルドルフ学校では演劇の指導は、担任の教師あるいは専任の教師によって行われており、外部の演劇指導者によってなされることはほとんどない。プロの俳優や演出家を招いてワークショップを行うといったこともない。ふさわしい脚本の選定(場合によっては教師が脚色したり、教師自ら台本を書くこともある)、配役、演出、練習の進行等、その多くはすべて担任教師の考えと判断で行われるが、これは、児童期の子どものうちで発達が著しい「感情」の中でも、信頼と尊敬に値する教育者、つまり権威者につき従って学ぼうとする権威感情が顕著に見られる、というシュタイナーの見方に基づくものである。言うまでもないことだが、教師は子どもの本性、発達についての認識だけでなく、同時に演劇に関する多くの知識や理解をも併せ持っていなければならない。こうしたことを視野に入れ重視しているゆえに、ヴァルドルフ学校の教師を養成する教員養成大学では、演劇が教員免許取得の必須条件となっている。

第四は、演劇が幼児期から青年期にわたって、発達段階に応じて継続的に毎年行われていることである。ヴァルドルフ教育では、幼児期から青年期に至るまで「日常の行事」として、演劇教育がとりわけ重視される。そこでは、子どもの発達段階を重視し、人間とは何か、子どもの本性とは何かといった人間理解に対する深い洞察に基づいて演劇活動が行われ、人間教育の一環として演劇が担う意義がきわめて重視される。たとえばヴァルドルフ学校では、第1学年から第12学年に至るまで、毎年演劇上演がクラス劇の形で行われるが、とりわけ学年の節目である第8学年と第12学年においては、クラス劇が重要な位置を占め、「特別な頂点（Besonderer Höhepunkt）」[106]ないし「あらゆる授業の集大成」[107]として、それを公開上演することが必須の教育活動となっている。

第五は、ヴァルドルフ学校の演劇が、片手間ではなく長い期間をかけてじっくりと取り組まれ、上演へと至る過程、すなわち本番に向けての練習や演劇を作り上げる準備の過程が大切にされていることである。というのも、演劇は、演劇の上演と言うよりはむしろそこへと至る過程、すなわち本番に向けての練習や準備の過程においてその教育的な力を最大限発揮すると考えられているからである。ヴァルドルフ教育について賛否両論を論じている著作“*Pro und Contra Waldorfpädagogik*”の中では、ヴァルドルフ学校の演劇について次のような見解が見られる。

「私は数年前から、ドイツ連邦共和国での学校生徒とアマチュアによるすべての大会だけでなく、さらに多くの小さな演劇集会をも訪れています。見間違いでないなら、これまで私は、そのような公的な演劇集会の場で、シュタイナー学校の上演をいまだ見たことがありません。これがその通りであるのなら、なぜあなたがたは自分たちの中でとどまっているのですか？　なぜ出会いを求めないのですか？　なぜ生徒たちを囲い込み、自ら覆ってしまうのですか？　なぜ演劇の領域を公にしないのですか？　はっきりお聞きします。たとえば、ベルリンの青少年演劇集会に、あなたがたの生徒たちを連れて行ってはいかがですか？違ったように演じている他の学校グループを見学するために、教師としてこれらの大会や音楽週間へ足を運んではいかがでしょうか？」[108]。

青少年演劇集会のような公の場で、なぜ演劇上演、演劇発表を行わないのか、というこの批判に対して、演劇に造詣の深いウィーン・マウアーのヴァルドルフ学校教師Ｅ・ディック博士は次のように答える。「私にとって上演が成功することは必ずしも重要なことではありません。むしろ、私たちが今毎日、毎時間の練習の中で到達しようとしているもの、それが私にとって重要なのです」[109]。ヴァルドルフ学校の教師たちが重点を置くのは、舞台上演ではなく、そこに至るまでの取り組みやプロセスである。ヴァルドルフ教育研究者Ｒ・ブルックハルトが、「役柄と個人的に取り組み、多くの観客を前にして舞台上で演じるのみならず、ともに活動する時間が教育的な効果（価値）を高める」[110]と述べるように、演劇上演の準備や過程で生じる活動がとりわけ重視されているのである。「何週間にもわたって台本や自分の演技に取り組み、それらは組織化され、計画され、舞台を取り巻く多くの課題が熟考され、割り当てられ、実行される。ここでそれぞれの能力や素質がすばらしい形で花開き、社会的な芸術（Soziale Kunst）が試行錯誤され、生徒の才能の多くの驚くべき展望が教師や親に与えられる」[111]。

また、ヴァルドルフ学校では、外国語劇（Fremdsprachenspiel）も重要な位置を占めているが、こうしたことは公立学校ではほとんど見られない[112]。

2　シュタイナーの演劇活動

ヴァルドルフ学校で演劇が重視される理由は、ヴァルドルフ学校の創設者・シュタイナー自身が、演劇に多様な形でかかわっていたことに基づいている。シュタイナーは多岐にわたる自身の演劇活動の中で、演劇の持つ教育的・人間形成的側面に着目した。ヴァルドルフ学校における演劇重視は、シュタイナーの見方、すなわち演劇が持つ教育的な力に対するシュタイナーの見方、および当時の演劇界での彼の活躍に示されるように、彼の演劇に対する造詣の深さに基礎づけられ、支えられている。

シュタイナーは、まずベルリンで自ら演劇の世界に身を投じ、精力的に活動を展開した。彼は、詩人、文筆家、演劇関係者、ジャーナリストたちとの交流のかたわら、数々の劇評を執筆すると同時に、一八九七年三六歳の時、ベルリンで当時のドイツ・演劇協会の公的機関紙である『演劇雑誌（*Dramaturgische Blätter*）』および『文芸雑誌（*Magazin für Literatur*）』の編集に携わり、演劇や文学の解釈や批評を行うとともに、自らも演劇関係の雑誌に広範囲にわたって論文を寄せた[113]。それらは、演出論（Regiekunst）、俳優論（Schauspieler）、舞台美術論（Bühnenbild, Bühnendekoration）、色彩・照明論（Bühnenlicht, Farbentönung）、衣装論（Kostümierung）から、西洋演劇の源流とされるギリシャ劇（Griechisches Drama）や中世宗教劇論、シェイクスピア論、ゲーテやシラーの演劇作品に関する論、イプセンを含む近代演劇論、など多岐にわたる。彼は、すべての舞台に関する領域、すなわち演出、舞台美術、照明、衣装、身ぶり、セリフなどに関する教育方法の諸段階について詳細に論じている[114]。さらに彼は、ドイツ劇場の黎明、一九世紀のドイツ演劇論、ウィーンの演劇状況[115]、ウィーン市民劇場の危機、観衆論、批評論、劇場のスキャンダルなど彼が生きた時代の演劇批評にも余念がなかった。これらの広範な論文は、シュタイナーが当時の演劇界でいかに精力的に活動していたかを物語っている。さらに彼は、演劇協会（Dramatische Gesellschaft）の役員を務め[116]、舞台監督や演出にも精通していた。シュタイナーは、その当時の状況を振り返って「演劇活動に携わることは、当時の私にとって実に有意義な体験であった」[117]と述べている。

人智学の基礎・骨格がほぼ確立されたのち、つまり、一九一〇年以後にシュタイナーは、この人智学に基づいて自らの活動を展開する。その活動こそ芸術活動であり、その出発点に位置するのが舞台芸術の一種である『神秘劇（*Mysterien-Drama*）』[118]であった。彼は、一九〇九年からこの『神秘劇』を含む演劇の上演と、それに関する講演というパターンの催しを毎年ミュンヘンで行っていた[119]。シュタイナー研究者西川隆範によると、シュタイナーはゲーテが書いた『ドイツ避難民の語る物語』の中で、ある老人が語る「メルヘン」をとくに重要視していたという[120]。シュタイナーは、この「メルヘン」が、霊的世界において行われた儀式を、細密画のように反射していると見た[121]。そして、この「メルヘン」の続編を書こうとした。それが『神秘劇』である。『神秘劇』は一人の人間の内的変容を描くことによって、人間の魂の成長とは何かを示している。そこでは、登場人物の一人であるヨハネスの友人かつ助言者であるマリアが、自らの魂と向き合い、感情・思考・意志を表す三人の女性と語り合う場面が描かれる。この三人の女性には、それぞれフィリア、アストリッド、ルナという名前がつけられている。どの人の魂にも存在するこれら三つの要素は、オイリュトミーで表現されることも多い。シュタイナーにあっては、自分の中にあるこれらの要素に、より意識的になることは、自身をよく認識し自我を強めることにつながる、とされる。シュタイナーによる『神秘劇』は、人智学の最高結晶の一つである、と言われ、人智学の活動の本質となった[122]、と言われることもある。シュタイナーは『神秘劇』に関して「神秘劇に書かれていることを、時間をかけて探求してもらえば、わたしはこれから何年も講演をする必要がない」[123]とまで述べている。

一九一〇年から一九一三年までの間には、シュタイナーによる四つの作品、すなわち、『神秘劇』第一部の「秘儀参入の門（*Die Pforte der Einweihung*）」、第二部の「魂の試練（*Die Prüfung der Seele*）」、第三部の「境域の保護者（*Der Hüter der Schwelle*）」および第四部の「魂の覚醒（*Der Seelen Erwachen*）」が上演された。『神秘劇』はこれら四部から成り立っており、多数の人物が登場するが、そこでは、超感覚的領域の存在（Wesen der übersinnlichen Region）との感動的な出会いや前世の自己との邂逅《かいこう》が描かれ、さらにそこでの自己認識、次第に深まりゆく神との霊的な交わり、そして霊界での活動に至るまでの苦難に満ちた道が描かれている[124]。「秘儀参入の門」では、三人の登場人物すなわち画家ヨハネス、歴史学者カペシウス、科学者シュトラーダーの秘儀参入の道が描かれている。ヨハネスは東洋の心を代表し、芸術家の運命を具現している。カペシウス教授は、認識を探求するヨーロッパ的な人間を代表しており、シュトラーダー博士は自然科学者、技術者として西洋の課題を代表している[125]。そこでは、彼らがそれぞれ霊的世界への通路を見出す過程が描かれている。ゲーテによって観照された世界を、そこに辿りつく人類の歩みを背景にしながら、個人の体験を中心に据えて描き出す試みが、この『神秘劇』の創作であった[126]。詩人クリスティアン・モルゲンシュタインは、神秘劇を評して「神秘劇は、霊的な世界と真理を反映するものである」[127]と述べる。「人間の本質について観念では表現できないものが『神秘劇』において表現されます。……思考の中では体験できないものを、劇に登場する人物の生き生きとした形姿を通して受け取り、眼前に見ることができます」[128]。

この神秘劇の上演にあたって、シュタイナーは自ら演出、舞台美術、照明、衣装デザインを手がけ、それによって、初めて詩人兼劇作家として公にデビューすることになった[129]。シュタイナーは、自ら『神秘劇』の俳優たちのすべての役の手本として声を出して演じてみせ、指導を行った。舞台リハーサルでシュタイナー自らさまざまな役をすぐれた演技力で演じてみせたとき、そこに集まっていた俳優や裏方たちは、深い感銘を受けたという[130]。『神秘劇』はミュンヘンの一般劇場や国民劇場でも上演された[131]。さらに彼は一九二四年、プロの舞台俳優を前に、一九日間にわたって講義「言語造型と演劇芸術」を行い、舞台芸術活動のクライマックスを迎えた。シュタイナーは、演劇を人間形成の視点で論じ、生涯にわたって演劇の教育的な力への確信のもとに、演劇活動を展開したのである。

3　演劇教育を重視する理由

前述のように、シュタイナー自身多様な演劇活動を展開した。しかし、彼自身は、演劇教育についてほとんど述べていない。だとすれば、なぜ、ヴァルドルフ学校では、前述のように演劇がとくに重視されるに至ったのだろうか。その理由に、演劇が「人間として基本となる能力」[132]を養うことに大きな役割を果たすから、などを挙げることができる。人間として基本となる能力とは、たとえば、アルブレヒトによれば、「まっすぐに歩く力、明瞭に発音する力、表現豊かに話すことや創造的な思考」[133]などである。

しかし、それだけではない。ヴァルドルフ学校で演劇が重視される大きな理由は、この学校の根本精神とも言える次の事柄に基づいている。それは、端的に言えば、「ヴァルドルフ学校では、芸術活動が生命の要である」[134]と言われるように、ヴァルドルフ学校の教育の特徴が、絵画、音楽、オイリュトミーなどの芸術活動を、教育活動・学習活動の中核に据えているという点にある。このことをヴァルドルフ教育研究者H・シルマーは、「芸術的活動は子どもや青年にとってまったくの教育的霊液である」[135]と述べる。演劇は一般に「総合芸術(Gesamtkunstwerk)」と言われ、それゆえヴァルドルフ教育では、さまざまな芸術的要素を集約した演劇が、教育活動・学習活動の一環としてきわめて重視される。

演劇教育を取り入れ、これを重視するという点は、ヴァルドルフ学校も他の公立学校や私立のオーデンヴァルト校にも共通している。しかし、それをどう取り入れ重視するのかという点では、必ずしも同じではない。すでに述べたように、公立学校で演劇教育を推進するのは、それが子どもの個性・人格の発達や青少年の非行の防止に役に立つからである。またオーデンヴァルト校でもそれが重視されるのは、演劇が子ども・生徒の身体的・言語的コミュニケーション能力の育成、自己認識力の形成、また自主性や創造性の育成その他に役立つからである。こうした見方は、言い換えると、子どもの諸能力の成長のために演劇が有効であるとの見方、つまり演劇を有効な教育手段と見る機能主義的な見方である。

もちろんヴァルドルフ学校にもこのような機能主義的な見方は存在する。しかしこの学校では、このような見方の他にも、さらに別の見方が存在し、それが演劇重視の根本的な理由となっている。別の見方とは、演劇を諸能力の成長のための手段と見るのではなく、それを子ども自身の内から湧き出てくる、演じる活動をしたいという自然的な欲求(Bedürfnis)と見る見方であり、その欲求を満たすことが演劇教育の基本であるとの見方を言う。

シュタイナーによれば、演劇への欲求は、子どもの自然的な欲求だが、年齢によって、すなわち七、八、九歳頃と一二歳頃以降では少し異なる。ごっこ遊びやマントを身にまとい、王子様になったつもりで駆け回っている子どもの姿を思い浮かべれば容易にわかることだが、七、八、九歳頃の子どもの演劇への欲求は、お話を聞いて自分も登場人物になりきって演じてみたいという自然な遊戯衝動に基づいている[136]。

これに対して、一二歳頃以降の子どもの演劇への欲求は、増大する知的な欲求と一体となって現れてくるものである。シュタイナーによれば、子どもは、その年齢を過ぎる頃になると、偉大な人物への憧れを持つようになり、その人物を、歴史的状況、気質、性格、生き方その他の視点で知的に理解しようとすると同時に、劇で演じてみようとする欲求を持つに至る。シュタイナーは、子どものこのような特徴を示すために、一三歳のある少年の次のような言葉を書き記している。「僕たちは、いま、シェイクスピアの『ジュリアス・シーザー』を読んでいるのですが、この『ジュリアス・シーザー』を上演したいのです」[137]。ヴァルドルフ学校では、こうした子どもの持つ内的な欲求、すなわち演劇への欲求を尊重するがゆえに、その欲求を満たすべく演劇教育を重視するのである。この少年の言葉はわずかではあるが、きわめて重要な意味を持ち、多角的な解釈が可能な言葉である。それゆえ、本書では、この少年の言葉を随所で引用する。

4　ヴァルドルフ学校の演劇教育成立の経緯

今日、多くのヴァルドルフ学校で確かな位置を占めているクラス劇の上演は、ヴァルドルフ学校創設当初にはこの学校の教授計画（カリキュラム）に含まれていなかった[138]。このことを、ヴァルドルフ教育研究者E・ヴァイサートは、次のように指摘している。「〈演劇的な上演（Dramatische Aufführung）〉という この制度は、ヴァルドルフ学校の教授計画に属していない。〈演劇的な上演〉は、ある共同体から徐々に自然に発展してきた形態である」[139]。ヴァルドルフ教育研究者K・ケールヴィーダーもまた、「この制度（演劇的な上演、筆者注）の形は、共同体の中から徐々に生まれ、共同体によって発展を遂げ、形態が定まった」[140]と指摘するように、ヴァルドルフ学校のクラス劇は、この学校の設立当初からカリキュラムに組み入れられていたのではなく、「学校生活から自ずと生じ成長してきたもの」[141]であり、「第二次世界大戦前から徐々に生じた」[142]とも言われている。

ヴァルドルフ学校は一九一九年の創設に始まり、約九〇年の歴史を持つ。最初のヴァルドルフ学校は、一九一九年九月七日、ドイツのシュトゥットガルトに設立され、八クラス約三〇〇人の生徒とともにスタートした[143]。その後、ドイツでは一九二一年にケルン、一九二二年にハンブルク＝ヴァンズベックとエッセン、一九二六年にハノーファー、一九二八年にベルリン、一九二九年にドレスデンとブレスラウ、一九三〇年にはカッセルなど、次々とヴァルドルフ学校が設立されていった[144]。しかし、前述したように、クラス劇は、最初のヴァルドルフ学校設立当初からカリキュラムに属し、毎年、継続して上演が行われていたわけではない。クラス劇がそれぞれのヴァルドルフ学校に広まり、教育活動の一環として定期的に上演されるようになったのは、後のことである。ヴァルドルフ学校を卒業し、ヴァルドルフ学校教師を経てヴァルドルフ教員養成大学講師を務めるCh・ヤフケによれば、各ヴァルドルフ学校で、定期的に継続して本格的にクラス劇が上演され始めたのは戦後のことである。また、マンハイムのヴァルドルフ教員養成大学で教鞭をとるヴァルドルフ教員養成大学講師H・U・シュムッツによれば、第12学年の演劇は、一九四八年、ヴッペルタールのヴァルドルフ学校で初めて上演された[145]。

しかし、ヴァルドルフ学校の演劇、すなわちクラス劇成立の経緯を詳細に検討すると、それらは自然発生的に始まったのではなく、クラス劇が上演されるきっかけとなったある出来事があったことがわかる。それは、先に挙げた一三歳の少年の出来事である。この少年は、ある日、シュタイナーのもとにやってきて、「僕たちは、いま、シェイクスピアの『ジュリアス・シーザー』を読んでいるのですが、この『ジュリアス・シーザー』を上演したいのです」[146]と言った。つまりこの少年は、シェイクスピアの作品を演じたい、と直接シュタイナーに相談したのである。ここまでは、シュタイナー全集第三〇四巻の中の、「演劇と教育との関係（Das Drama mit bezug auf die Erziehung）」の項目で述べられている。しかし少年のこの要望に対して、シュタイナーがどのような反応を見せたのかは、ここでは述べられていない。シュトットガルトのヴァルドルフ教員養成大学講師リートミュラーによれば、少年のこの要望に対して、シュタイナーはこの少年に、やってみるように言った、という[147]。こうしたシュタイナーのアドバイスを受けて、少年は自らの希望を実行に移した[148]が、これがクラス劇成立の発端となったと見ることができる。リートミュラーによれば、この出来事は一九二二年のことであり、それゆえクラス劇は一九二一年から始まったということになる。一九二二年に「演劇と教育との関係」の講演が行われ、この中で、シュタイナーがこの出来事に言及した事実と照らし合わせると、リートミュラーのこの証言は信頼に値する。つまりヴァルドルフ学校における演劇教育成立のきっかけとなったのは、シュタイナー自身の言葉であり、指示である、と言うことができる。

ここでヴァルドルフ学校における演劇教育とシュタイナーの理論との関係について述べておきたい。ヴァルドルフ学校の教育とシュタイナーの関係を知る人は、このクラス劇もシュタイナー自身の手による「演劇教育論」をもとに展開されているものと思うかもしれない。しかし、意外なことだが、彼自身の手による演劇教育論なるものは存在しない。彼自身は演劇教育そのものについてはきわめてわずかな言葉で述べるに過ぎず、クラス劇の意義・理念についても八年間一貫の同一担任によるクラス劇についてもまったく指示も論及もしていない[149]。第8学年や12学年のクラス劇についても何ら言及していない。また各学年のクラス劇の内容やその位置づけに関しても何ら述べておらず、クラス劇を第8学年の「頂点」にすべきだなどとも言っていない。そのことは、シュタイナーの『教育芸術：方法論と教授法（*Erziehungskunst. Methodisch-Didaktisches*, 1919）』、『現代の精神生活と教育（*Gegenwärtiges Geistesleben und Erziehung*, 1923）』をはじめとする主な作品を見れば明らかである。これらの論考には、読み・書き教育、算数、郷土誌、地理、外国語、理科など多くの分野の教育の基本理念や方法原則については記されているのだが、「教授計画に対するルドルフ・シュタイナーの見解は、いまだに第12学年のクラス演劇に対して何の示唆も含んでいない」[150]とされるように、演劇・クラス劇についてはひと言も触れられていない。この矛盾について、ケールヴィーダーも次のように述べている。「当時ルドルフ・シュタイナーによって構想が練られた学校の教授計画（Schullehrplan）の中で、またシュタイナーの教授講座においても、広範囲に及んで定着した第8学年、そして第12学年の演劇は言及されていない」[151]。「個々の上演について記したプログラムノートを見ると、毎年ヴァルドルフ学校の舞台で行われている企画の圧倒的な数に驚かされるが、ヴァルドルフ学校の演劇のために書かれた出版物の数は、ごくわずかなのである。この点には矛盾（Diskrepanz）が見られる」[152]。わずかにシュタイナーによる「ドイツ語の授業のための教授計画の指示」[153]が、それに取って代わるものと言える。そこには次のような一文がある。「8年生のためには、長い散文や詩文の全体的な内的関連がよく理解できるように教えます。そのために大切なのは、劇をしたり叙事詩を朗読して聞かせることです」[154]。

シュタイナーによるクラス劇についての言及がわずかであるにもかかわらず、シルマーによれば、今日、ヴァルドルフ学校では「クラス劇が当然のように定着している」[155]。この学校でクラス劇が盛んであるのは、ここの教師たちが、演劇教育についてシュタイナーが述べたわずかな言説から、その教育の重要性と必要性を汲み取り、演劇を人間形成の重要な位置に据え、クラス劇の意義や方法原則を彼の教育理論から導き出し、実践によってそのすぐれた成果を確認してきたからである。このことをヴァルドルフ教育研究者B・ヘックは次のように述べる。「彼（シュタイナー、筆者注）の人間学（Menschenkunde）が、教師自身の成長や教師の授業実践に多大かつ根本的な刺激を与えてくれるように、彼（シュタイナー、筆者注）の演劇講座（シュタイナー全集第二八二巻所収）は、演劇にきわめて大きな刺激を与え、自主的で想像力に富んだ活動への道を開いてくれる」[156]。

シュタイナーはシュタイナー全集第二九巻（GA29）、第二八二巻（GA282）などで自身の演劇論を展開する。彼による演劇論が、ヴァルドルフ学校で行われる演劇教育に反映されることも多い。このことを、ケールヴィーダーは次のように指摘する。「われわれ教師は、とりわけ上級学年で一九二四年の演劇講座というこの最後の遺産を一行ずつ、またさらに行間を真剣に受け止めて、そしてこの演劇講座を教育実践へと移すことを試みてはいないだろうか？」[157]。シュタイナーは、シェイクスピア生誕の町、イギリス・ストラトフォードのシェイクスピア祭に招かれたときの講演（一九二二年四月一九日）で、演劇と教育との関係について述べた。ケールヴィーダーが「この思想（演劇と教育についての見方、筆者注）が明確にシュタイナーによって披露されたのは一回限りである」[158]と述べているように、数ある講演の中でも彼が演劇と教育について述べたのは、唯一これだけである。この講演の中で彼が述べたことは、シュタイナー全集第三〇四巻の中の「演劇と教育との関係」の項目に収められている。シュタイナーが唯一演劇教育について論じたこの「演劇と教育との関係」を評して、ケールヴィーダーは次のように言う。「実際、私たちはここに、演劇に対して驚くほど明確な論拠を見出す。それは、演劇が未来の教育学にとって幅広い結論をともなっているということである」[159]。

以上のように、ヴァルドルフ学校のクラス劇は、シュタイナー自身よりもむしろ、この学校の教師たちによって重視され強力に推進されてきた。その意味では、演劇は、他の授業・教育の領域、つまり国語、算数等の主要科目のエポック授業、オイリュトミー、外国語、手仕事など多くの領域――これらのすべてについてはシュタイナーが詳しく位置づけ、意義、内容・方法等を述べ指示している――と趣を異にするものと言ってよい。それゆえ、ヴァルドルフ教育を理解するに際して、まずは次のことを認識しておく必要がある。すなわちヴァルドルフ教育は、たしかにシュタイナー自身の言葉や人間観を基本にしているが、具体的な実践形態等はシュタイナーの後継者によって後から補強、補完される形で成り立っているということである。A・デンヤンは次のように述べる。「ヴァルドルフ学校はすべてが完全に自由です。教育学は完全に自由な芸術なのです。このことは常に自明のことですが、各々の教師がその教師の個性や生徒たちに応じて物事を作り出す可能性を持っているのです」[160]。また、ヘックも次のように述べる。「この論文の著者であるルドルフ・シュタイナーの演劇講座は、本質的な示唆を与える。この中には、いつも新たな発見があり、ここから独自の実践を発展させていくための試みに終わりはないのである」[161]。

第二章　ヴァルドルフ学校の演劇教育の基盤としての人智学的人間観

周知のように学校の教育は、公立学校の教育であれ、私立学校の教育であれ、その基礎として、ある一定の人間観・子ども観を持っており、その基礎の上に行われ展開される。人間観・子ども観を持たない教育の営みは、存在しない。

たとえば、ドイツと日本の公立学校を取り上げてみよう。ドイツでは「宗教」の時間があり、宗教教育が必修のものとして行われている。その理由は、ドイツの公立学校の教育の基礎に、人間観・子ども観、つまり宗教性・神性を子どもの本性と見、宗教的世界への欲求を人間の本性と見る人間観が存在するからである。それに対し、日本の公立学校では「宗教」の時間はなく、宗教教育は存在しない。日本でこのようになっているのは、ドイツの公立学校の基礎にあるような子ども観・人間観はなく、これとは違った子ども観・人間観を教育の基礎に据えているからである。

教育の基礎には、ある一定の人間観があり、教育はすべてある一定の人間観と一体になったものである。それゆえ、ある学校の教育がどのようなものであるかを解明するためには、その基礎にある人間観をも解明しなければならない。このことは、演劇教育についても言える。ある学校の演劇教育がどのようなものであるかを解明するためには、その基礎にある人間観をも解明しなければならない。

言うまでもなく、ヴァルドルフ教育の一環として行われる演劇教育の基礎をなすのは、シュタイナーの人智学的人間学に基づく人間観である。この学校の演劇教育がいかなるものであるかを解明するためには、その基礎にある人智学的人間観を明らかにしなくてはならない。以下では、まず(1)ヴァルドルフ学校で人智学的人間学に基づく人間観がいかに重視されているか、次に(2)人智学的人間学に基づく人間観とはどのようなものか、さらに(3)人智学的人間学に基づく人間観がどのようなかたちで演劇教育の基礎になっており、どのようなかたちで演劇教育と結びついているのか、について論述したい。

第一節　ヴァルドルフ教育における人智学的人間学に基づく人間観の重視

前述したように、いかなる学校の教育もその基礎にある一定の人間観・子ども観を持っている。しかし、このことは、すべての学校の教育が同程度に深い人間観・子ども観を持ち、それを同程度に重視しているということではない。学校によっては、人間観・子ども観は存在するものの、それが強く主張されることがない場合もあるし、またそれが浅いものであることもある。たとえば教育の歴史に示されるように、学校の教育目的を決めるに際し、子ども・人間の本性の視点よりも国家の視点を強く押し出すことが少なくないが、これなどは、子ども観・人間観を軽視しているよい例であろう。

演劇教育を含むヴァルドルフ学校の教育で注目すべき点の一つは、そこで人間観・子ども観がこの上なく重視され強調されていることである。すなわち、学校の教育施設、教育の目的や目標、カリキュラムの編成、授業内容、教育方法などあらゆる教育の領域が、子どもの本性・欲求を踏まえた上で検討されているということである。たとえば、シュタイナーは一九二四年の講演では、「あらゆる教育と授業は、人間の本性についての真の認識から湧き出て来なくてはなりません」[1]と述べ、論文「シュトゥトガルトのヴァルドルフ学校の教育目標の設定（Die pädagogische Zielsetzung der Waldorfschule in Stuttgart）」では、「子どもの発達についての認識からこそ、カリキュラムや授業の方法が適切に生じるのです」[2]と述べるのである。

このように人間・子どもの本性・欲求を重視する考え方は、国家による学校支配という当時の状況への批判を通してより強く主張される。周知のように、学校は長い間、国家による支配下にあった。そしてその教育は、国家の体制にかなった人間の育成という視点で行われる傾向にあった。「国家は、学校制度を宗教団体から取りあげてしまった後に、完全に自分の支配下におさめてきた。あらゆる段階の学校は、国家が必要としている仕事のために使えるように人間を教育している。学校施設にはすべて国家の要求が反映している」[3]。国家による学校支配で問題なのは、教育を子ども・人間の本性を軽視あるいは無視して行っていることにある。シュタイナーによると、これでは、真の意味での教育を行うことはできない。彼によれば、真の意味での教育は、子ども・人間の本性を重視し、これに立脚してこそ可能になる。それを軽視し、あるいは無視した国家の学校支配による教育は、危険であるという。だから「国家は……、自己の諸欲求によって人間の教育を指図すべきではない」[4]のである。

シュタイナーによれば、教育を子ども・人間の本性の視点で考え、行わなければならないのは、教師である。彼によると、教師は子ども・人間本性について深い認識を持って教育実践を行わなければならない。「……教師は、……人間本性全体に通暁できる場合にのみ、教育という職業に没頭できるのです」[5]。シュタイナーのこの言葉からわかることは、ヴァルドルフ学校の教育でいかに子ども・人間の本性についての見方、つまり子ども観・人間観が重視されているか、ということである。後述するように、この学校の演劇教育の中心的役割を担うのは教師であるが、前掲の引用は、演劇教育を担当する教師にもあてはまる事柄なのである。

ところで、ヴァルドルフ学校で重視される子ども観・人間観は、一般に知られるように、シュタイナーが長年かけて構築した「人智学（Anthroposophie）」をもとにした人間学、つまり「人智学的人間学（Anthroposophische Anthropologie）」に基づく子ども観・人間観である。ヴァルドルフ学校の教育の基礎になっている子ども観・人間観は、シュタイナーの原典第二九三巻『教育の基礎としての一般人間学（*Allgemeine Menschenkunde als Grundlage der Pädagogik*, 1953）』に示されるように、きわめて奥深い子ども観・人間観である。彼によると、教師がこれを身につけるには、人智学に基づく子ども・人間の本性に関する学問的研究、すなわち人智学的人間学に従事しなくてはならない。人智学的人間学に従事することなくしては、教師は深い人間観を持つことはできないという。それゆえシュタイナーは、人智学的人間学を繰り返し主張してやまない。たとえば、彼はこう言う。「重要なのは、……授業・教育の指針をまずはじめに……人智学的人間学から見つけ出すことである」[6]。ここで彼が主張していることは、詳しく言えば、教師が人智学的人間学をもとに深い人間観を持ち、それに基づいて子どもの教育を行わなければならないということである。

第二節　人智学的人間学に基づく人間観

人智学的人間学とは何か。人智学とは、シュタイナーが構築した「超感覚的な世界の探求のための学問的な方法（wissenschaftliche Methode）」[7]のことを言い、その目指すところは、約言すると、人間が、自己の認識能力を伸長させて世界・宇宙と人間の中に存する霊的なものの本質を深く見つめることができるようになることである。人智学の特質は、感覚的・物質的なものを超えた超感覚的霊的な世界の存在を認め、この世界の存在をこの上なく重視することにある[8]。

もとよりそのように超感覚的霊的な世界を重視する立場は、ヨーロッパの思想を貫く一つの流れ、すなわち神秘主義の特徴である。それゆえ、シュタイナーの人智学は、神秘主義の流れに位置するものと見ることができる。『近代の精神生活の黎明期における神秘主義およびその現代的世界観との関連（*Die Mystik im Anfange des neuzeitlichen Geisteslebens und ihr Verhältnis zur modernen Weltanschauung*）』は、一九〇〇年から一九〇一年にかけて、ベルリンで行われた二七回に及ぶ連続講演の内容をもとにして、一九〇一年に書物のかたちで出版された、シュタイナーの初期に属する論考である。この論考は、神秘主義者を扱った六つの章から構成されている。論考の対象となっているのは、マイスター・エックハルト、ヨハネス・タウラー、ハインリッヒ・ズーゾー、ヤーコブ・ベーメ、ジョルダーノ・ブルーノなどである。この論考の中で立ち入った論及がなされているのは、精神と自然の関係や認識の有効性といった問題であるが、中でも鍵になるのは「Geist」という語である。日本語で「精神」または「霊」と訳されるこの言葉は、神学史および哲学史の過程で次第に超越的実体としての本来的な語義を失うとともに、とくに霊的なものにかかわるその観念内容はさまざまなゆがんだ展開を遂げたとされるが、シュタイナーの論究は、認識論的な努力を通じて、慎重にこの「Geist」の意味内容を富んだものにしかつ矯正し、超越的・超感性的な方向へと徐々に変換していくことを目的としていたと言うことができる[9]。

人智学的人間学とは、より詳しく言えば、超感覚的霊的な世界の存在を重視する立場で、子ども・人間の本性を明らかにし、深く認識しようとする人間研究のことである。では、人智学的人間学は、子ども・人間の本性をどのようにとらえるのだろうか。

人智学的人間学によれば、人間の本性は、身体（Leib）、魂（Seele）および霊（Geist）の三つから成るものとしてとらえられる。身体は、この世だけに存在し、眼で見ることのできる物質であるが、魂と霊は物質ではない。これらは目に見えないものであり、子どもの内的な奥底にあって子どもをその根底において規定する力である。魂は、思考、感情、意志、意欲、欲求、関心、記憶力、意識等々の言葉で表現される力・能力あるいは活動をその本質とするものだが、霊は、創造的で生産的な作用を本質とし、この魂に対して方向や意図を示し、真理や善へと向かわせる目に見えない力である[10]。こうしたとらえ方に示されるように、人智学的人間学では、一般的な人間本性についての見方、つまり人間本性を身体と精神あるいは物質と心といった二つから成るものと見る二分説ではなく、身体と魂と霊の三つから成るものと見る三分説の立場をとっているのである。

人智学的人間学による人間本性の認識でとくに重要なのは、人間のうちに霊を見るとらえ方である。シュタイナーによれば、人間の本性を超感覚的な世界の視点でとらえれば、霊は必ず誰にでも把握できるものである。彼が「教師は、人間を超感覚的な世界（Übersinnliche Welt）との関連でとらえるようにならなくてはならない」[11]と主張するのは、子どものうちに霊を見ることの大切さを思うからである。

もし唯物論や物質主義的な自然科学の視点でのみ人間の本性をとらえるならば、子ども・人間のうちに霊を見ることはできない。シュタイナーは当時の文化的な状況、社会的経済的な状況、政治的な状況などさまざまな状況と対決しつつ教育のあり方を論じるが、彼が厳しく対決した時代状況の一つに、人間の身体に関する自然科学的な視点の強大さがある。当時においては、人間の身体を、生物学や生理学などの自然科学の分野から解明する研究が著しく進んでいた。そうした自然科学的な解明に力点が置かれる状況の中で、人間の本性としての霊の領域に関しては、その関心も研究もきわめて軽視される傾向にあった。そうした事態を直視するシュタイナーは、霊の領域の大切さを次のような言葉で述べる。

「人間認識、このことについて人々は、新しい時代において人間認識はなんと進歩したことか！と言っています。たしかに身体の認識に関しては、格別なことが得られています。しかし、人間はそれ自体、身体、魂および霊に分かれている、と言わなくてはなりません」[12]。

シュタイナーにあっては、子どもを含む人間の本性を身体と魂と霊の三つから成るものと見る見方は、教育においてとりわけ重視される。「教育を考えるときに大切なことは、それが身体、魂および霊に従って全体的人間の育成を目指して行われる、ということにある。それゆえ身体、魂および霊がまず認識されなければならない」[13]。こうした見方は、ヴァルドルフ学校では演劇教育の展開に際してもたえず考慮される。そのことは、たとえばH・シルマーの言葉、すなわち「生徒たちは、演劇において身体、魂そして霊へと沈潜していく」[14]に注目するだけでわかる。

第三節　演劇教育の目標のもとになっている人間観

ヴァルドルフ学校の教育は、知識の習得、すなわち実質陶冶ではなく、能力の育成、すなわち形式陶冶としてとらえられる。そのことは、シュタイナーの主張を見れば容易にわかる。彼はたとえば、「みなさんにとって大切なのは、知識財そのものの伝達ではなく、人間の諸能力を発展させるためにこの知識財をいかにとり扱うか、そのとり扱い方です」[15]と述べる。こうしたシュタイナーの主張からわかるように、ヴァルドルフ学校の教育の目標は、子どもの諸能力の育成に置かれる。

この学校の教育の目標として重視される諸能力は、大きくは、身体にかかわる能力、魂にかかわる能力および霊にかかわる能力を意味する。ヴァルドルフ学校の第1学年から第8学年の教育では、これらすべての能力の育成がその目標となっているが、その能力の中でもとくに魂にかかわる能力の育成に力が注がれる。シュタイナーは、魂のうちの思考、感情および意志を取り上げてこう述べる。

「私たちはもはや、決して〈さまざまな教科〉は教えられるために存在する、などと考えてはなりません。そうではなく、私たちは、七歳から一四歳までの人間のうちに思考、感情および意志が正しい方法で発展しなければならない、ということを明らかにしなければなりません。地理・算数をはじめとするすべての教科は、思考、感情および意志が正しい方法で発達するように用いられなくてはなりません」[16]。

諸能力の育成を教育の目標に置き、中でも魂の育成に力点を置く考え方は、ヴァルドルフ学校の演劇教育においても一貫している。この学校の演劇教育は、決してすぐれた舞台上演を目標とするものでもないし、コンクール等に参加してそこで賞を獲得することを目標として行われるものでもない。それは、後述するように、子どものうちに、想像力、共同感情、道徳的感情、思考力、道徳的意志、言語力等々の諸能力の育成を目標として行われるものであり、演劇の目的は演劇の出来よりも、演劇上演のプロセスにおける子どもの人格形成、人間形成に置くべきであると考えられている。では、演劇教育の目標をそのように見る考え方は、どこから来るのか。この問題を解き明かす上で重要なのが、人智学的人間学に基づく人間観である。端的に言えば、その目標は、この人間観から導き出されているものなのである。以下、このことについて詳しく述べたい。

1　身体と魂と霊の成長の三つの段階

すでに述べたように、人智学的人間学の人間観によれば、人間の本性は、身体と魂と霊の三つより成るものである。この人間観にはさらに注目すべき見方がある。その注目すべき見方とは、その人間本性の発達に三つの段階があるとの見方である。

シュタイナーによれば、人間の本性は、誕生後、七年ごとに際立って変化・発達する。目立った変化が現れるのは、七歳と一四歳と二一歳である。彼のこうした見方は、形式上は、ヨーロッパで一般的に言われている、人生経過での七年周期の考え方を踏襲したものと思われる。この七年周期説に対しては、批判的な見方もある。たとえば、教育学者E・シュプランガーは「この七年周期説は若干はとてもうまく適合するが、あらゆる思弁的構成と同じく、認められるもの、認められないものがある」[17]と主張する。批判はあるものの、ヴァルドルフ学校では、教師たちは、この七年周期説に立って子どもの成長をとらえ、教育を行う[18]。

シュタイナーは、七年周期で子どもの発達をとらえ、その発達に三つの段階を設定し、その三つの段階を人智学的人間学の視点で深く詳しく考察する。三つの段階とは、①〇歳～七歳、②七歳～一四歳および③一四歳～二一歳である。この三つの段階を人智学的人間学の視点で詳しく考察しとらえている点は、ヨーロッパの一般的な七年周期説とは違うところである。その三つの段階は、シュタイナーにあってはしばしば第一の時期(Erste Lebensepoche)、第二の時期(Zweite Lebensepoche)、第三の時期(Dritte Lebensepoche)とされているが[19]、本書では各々の時期を「幼児期」、「児童期」および「思春期・青年期」の名称で呼ぶことにする。では、シュタイナーが人智学的人間学の視点でとらえた各々の時期の特徴とはどのようなものだろうか。

まず幼児期について述べたい。幼児期の特徴は、シュタイナーによれば、身体と魂と霊が分離することなく一体になっていることにある。言い換えれば、この三つが緊密に結合しながら活動し発達するということである。このことについて彼は次のように述べる。

「人間は七歳まではいわば自然の法則に従って生育するのであり、人間の身体全体において自然なままに成長する力と、魂としての存在および霊的な領域とは未だ相互に分離してはいないのであります。つまり、すべてが七歳までは一体となっているのであります」[20]。

だがこれら三つの要素の活動・発達の度合いは同じではない。七歳頃までの時期においては三つのうち身体が健全な形態になるべく際立って発達する。シュタイナーは、七歳頃までの子どもを、自らの身体の基礎を形づくる「内的彫刻家(Innerlicher Plastiker)」[21]ととらえ、次のように述べている。

「子どもの身体の器官は、歯が生え替わるまでのあいだに、一定の形に形成されなくてはなりません。身体の器官の構造はこの時期に、特定の方向と傾向を受け取らなくてはなりません。そのあとで真の意味での成長が始まりますが、その成長はその後ずっと、七歳までに作り出された身体の形態を基礎として生じます。七歳までに正しい身体の形態が作り出されると、その後、それをもとに正しい形態が成長します」[22]。

このように幼児期では、身体と魂と霊が一体となって、身体がその健全な形態になるべく際立って活動するのであるが、その「活動」は、身体内部組織の活発な活動（＝細胞分裂、血液循環その他）と同時に、手足など全身を動かす運動としてもとらえられる。身体の活動が活発であるとは、身体全体で外界のあらゆるものを受け取り、それを通して魂や霊を成長させるということでもある。

次の段階である児童期の特徴は、シュタイナーによれば、それ以前に一体であった身体、魂および霊の三つが相互に分離し始めることにある。しかし、これらが完全にばらばらになってしまうわけではない。三つのうちの二つは依然として結合を続け、他の一つがこの二つから離れる状態になるのである。シュタイナーは、このことをたとえば次のような表現で述べる。「……人間は、七歳から一四歳までは、身体的─魂的な存在（Körperlich-seelisches Wesen）であり、また魂的─霊的な存在（Seelisch-geistiges Wesen）にもなります」[23]。

そうした結合の状態の中で身体、魂および霊は、七歳以後、年齢の進行とともに活発に活動し発達していくのであるが、その活動・発達でとくに注目しなければならないのは、魂の活動・発達である。シュタイナーによれば、児童期ではとりわけ魂が、他の身体や霊に比べて目立った形で活動し、発達する。先に述べたように幼児期では、身体の活動・発達が際立っている。児童期では、魂の活動・発達が著しいのである。このことをシュタイナーは「七歳から一四歳、一五歳頃までの子どもは、感覚器官の状態を脱してすでにまったく魂そのものであるような状態になっている」[24]といった言葉で述べる。ここに述べられた「魂そのものであるような状態になっている」とは、魂の中の諸々の力、つまり思考、感情、意志などの力をはじめとして、自己を意識する力、リズム・音楽に生きようとする力、感激し感動する力、善に対する好感の力、悪に対する反感の力、想像力・空想力、因果関係で理解しようとする力、権威者を持とうとする力などさまざまな力が、目立って活動し発達するということである。

　シュタイナーによれば、このような魂の著しい活動・発達の中で、とくに注視しておかなくてはならないことがある。それは、この活動・発達がたえず霊と結びついているということである。もちろん、その結びつきは、人によって強い場合もあれば弱い場合もある。強弱はあるが、それはともかく魂の際立った活動・発達は霊と結びついている。シュタイナーは、このことを、たとえば一九二一年一二月の講演(於：スイス・ドルナッハ)では、聴衆に対して「歯の生え替わりとともに(=児童期に入ると、筆者注)、事態は違ったものになります。そこでは、子どものさまざまな能力は、より霊的―魂的(Geistig-seelisch)になるのです……」[25]と述べ、また「魂的―霊的な活動(Seelisch-geistige Tätigkeit)」[26]、「自立した霊的―魂的なもの(Selbständiges Geistig-Seelisches)」[27]といった言葉で述べるのである。

　最後に思春期・青年期について述べたい。シュタイナーによれば、この時期の特徴は身体、魂および霊の相互の分離が以前よりもいっそう進み、この三つが各々際だって独立的になることにある。このことをシュタイナーは、「性的成熟後は身体、魂、霊の三層からなる存在となるのであります」[28]との表現で述べる。これら三つは、各々が分離し独立的に活動し発達するとはいえ、根底においてはやはり有機的に結びついている。ところで一四歳頃から二一歳頃の時期には、彼によれば、なお注目すべき特徴がある。それは三つのうちの霊の活動、発達が活発になるということである。このことをシュタイナーは「一四、五歳時の性的成熟期では今度は魂の要素がある程度弱まり、霊の要素が強まってくるのであります」[29]と述べる。

以上、シュタイナーが人智学的人間学の視点でとらえた幼児期、児童期および思春期・青年期の特徴について明らかにした。ところで、人間を身体、魂および霊の三つから成る存在であるととらえる人智学的人間学の視点で見るとき、なお注目すべきことがある。それは、人間の本性は、身体的な能力であれ、魂的な能力であれ、また霊的な能力であれ、その活動・発達が「欲求、要求（Bedürfnis, Trieb）」[30]、「熱望（Drang）」[31]に支えられているという見方である。それらの諸能力が活動し発達するのは、その底に欲求・要求や熱望が存在するからである。たとえば子どもは児童期に入り、尊敬し信頼できる人物に出会うと、魂の中で尊敬と信頼の感情が高ぶり、喜びと感激の感情が目立って強く活動するが、これはもとをただせば、その魂の底に、そのような人物に出会いたいという強い「欲求」あるいは「熱望」があるからである。もとよりシュタイナーにおいては、子どもの本性を「欲求」「要求」「熱望」の視点からとらえ、教育をこの視点に立って見る考え方が強い。強いというより、この考え方が主流を成している、と言った方がよい。その視点で教育を考えるとは、具体的に言えば、教育の目標を魂の底にある「欲求」「要求」「熱望」を満たすことに置くということであり、この目標の実現のために教育実践を展開するということである。

2　人智学的発達論の妥当性

シュタイナーによるこのような発達論は、ヴァルドルフ学校における教育実践の根幹となっているがゆえに重要なものである。ここで、シュタイナーの発達論の特色を、発達心理学を引き合いに出すことでより鮮明にしたい。周知のようにC・H・シュトラッツは身体発育を基準として発達段階を区分し、C・ビューラーは自我の発展の観点から発達段階を区分した。またフロイトは情意的発達、ピアジェは主に認知能力の発達という視点から発達過程を分析し、それぞれ豊かな成果をあげている[32]。それでは、シュタイナーはどのような視点から子どもの発達過程をとらえようとしたのだろうか。まず注目すべきは、シュタイナーが発達を、知能、情動、身体、社会性、道徳性などの個別的な分野に細分化してとらえていないことである[33]。シュタイナーは、研究領域が細分化の一途を辿る当時の発達心理学に警鐘を鳴らし、子どもの発達を全体として把握する必要性を強調した。シュタイナーが追求するのは、個々の能力の発達段階ではなくて、それらの諸能力が相互にかかわりあい、人格として統合されていく全体的な発達である[34]。加えて、身体、魂および霊の三つのあり方を基準に発達段階を区分している点もシュタイナー特有の見方である。

人格の発達を構造的にとらえ、その段階を明らかにすることはきわめて難しいにもかかわらず、シュタイナーが子どもの発達をその全体性において把握しようとしたのはなぜか。彼がヴァルドルフ学校における教育実践との密接なかかわりにおいて、発達の問題を究明しようとしたことがその理由に挙げられる[35]。生きた現実の子どもを相手にする教育実践は、常に子どもの人間性を全体として考察することを要求する。この点について、シュタイナーは次のように述べている。「学校においてわれわれが教育との関連で実行する処置のうち、非常に多くのことが肉体的な分野に関連をもたざるを得ないのと同様に、多くのことが魂の分野すなわち心理的な分野や霊的なものの分野にも関連をもっている」[36]。

子どもの発達を、実際の教育実践とのかかわりにおいてとらえることを評価して、リンデンベルクは次のように述べる。「シュタイナーによる概念に導かれた者は、発達に関して、解剖学的、生理学的、あるいは部分的にたとえばピアジェにおけるような心理学的側面からの見解と同様に、子どもの行動によってある意味が証明されることに気づく。」[37]。人間の全体性（Ganzheit）を重視したシュタイナーは、一面的な知識中心主義を鋭く批判し、「人間を総体として、身体と魂と霊の面から、その本質とその発達（Entwicklung）とを観察する可能性を手に入れなければならない」[38]と主張するのである。シュタイナーの発達段階説に対して、肯定と否定の両方の見方を示す教育学者F・レストは、彼の著書“*Waldorfpädagogik*”の中で、「たとえばピアジェやエリクソンなどに見られるように、発達を限定された側面においてとらえる見方に対して、シュタイナーの発達理論は、知・情動、身体などさまざまな領域から統合的に発達をとらえているという点で、教育学的行為の妥当性を示すものである」[39]と述べて、シュタイナーによる人間の発達を全般的に把握する見方を評価している。

ここで注視すべきことは、彼が知・情・意を分離する伝統的能力心理学の立場をとっていないことである[40]。シュタイナーによれば、「どのような場合であっても、思考的認識や感情そして意志が、単独で存在することはないのであって、これら三つは常に互いに結びつき、一つの統一体として働く」[41]のである。つまり彼は魂のそれぞれの機能や過程を、分離することなく、相互に密接な関連を持つものしてとらえたのである。思考は単独で活動し発達するのではなく、感情や意志と共同して活動し、これらと結びついて一体となって発達するからである。シュタイナーによれば、性的成熟期に達するまでの子どもにおいては、感情や意志の力が優勢であり、これらに支えられて思考は少しずつ発達する。それゆえ児童期では、芸術的な教育活動を行うことによっいのである。

て豊かな感情と意志を形成し、それにともなって、思考活動も次第に活発になっていくよう導くことが望まし

　シュタイナーの発達論は、他の発達心理学に比べてこのような特徴を持っているが、必ずしも全面的に受け入れられているわけではない。たとえば、教育学者F・J・ヴェーネスはヴァルドルフ教育に対して賛否両論の立場をとる著書"*Anthroposophie und Waldorfpädagogik*"の中の「人智学的教育学の長所と短所」の項目で、次のように指摘する。「ルドルフ・シュタイナーによる発達論は、ヴァルドルフ教育学の典型的な特徴であり、そこには賞賛すべきものと憂慮すべきもの、そして模範的なものと疑わしいものとが入り混じっている」[42]。ヴェーネスの言う「賞賛すべきもの」、「模範的なもの」とは、シュタイナーの発達論が具体的な教育実践を生み出し、この教育実践がヴァルドルフ学校のかたちで、世界各国に広がり承認されている、という現実である。一方、「憂慮すべきもの」、「疑わしいもの」とは、シュタイナーの人智学的人間観、すなわち魂や霊といった数値化できない超感覚的な世界観を意味するものと思われる。

　しかしながら、シュタイナーの発達理論は、一般に知られる発達心理学の成果とも類似・合致し、かつ比較検討の意義がある部分も多い。それは、たとえばG・ヴェーア『ユングとシュタイナー』、西平直の『魂のライフサイクル――ユング、ウィルバー、シュタイナー』などの著作に見られるように、ピアジェやエリクソン、ユングなどを引き合いに出して彼の発達論を論じる国内外の研究者の存在からもわかる。中でも、ピアジェとの関係で述べられる場合が少なくない。その中では、しばしばシュタイナーの発達論とピアジェの発達論との類似点、共通点とりわけ知的発達および思考の発達の領域で、ピアジェの発達論との類似性が指摘される[43]。その背景には、次のようなものが考えられる。一つは、ピアジェの発達段階論は、認知機能を単独で発達理論

の中心に据えていることからわかるように、基本的に知的発達に力点を置くが、彼の理論がきわめて多元的であり、相互に異質なものも含んでいる点である[44]。彼の理論が発達心理学や一般心理学における認知研究にとどまらず、認識論、科学論、教育論に及んでいることがそれを示している。もう一つは、彼が人間の発達の全過程を一つの連続体としてとらえている点である[45]。ここでピアジェの発達論とシュタイナーによる発達論との類似性、共通点について、わずかではあるが二つを例に挙げて、触れておきたい。

その一は発達段階の区分についての基準である。ピアジェは、思春期前の子どもの思考について次のように述べている。

「子どもはいかなる体系も作らない。否、子どもは体系を持っているのであるが、それは意識されていないか、意識以前の状態にとどまっている。その意味は、子どもたちの持つ体系は、形として整理することができないか、あるいは整理されていないものであり、子ども自身はそのことを考えてみたこともない。ただ大人の観察者だけが、そのおおいをとることができるものなのである。別の言葉で言うならば、子どもは一つ一つの問題を、現実が要求するのに応じて具体的に考える。だが、自分の得た個々の解答を、決して原理的なものを引き出すような一般的な理論を用いて、相互に結び合わせることはしないものである」[46]。

子どものこうした態度と、青年期に入った人間の思考とを、ピアジェは区別する。「これに反して、若者たちに顕著なのは、彼らの興味が向けられる対象が、日常的な現実とは何らの関係を持っていない、直接に肌に触れてはこないような問題なのである。とりわけ驚くべきことは、彼らが抽象的な理論をやすやすと構築することである」[47]。つまりピアジェは、思春期・青年期とそれ以前とを分ける基準として、概念上の操作、抽象的操作および抽象的思考が可能か否かを挙げている。これは、シュタイナーによる発達段階の区分および特徴と合致する。すなわち、知的思考力が著しく発達するのは思春期・青年期であり、それ以前の児童期に、知的思考に重点を置いた教育活動を展開するのは望ましくない、との見方である。そうした見方に従い、ヴァルドルフ学校では知的思考および論理的思考力を養うために第8学年では修了論文、第12学年では卒業論文が課せられている。

その二は、ヴァルドルフ教育における最も重要な原則の一つである「模倣」についての見方である。これについてもピアジェとシュタイナーはきわめてよく似た見解を示している。ピアジェは感覚運動期(〇歳～二歳頃)および前操作期(二歳～七歳頃)における模倣の可能性を強調し、「遊び」の重要性を挙げている[48]。シュタイナーは、幼児期の子どもの本性・欲求としての「模倣」をきわめて重視し、教育活動の根本の原理に据えている。ピアジェもシュタイナーも、模倣によって子どもの健全な心身の発育が可能となる、との見方で一致し、またこの模倣について、子どもが受動的にこなしているのではなく、能動的に行うようになるという考えを持っている点で共通している。

もちろんシュタイナーの発達論と類似点が見られるのは、ピアジェの発達理論だけではない。それは、発達心理学者K・ケーニヒが展開する発達論の中にも見てとることができる。ケーニヒは子どもの言語習得の過程について、シュタイナーときわめてよく似た次のような見解を示している。

「ちょうど一歳になるころに言語感覚が発達し始めます。このあいだに、子どもは直立から歩行へと成長して、言葉を習得します。一歳になるころに言語感覚が目覚めてくることを思うと、言語感覚と歩行能力の習得とが密接に結びついていると考えられないでしょうか。実は人間の直立歩行が言語感覚の前提条件である、と考えられませんか。直立歩行がうまくできない子どもたちは、言葉を覚えたり理解するのに苦労することが多いのですが、その理由はここにあるのではないでしょうか」[49]。

このケーニヒの見方は、歩行・言葉・思考の三つの能力の成長を幼児期の最大の特徴と見た、シュタイナーの見方に合致する。すなわちシュタイナーによる、子どもは直立歩行が可能になって初めて話すことが可能となり、また話すことが、思考・感情・意志といった魂の力の形成に大きな役割を果たす、との見方である。ケーニヒは、このことをさらに詳細に述べ、著書『子どもが三つになるまで』の中で、シュタイナーに言及すると同時に、シュタイナー特有の見方である霊的な視点をも取り入れて次のように言及している。「身体的、魂的、霊的存在として、人間は言語形成にたずさわり、話すことで、人格をもった存在としての自らを表現するのです」[50]。

また子どもの発達段階についても、ケーニヒは九歳の時期を取り上げて、シュタイナーの見方と一致する見解を示す。すなわちケーニヒは、シュタイナーが、自意識が著しく発達し、自己と外界を明確に分離する力が現われる節目の時期と見る九歳の時期について、次のように言及するのである。「自我感覚の形成が完成するのは九歳頃です。九歳が子どもの発達の一つの節目です」[51]。

このように発達段階の区分や子どものある時期の特徴に関して、シュタイナーの発達論は一般に認められている発達心理学と共通する部分も多い。それゆえ、「検討すべき価値（Bedenkenswert）を持っているのは発達についての見解である」[52]として、ヴェーネスは彼の発達理論の妥当性を指摘する。もっと言えば、シュタイナーによる発達論を彼特有のものとみなすのではなく、一面では教育学全般で論じられてきたことの踏襲に過ぎないとして、普遍性を持つものととらえる見方もある。

「一面では、シュタイナーの発達理論は、完全に賞賛すべき価値を認めることができる。具体的で生き生きした学習の重視、繰り返し練習する〔学ぶ〕ことの意味〔これは一般の学校においても、しばしば別の側面から貫かれている試みである〕、学習対象を具体的に理解し見つめることから徐々に概念的なものが発達することなどは、これまでの教育実践に基づくすべての教育学の対象である。たとえ現在の一般の学校が残念ながらこのことを忘れてしまったにもかかわらず、〔シュタイナーの発達論から〕ペスタロッチの〈頭と心と手の調和的発展〉を想像することができる」[53]。

3　人智学的人間観から導き出される演劇教育の目標

先に述べたように、児童期の演劇教育の目標は、他の国語、算数、地理その他の教科の教育の目標と同じように、思考、感情、意志等々の魂の諸々の能力の育成に置かれる。というのは、ヴァルドルフ学校の演劇教育の依って立つ基盤が、前述の児童期における特徴、つまり身体、魂および霊の成長の中でとりわけ魂の成長が際立っているとの人智学的人間観だからである。演劇教育の目標は、前述の人智学的人間観から導き出されるものであるが、その目標で是非とも注目されなくてはならないものが二つある。その一つは、第一章第四節で触れたように、欲求、とりわけ「演じる活動をしたいという自然的な欲求」を満たすということである。子どもは、児童期に入ると、この欲求をより強く持つようになる。それゆえ、演劇教育は、まずこの欲求を満たすことを目標に行われなくてはならない。

もう一つは、子ども・人間の全体的・調和的発達ということである。シュタイナーにあっては、この全体的・調和的発達は、二つのことを意味する。すなわちその一は、身体、魂および霊の全体的・調和的発達であり、その二は、魂の中の思考、感情および意志の全体的・調和的発達である。これら二つは、ヴァルドルフ学校における教育の一般的目標であるが、この学校の演劇教育の目標でもある。以下、このことについて論じたい。まずは、身体、魂、霊の全体的・調和的発達についてである。

すでに述べたように、子ども・人間の身体と魂と霊は、年齢とともに成長し発達するが、幼児期、児童期および思春期・青年期の各時期によってその結びつきや発達の度合いは異なる。シュタイナーによれば、その際とくに重視しなければならないのは、一面的な発達ではなく、「全体的・調和的な」発達である。たしかに身体、魂および霊は、各時期によって発達の度合いは異なる。とはいえこれら三つは緊密に結び合いつつ、全体的・調和的に発達しようとする。それゆえ、子どもの前に立つ教師は、三つのうちの一つを部分的にとり上げて、他をかえりみず教育を展開するようなことをしてはならない。部分を取り上げるときはたえず他の部分にも気を配り、相互の結びつきなど全体を考慮して教育を行わなくてはならない。シュタイナーは、たとえば「私たち教師は、全体的な人間（Ganzer Mensch）に注目しなくてはなりません」[54]と言い、さらに「私たちは、……身体と魂と霊がもとになっている全体的人間のなかに、人間の世界を再発見しなければなりません」[55]と述べて、その全体的発達を強調する。

調和的な発達の重要性については、シュタイナーはたとえば「教育の課題は、霊的な観点から見ますと、この霊と魂と身体との調和した結びつきの実現を意味するのです」[56]との言葉で述べ、また「私たちは人間存在の上位部分である霊魂としての人間と、下位部分である身体的な人間との調和をはかることを考えねばなりません」[57]といった言葉で述べるのである。思えば、教育史上、教育の目指すべき理想を、全体的・調和的に達した人間の育成に置いた人物に、すでに挙げたペスタロッチがいる。彼の教育は、3Hの教育、すなわち頭（Head）と心臓（Heart）と身体（Hand）の全体的調和的発達を目指したものとされるが、シュタイナーの見解は、このペスタロッチに類似しているものとみてよいだろう。ペスタロッチの言う「頭」は、シュタイナーの「魂」に、またペスタロッチの「心臓」は、シュタイナーの「霊」に近いものと思われるからである。

演劇が子どもたちの身体、魂および霊の全体的・調和的な発達に、どれほど深くかかわり寄与するものであるかは、演劇の練習の過程を思い起こし、その意味を考えれば、容易にわかる。児童期では、演劇の題材は、しばしば「善」と「悪」が登場し、幾多の困難を経て、善が悪を滅ぼして勝利する物語が選ばれるが、この物語を演じて体験することを通して子どもたちは、善に生きることの喜びや感激を実感する。そしてその実感を得ることによって、人間を善へと向かわせる、眼に見えない「霊」の力を成長させるのである。演劇の練習の過程で、子どもたちは登場人物になりきり、喜びや悲しみ、期待感や幻滅感、善への好感や悪への反感、嬉しさ、驚きといった感情を体験し、登場人物にふさわしい動作について考える。このような過程で子どもたちは、自分の「魂」を発達させていくのである。また練習の過程で子どもたちは、しぐさや身ぶり・動作など身体的運動を行うが、その動作は、指や足のつま先といった身体の細部にまで及ぶ。そして練習の後にびっしょりと汗をかくことを思い浮かべればわかるように、演劇は子どもの「身体」の発達にも深くかかわり、それに寄与する。この場合、「身体」の発達が、「魂」と「霊」と結びついて行われていることに注目しなくてはならない。

次に魂の中の思考、感情および意志の全体的・調和的発達についてである。すでに述べたように、魂を構成する力には、思考、感情、意志、想像力、自己を意識する力などさまざまなものがあるが、これらの中でシュタイナーが特に注目するのは、思考、感情および意志である。彼によれば、児童期では、これら三つの能力が目立って活動し発達するが、その中でもとりわけ「感情」の発達が著しい。しかしその「感情」の発達が著しいとはいえ、感情の力は、他の能力から切り離されて活動し、発達するわけではない。それは、たえず他の「思考」および「意志」の能力と結びつきつつ、活動し発達する。このことをシュタイナーは次のような言葉で述べる。「われわれは、子どもが、意志、感情および思考をたえず共同させつつ活動させようとしていることを、はっきりと知らなくてはならない」[58]。ここに言う「……共同させつつ」とは、「全体的に」と言い換えることができる。子どもは、思考、感情および意志を部分的にではなく「全体的に」活動させようとする「全体的な人間」である。シュタイナーがこのことを重視する見方をとっていることは、次の言葉、すなわち「……全体的な人間のために（Für den ganzen Menschen）、つまり、思考し、感情活動を行い、意志を働かせる人間のために（Für den denkenden, fühlenden und wollenden Menschen）……」[59]を教育講演で用いていることを見るだけで容易にわかる。

シュタイナーが思考、感情および意志の全体的な発達を強調する背後には、思考を他の能力から切り離して偏重する当時の知育偏重の教育への厳しい批判があった。「従来の教育の根本的な欠陥は、人々が頭だけの知力によって世界の事物の理解へと向かわされたことです」[60]。ヴァルドルフ学校の教育全体は、たえず知育偏重への批判の立場に立ちつつ行われ、展開されるが、その姿勢は、演劇教育においても貫かれている。この学校の演劇教育は、知育偏重を打破し、思考、感情および意志の全体の育成をその目標としている。ヴァルドルフ教育の研究者A・デンヤンは、この学校の演劇を取り上げて「演劇は、単に知的なものではなく、全体的人間を要求する」[61]と述べるが、彼のこの言葉は、この学校の演劇教育の目標を言い当てたものと理解してよいだろう。

第四節　演劇教育の目的としての理想の生き方を支える人間観

すでに述べたように、ヴァルドルフ学校では第1学年から第12学年まで、すべての学年で演劇教育が行われる。この学校の演劇教育で看過してはならないことに、教育目的としての理想の生き方という問題がある。ヴァルドルフ学校の演劇教育は、この学校の他のすべての教育と同じように、第12学年を修了した後、子ども一人一人が理想の生き方を探求し築いていくことができることを目的として行われるものである。この学校の演劇教育は、決してプロの俳優や演劇人の養成を目指すものではない。それは、一人一人が理想の生き方を全うできることを目指すものである。ヴァルドルフ学校の教育の一環として行われる演劇教育の目指す理想の生き方とは何か。

シュタイナーによれば、人間は学校生活を終えたのち、職業的生活、経済的生活、政治的・法的な生活その他を営むが、この中にあってとりわけ重視されなくてはならない生活がある。その生活とは、「自由な精神的な生活」を言う。シュタイナーによれば、人間はこの自由な精神的な生活を主柱に据えて、職業生活、経済生活および政治的・法的な生活を営まなくてはならない。

シュタイナーによれば、「自由な精神的生活」とは、学問（Wissenschaft）、芸術（Kunst）および宗教（Religion）・道徳（Sittlichkeit）を調和させ重視する生活のことである[62]。成人し大人になって、経済的生活や政治的・国家的な生活と並んで、このような「自由な精神的な生活」をしっかりと享受できるようになること、それがヴァルドルフ学校の教育の目的である。シュタイナーは、ヴァルドルフ学校の教育をこのような視点に立って考えていた。彼は、ヴァルドルフ学校が開校された一九一九年八月の講演でこう主張する。

「大人は、経済的生活では博愛的に、国家的・政治的生活では民主的に、精神的生活では自由に生きなければなりません。子どもたちが、大人としてこのような生活を享受できるようになること、このことのために子どもの教育を行おうとするならば、私たちは子どもにどのようなかたちで臨まなければならないのか。これが、これからの大きな問題なのです。未来のための、否、現在のための社会的な問題で最も重要な問題の一つは、まさしく教育問題なのです」[63]。

経済的・職業的生活、政治的・国家的生活および自由な精神的生活の中で、シュタイナーはとりわけ自由な精神的生活を重視する。それは、当時、人々の精神的生活が軽視され、危機的な状況にあったからである。危機的な状況とは、人々の生き方が、ゆがんだ教育を受けたために、物質主義的なものに陥っていたことを言う。その状況を直視するがゆえに、彼は「これら三つの中で、精神的な生活（Geistesleben）の改新が求められています……」[64]と断言するのである。

学校教育を終えた後に、以上に述べたような生活を享受する生き方を演劇教育は目的とするのであるが、このようなヴァルドルフ学校の教育についての考え方は、人智学的人間観、ことに「魂」に関するより深い見方に基づいており、それに由来する。次にこの深い見方について述べたい。

シュタイナーの人智学的人間学によると、人間の本性を構成する「魂」は、詳しくは、三つの領域から成る。

三つとは、感覚魂（Empfindungsseele）、悟性魂（Verstandesseele）、意識魂（Bewußtseinsseele）を言う[65]。感覚魂は、外界を知覚すること、本能・衝動、感情などとかかわる根源的な力が支配する領域であり、魂を構成する「感情」との結びつきが強い領域である。悟性魂は、思考力などが支配する領域、すなわち魂の中の「思考」とのかかわりが強力な領域である。例えを用い説明するならば、感覚魂をむき出しにして生きる生き方は、野蛮な原始人の生き方に相当する。また悟性魂を中心にする生き方は、文明化された人間の生き方に相当する。

シュタイナーによれば、意識魂は、人間を「真理」や「善」に向かわせる力が強く活動する領域である[66]。この領域は根底において「霊」と結びついて、人間をより高次の気高い世界に向かわせる力を持つ領域である。すでに述べた「魂的・霊的な力」というのは、この意識魂の領域の力を指すものと解してよい。この意識魂で注目しなくてはならないのは、一人一人が自分のうちにある「私」を意識する力である[67]。意識魂の中にはこの力が存在する。

人間はいかなる者であれ、「私」を意識し、自分の生き方を、真理や善を探究し、この実現を目指す生き方として構築することを願い欲する。意識魂を中心に置く生き方は、そうした生き方であるが、この生き方は、言い換えると、前述した自由な精神的生活のことである。自由な精神的生活を理想の生き方として重視する見方は、意識魂についてのそのような見方から導き出されてくるものなのである。

以上、ヴァルドルフ学校の教育の目的とのかかわりで、いかに、人智学的人間観がこの学校の演劇教育の基礎になっているかを明らかにした。シュタイナーによれば、人間の本性は人智学の視点でより詳細に考察すると、身体、エーテル体、アストラル体および自我の四つから成る。これらについては、演劇教育の方法と深くかかわっているゆえ、第四章で詳しく述べたい。

第三章　ヴァルドルフ教育における言語と演劇

ヴァルドルフ学校の教育では、言葉・言語が、公立学校には見られないほど重視されている。そのことは、たとえば、この学校では第1学年から二カ国の外国語の学習が必修とされていること、また演劇や「言語造型」（第三節で詳述）などの授業が行われていること、さらにリンデンベルクが指摘するように[1]、この学校の教師には、言葉に関する力量が強く求められていることを見るだけで容易にわかる。

ヴァルドルフ学校の教育で言葉に大きな比重が置かれるのは、この教育がその根底にこの学校の創始者シュタイナーの言語観を据えているからである。彼の言語観は、その教育を支える一つの大きな柱である。シュタイナーは、言語がすぐれた教育力を持っているとの見方に立ち、文化財としての言語、文学等の言語的世界、言語生活、子どもの成長における言語など、言語に関する広範な問題にも多大な関心を示し、生涯にわたってこれらの問題の究明に力を尽くした。言語が及ぼす教育的な作用について述べているのは、シュタイナーだけではない。言語と人間形成のかかわりについて述べたボルノーもまた、自身の著書『言語と教育』の中で、「すべての学校教育は言語を媒体として行われるのであり、さらに読み書きの学習から国語教育および外国語教育をへて高度の言語形式の取り扱い、すなわち詩人たちの不朽の作品にいたるまで、言語は本質的に教授活動の対象である」[2]と述べ、学校教育における言語の重要性を強調する。彼は言語を、もはや語学の授業や正しい語法の育成のように、諸領域に並ぶ一つの教授領域の対象としてではなく、教育全体の中心点として位置づけ、「人間に語ることを教えることによって、彼を言語にまで目ざめさせ、そのことによって彼を人間にまで形成する」と明言する[3]。

シュタイナーにおいても、言葉は、単なるコミュニケーションの道具ではない。「私たちは、言語が人間の存在全体に深く根づいていくことを特に考慮しなければなりません」[4]とのシュタイナーの見方に示されているように、言葉は、それを使用する当の人間に作用し、その人間の魂に働きかけ、これを揺り動かして意欲、感情、思考、想像力その他を活発にする力である。つまり言語は、これに接しこれを習得する者の感情に訴えこれに作用する側面、またその者の思考・知的活動に訴え作用する側面、さらには意志・意欲に訴え働きかける側面などさまざまな側面を持つ。また、言語には、人々の心の奥底あるいは深層に食い込み、その心を揺り動かし、希望と意欲に満ちた生き方をもたらす力がある。それゆえ、言語を適切なかたちで習得し、真の意味で豊かに高めれば、深い精神的な世界を追求し、充実した生き方の道を歩むことができるとされる。シュタイナーは、言葉を「情報を伝えるための手段であるだけでなく、本当はいのちのこもった尊い、崇高な力が宿る」[5]ものとみなし、「はじめに言葉があった。言葉は神とともにあった。言葉は神であった」[6]という聖書の言葉を引用する。言語が日常の道具と違い、「人間を人間たらしめるもの」[7]としてすぐれた教育力を長期間にわたって保持し、朽ちないのは、言語のうちに、目に見えない精神的生命とも言うべき力が宿されているからであると言う。シュタイナーにあっては、この精神的生命は「言語に宿る霊性（Sprachgeist）」として把握され、比喩的に「言語に住む天才（Sprachgenius）」とも呼ばれる[8]。言語は霊性にも作用する、すなわち人間を気高い自己の形成へと向かわせ、真理の探求へと歩ませる「創造的な精神（Genius）」[9]を持つのである。ヴァルドルフ学校の教育は、このような、聖書の言語観を基本とするシュタイナーの言語観に支えられているのだが[10]、演劇もまた、こうした言語観を支えにして、子どもたちを言語の持つ教育力の享受へと導く重要な時間とみなされているのである。

本章では、シュタイナーの言語観をより詳しく考察し、それとのかかわりでヴァルドルフ学校における演劇・クラス劇を取り上げ、演劇の中で言語がいかなる役割を果たし、演劇の中でどのような言葉の学びが行われているのかを明らかにしたい。

シュタイナーの言語観を見るに、これは主として、三つの見方から成り立つ。その一は、言語を子ども・人間の本性の欲求としてとらえる見方であり、その二は、聖書のヨハネによる福音書に示される言語についての見方である。その三は、文化財としての言語すなわち民族精神の表現としての言語についての見方である。これら三つの見方は、ヴァルドルフ学校の演劇・クラス劇と深くかかわり、これらの教育活動は彼の言語観に支えられて展開される。

第一節　シュタイナーの言語観

1　子どもの本性の欲求としての言語

子ども・人間の本性とは何か。シュタイナーによれば、この本性の問題を追究するとき、自ずと現われてくるのが言葉の問題である。すでに述べたように、シュタイナーにあっては、子どもは、三つの発達段階、つまり幼児期（〇～七歳）、児童期（七～一四歳）および思春期・青年期（一四～二一歳）の段階を経て成長していく存在としてとらえられる。教育を考えるとき大切なことは、この三つの各々の時期の子どもの本性がどのようなものであるかをしっかりと認識することである。

「話すこと（Sprechen）」は、換言すると、言葉を話す能力のことであるが、聞く力をも含む。シュタイナーによれば、この能力が際立って成長し、それに加えて読む力および書く力の習得・成長への欲求が現われ、言葉に関する全体的な能力の習得・成長への欲求が目立って現れるのは、七歳頃から一四歳頃までの児童期である。彼は、一九二四年七月二〇日の講演で次のように述べる。

「一歳から七歳までの時期の子どもにおいては、身ぶりが中心的で本質的になっていますが、七歳から一四歳までの子どもにおいては、言語（Sprache）が中心的になります。……思考についていえば、それは一四歳から二一歳までの時期において中心的になります……」[11]

ここに言う「言語が中心的になります」とは、児童期の子どもが、他の時期に増して言葉により敏感になり、言葉により強い関心を示し、言語能力の成長への欲求を強く持つようになるということである。

2　聖書の「ヨハネによる福音書」に示される言語観

シュタイナーは、物質主義の台頭著しい一九世紀から二〇世紀を鋭い批判の目で見つめ、荒廃する時代状況を克服しようとしてその手がかりをゲーテ、シラー、フィヒテ、ジャン・パウルなどさまざまな人物の思想に求め、また人智学を構築して人類と個人の発展に力を尽くした。彼が注視した荒廃した時代状況の一つに、言語が本来の力を失っているという状況があった。彼は言う。「言葉は、現代ではさまざまな抽象的な思考をみすぼらしく表現するものになっており、抽象的な思考に訴えるだけのものになっている」[12]。また彼は「現代の私たちの言葉はまったく知的なものになってしまい、もはや創造的な力を持たない状況にある」[13]と述べる。シュタイナーにあっては、こうした状況は、言葉の本来の姿ではない。彼が時代の言語状況をそのように見るのは、彼が言葉というものに関してある明確な思想を持つからである。明確な思想とは何か。それは、言葉には本来霊的な力、つまりこれを使用する人間を真理や善や美へと導き、身体や魂の成長にすぐれた作用を及ぼす力が存在する、という思想である。彼のこの思想の支えとなっているのは、聖書のヨハネによる福音書である。シュタイナーは、一九二三年八月九日の講演では、この福音書を高く評価して次のように言う。「現代の私たちの世界と文明が昔とは違ったものであることをはっきりと示すことのできる最も意義深い文書は、ギリシャ文化に由来する最もすばらしく最も深い文書であるヨハネによる福音書である」[14]。彼は、このヨハネによる福音書の中に、現代の言語の荒廃を克服する手がかりを求める。彼がその手がかりとするヨハネによる福音書の中の一節は、冒頭の一節、すなわち「はじめに言葉があった(Im Urbeginne war das Wort)」[15]である。

　もとより、このヨハネによる福音書の冒頭の一節の「言葉」は、単なるコミュニケーションの道具としての言葉でもなく、また事物を示す記号としての言葉でも意味を示す符号としての言葉でもない。そうではなく「霊的な力」を持ち、世界を創造する力を持った「世界言語(Weltwort)」であり、宇宙を創造する「宇宙言語(Weltsprache)」である[16]。シュタイナーにあってはその冒頭の一節の「言葉」はこのようなものとして把握される。彼によれば、現代ではこのような理解は見られず、人々は「言葉」については貧しい観念しか持たない[17]。しかし、人類の歴史を振り返ってみると、「言葉」がそのようにとらえられていた時代があった。その時代とは古代ギリシャである。この時代の人々は「言葉」を世界言語ないし宇宙言語としてとらえていた。だが、とらえていただけではない。彼らは、言葉に宿る霊的な力を体験し、言葉から霊的な力を得ることができた。シュタイナーは、このことを次のように述べる。

「現代私たちはたしかに霊性（Geist）への憧れを持っているが、いつもただ言葉を話しているだけに過ぎない。言葉の中の霊性を失ってしまった。しかし、ギリシャ人たちはまだその霊性を得ていた」[18]。

言葉の中の霊的な力を得るとは、一人一人が言葉を使用することによって、その魂、霊および身体の全体がよりよく成長し、思考、感情および意志の全体が健全に成長するということである。それは、一人一人が言葉の使用によって本来の人間になることだと言ってもよい。言葉には、一人一人を全体的に成長させ、本来の気高い存在に高めていくすぐれた力がある。シュタイナーは一九二四年の四月一〇日の講演では、ヨハネによる福音書の冒頭の一節を引用して次のように言う。

「〝はじめに言葉があった、言葉は神のもとにあった。神は言葉であった〟と語られたときに古代の人々（ギリシャ人たち、筆者注）が感じたものは、人間、すなわち宇宙を創造する言葉であり、世界を創造する言葉です。これらの言葉は、人間の本性にもしみわたっていきますし、その本性のなかで、自我になるものです」[19]。

ここに言う「自我」とは、人間を人間たらしめるこの上なく重要なものであるが、この自我の形成に言葉が深く関与するのである。

シュタイナーによれば、現代においては、人々は、言葉を使用して生きているが、言葉から霊的な力を得ることができない状況にある。前述の「私たちの言葉は……もはや創造的な力を持たない状況にある」とは、換言すれば、この状況を言う。後述するヴァルドルフ学校の教育は、そのような状況の克服を目標の一つに置いており、その克服を意図して展開されるのである。

3　文化財としての言語——民族精神の表現としての言語——

地球上には、さまざまな民族が存在し、その民族は各々固有の言語を持っている。シュタイナーによれば、その言語を単に民族に属する人々が意志疎通のために使用する道具・手段として見る見方は、言語の一面を見るものに過ぎない。言語にはなお注目すべき側面がある。その注目すべき側面とは、文化財としての言語すなわち民族精神の表現という側面である。彼は、一九一八年五月六日の講演では、「民族精神の表現手段としての言語」[20]と述べ、一九二三年四月一七日の講演ではこう言う。「子どもは言葉を話すことによって民族精神(Volksgenius)の中に入っていきます。言語というものは、徹頭徹尾精神的なものです、子どもはその精神的なものの中に入って生きるのです……」[21]。

民族の言語が民族精神の表現であるとは、各々の民族の言語がその民族精神の反映であるということである。この民族精神の反映とは、たとえば、ある民族の言語においては人々の意志に訴えかける力を多く持っているとか、他の民族の言語においては音楽的な要素が豊かで人間の感情に訴える力を強く持っているといったことを意味する。シュタイナーは、このことを次のような言葉で言う。

「文明化したヨーロッパには、主に意志の要素を基盤にして発展してきた言語があります。この言語は、文の抑揚、母音（Vokal）および子音（Konsonant）の形態からわかるのですが、まったく意志的な要素を基盤にしています、またその言語は、たえず海の打ち寄せる波を押し返そうとするかのような仕方で話す話し方へと人を促すものです。そこに息づいているのは意志的な要素です。また、人々のうちにある感情性や音楽性や想像性に大きな基礎を置いている言語もあります」[22]。

シュタイナーは、このように言語のうちに民族の反映をみるのであるが、民族の言語への考察に際しては、単に客観的な文化財としての言語そのもの――たとえば、音韻体系、文法構造など――の相違の分析にではなく、民族精神が人間・子どもにいかに大きく作用し影響を与えているかに力点を置く。彼にとって、言語の民族精神の問題は、言語の人間への作用の問題としてとらえられる。彼は、そのことをたとえば、「世界のさまざまな言語は、……母国語とはまったく違った仕方で人間のうちにしみわたります」[23]といった言葉で表現している。

以上、言語についてのシュタイナーの三つの見方を述べた。ヴァルドルフ学校のエポック授業、演劇・クラス劇、外国語教育などはこれら三つの見方と深くかかわり、その授業・教育活動は彼の言語観に支えられて展開される。

第二節　演劇・クラス劇と言葉の学び

一般に学校で言葉の学習に最も力を入れ、言葉の授業を代表するものは、国語の時間であると考えられている。だが、ヴァルドルフ学校ではさらに国語の時間を凌ぐ時間がある。「演劇はヴァルドルフ学校の国語の授業（Muttersprachlicher Unterricht）の頂点（Höhepunkt）とみなされる」[24]と言われるように、それは演劇の時間である。リンデンベルクが言うように「幾何学が測量で実践的に応用されるように、言葉の学び（Sprachlernen）は、演劇の生き生きした状況のなかで行われる」[25]。セリフを通して、それまで自分の中に存在しなかった新たな言葉との出会いが生まれる。またシュタイナーによれば、「外的・物質的な出来事を通しては決して表現されなかったものを、言語の中で表現することができる」[26]。演劇の時間では教師は、他のいかなる時間よりも言葉を重視する。演劇の時間ほど子どもが言葉の学習に深く没頭するときはない。このことは「演劇の練習の間、言葉の特性の体験が働き続ける」[27]というヴァルドルフ学校の元教師T・リヒターの言葉からも見てとれる。言葉の特性の体験とは、言い換えれば、母音（Selbstlaut）と子音（Mitlaut）の正しい発声、言葉の強弱、抑揚、リズム、センテンスとセンテンスとの間の「ま（間）」の取り方その他を言う。さらに、明瞭な発音・発声[28]、力強い言葉[29]、響き（Betonung）、相手との距離に対する声量の加減など、演劇では、言葉を発することに関するあらゆる訓練が行われる。

このように演劇では、言語活動の中でもとりわけ「話すこと」が大きな位置を占める。教育史上、学校教育において重視されてきた言語教育が「読み」「書き」であるのに対して、シュタイナーは話し方の教育の必要性と重要性を強く主張している[30]。ヴァルドルフ学校では、言語の持つ本来的なエネルギーを受け取ることのできる能力を育成する方法として、「話す」ことの教育がことのほか重視されており、「話すこと」の力を最大限に引き出すことが可能な教育活動として、演劇が重視されるのである。

クラス劇の練習は、子どもの言語能力の成長にかかわり、とりわけ「話す」力の成長に有効に作用する。このことをショーバーは、「クラス劇は言語体験を拡張し、言葉の力(Sprachkraft)を強める」[31]との言葉で述べる。「話すこと」とは演劇にあっては、「音声での表現」、すなわちセリフを意味する。日常会話とは異なるセリフとしての言葉。何度も練習を積み重ね、それらを借り物ではなく、自分の言葉として発していく訓練。その言葉を相手に確かに伝え、観客の心を動かす熱気と力を与えること。こうしたことに向かって試行錯誤を繰り返す過程は、言葉を発する人間のあり方そのものが問われる作業でもある。目にしただけでは確かなものとならない言葉も、音声で発することによって、しかも練習を積み重ねる中で何度も発することによって、自分の中に深く落ち、息づくものとなる。シュタイナーによると、人間は言語がその人の内部で引き起こす影響によって、身体・魂・霊の全体に影響を受ける[32]。言葉は自己の内的なものの表現であると同時に、自己の内面に働きかける力をも有するのである。

子どもたちは、セリフ、つまり日常会話とは異なる洗練された言葉の表現を身体的な表現と結びつけて学び、行う。その際、言葉の表現が皮相にならないように、言葉の中味の内的な体験が重視される。このように演劇において、「言葉」や「話すこと」を重視するのは、単に子どもたちに演技を上手にさせるためでも、セリフをうまく言えるようにさせるためでもない。それもあるが、もっと注目すべき理由がある。それは、言語に本来的に備わるすぐれた力、すなわち言語の教育力の享受ということである。上演を迎えるまでには、子どもは、繰り返しセリフを練習することを要求され、何度も何度も練習が行われる。この繰り返しの過程があってこそ、一読しただけでは見逃されがちな言葉の本質がとらえられ、言葉が身振りを伴いつつ真に子どもの心と体に染み込んでゆく。同時にこの練習の中で、言語の教育力は、それとして意識されることなく子どもの魂の中に入り込み魂に活力を与えるという。子どもは、言語が持つ教育力を受け取るための感覚をみがき、また実際にその教育力を受け取って成長していく。

言葉に関する学びは、演劇においては、常に身体表現や内的体験その他をともなって行われる。以下、演劇における言葉の学びを、演劇を構成する言葉と身体活動の関係、および言葉と内的体験の関係という二つの側面から述べてみよう。

1　演劇を構成する言語と身ぶりの関係――言葉と身体活動――

演劇においては、言葉は身体との結びつきでとらえられる。シュタイナーが「腕や肢の動きの中に言葉を直接に息づかせることは、日常生活においてはまだ不可能なことで、少なくとも舞台においては可能なのです」[33]と述べるように、演劇は他の芸術と異なって、そこに身体が介入してくることが大きな特徴である。すなわち、演劇では言葉のみならず身ぶり、体の動き、しぐさ等身体表現が重要な役割を担う。

身ぶりは演劇において欠かせない要素である。身ぶりによって自分の感情や行動を表現し、そして外界の物事や事象をいかにとらえているかを表すことができる。この側面に立って考察すると、身ぶりは人間の内面の表現である、と言うことができる。たとえばシュタイナーはこう言う。「実際、腕や手は、人間の内面的なものをきわめて高度に表現できるものです」[34]。しかし身ぶりが果たす役割はこういったものにとどまらない。

シュタイナーによれば、身振りにはある注目すべき力がある。それは身ぶりが意志の活動を活発にするということである。彼は自身の演劇論の中で、「身ぶりの中には、感情によって満たされた人間の意志の告白が息づいている」[35]と述べ、「身ぶりは意志の発露です」[36]と述べる。シュタイナーによれば教師は、このような身ぶりの持つ力や表現性を重視しなくてはならない。身ぶりの持つ力や身ぶりによる表現が、それを行う当の人間の身体・魂・霊の全体を成長させ発達させるからである。

シュタイナーにあっては、言葉すなわち演劇において「話すこと」は単に独立した行為ではない。つまり言葉と身体の二つの要素を互いに切り離してとらえることはできない。言葉のもとは息であり、呼吸である。呼吸のもとは身体であり、生命である。言葉と身体は連動しているのであり、彼は言葉を「それ自体、別の形態をとった身ぶり」[37]ととらえる。さらに彼は、演劇において、言葉は「内的な体験」[38]でもある身ぶりから生じるととらえた。「所作が刺激となって魂が体験される。そして身ぶりから生まれてきた言葉の中で、その後こうした体験は、ほとんど身ぶりを交えない音声の造形に移行してゆくのである」[39]。こうした見方はシュタイナーに限った見方ではない。アメリカの進化心理学者M・コーバリス（Michael C. Corballis, 1936-）は、人間の言語の起源と進化について言及し、言語は、手（ジェスチャー、身振り）から始まり、口（音声言語）へと進化した、すなわち言語は、身ぶりから進化したという説を主張する[40]。シュタイナーは、演劇におけるこうした言葉と身体の関係を「人間の全体で内的に体験されたことは、言葉をともなった身ぶりや身ぶりをともなった言葉に委ねられる。それが〈演劇芸術（Schauspielkunst）〉である」[41]と述べるのである。シュタイナーにあっては、演劇における言葉と身体の関係はそれだけにとどまらない。彼は、「舞台芸術では、言葉の力を生き生きとしたものにするために、所作による演技を必要とする」[42]と述べ、演劇において、身体的な表現と結びついて言葉の学びが行われたとき、真に言語が教育力として作用することを示すのである。

　では、彼の言う身ぶりとは具体的にどのようなものを言うのだろうか。シュタイナーによれば、それらは、演劇においてたとえば、頭を傾けるといった動作から、舞台上で観客に背を向ける、舞台上でタバコを吸う（演技）といった身体表現までをも含む[43]。言うまでもなくこれらの仕草や動作は、それを行う人間のそのときの心の状態を表したものである。こうした身ぶりは、演劇において言葉とともに行われることも多い。たとえば、けたたましい言葉（Schneidendes Wort）を発したときは、鋭い身ぶりをともなうような場合である[44]。一方、長く語る場合には、大げさな身ぶりは必要とされず、指の動きで示すことができる[45]。このようにシュタイナーは言葉と身ぶりの関係について、「身ぶりが言葉を暗示する」[46]あるいは、「言葉を指し示す身ぶり（Deutende Gebärde）」[47]といった言葉で述べるが、これは、言い換えれば、身ぶりが言葉の力を補っているとも見ることができる。

　たとえばシュタイナーは、シラーの戯曲『ヴァレンシュタイン（*Wallenstein*）』の中のセリフ、「マクス、わしのところに残れ！（Max! Bleibe bei mir）」[48]を例に挙げる。このセリフは、ヴァレンシュタインが部下マクスを説得する場面であって、懇願する場面ではないのだが、どちらの意味でもとれるセリフである。この場合、マクスの肩をたたいてこのセリフを言えば、説得の表現となる。一方、自分の手をねじり合わせて（絶望の表現）このセリフを言えば、懇願の意味となる[49]。つまり自分自身の身体（ここでは手）に触れると懇願の表現となり、他人の身体（ここでは肩）に触れると説得の表現になる。これは、言葉だけでは伝わらない表現が身ぶりを介して伝わることを意味している。つまり、身ぶりが言葉を助け、言葉の力を深めていると言うことができる。こうした言葉と身体の関係をシュタイナーは、「ことばがふさわしい価値を発揮するには、舞台芸術では身ぶり

(Gebärde)、手ぶり(Geste)、表情(Mimischen)を必要とする」[50]との言葉で述べる。身ぶりを伴って言葉が発せられたとき、その言葉が持つ本来の力が強められ、深められてその言葉を発する人間に作用するのである。

2　言葉と内的体験

シュタイナーが思春期で演劇を重視する理由の一つに、言語とのかかわりが挙げられる。すでに述べたように、思春期の子どもには、演じたいという欲求、すなわち登場人物になりきって、人間の内面やさまざまな感情・意志を追体験したい、という欲求がある。ここで言う追体験とは、言い換えれば、内的な体験のことであるが、シュタイナーにあっては、子どもの演じたいという欲求は、言葉と内的な体験を結びつけようとする欲求ととらえられている。

シュタイナーが「内的体験が根本的に、人間を言語のなかに導く」[51]と述べるように、言葉が内的体験と一体となって発せられたときに、言葉が持つ力は深められて、子どもに作用する。このことをシュタイナーは、「言葉の内的な生命が再び呼び覚まされる」[52]といった表現で述べる。つまりセリフ、すなわち言葉を発することが自己の内面に働きかける力を持つ。たとえば、『ハムレット』の有名なセリフ、「生きるべきか、死ぬべきか、それが問題だ」を日常生活で発する機会はほとんどないだろう。しかしこのセリフを発することで、あるいはその練習の過程で、このセリフを発することがなければ一生感じることがないかもしれない、さまざまな感情を自らの中に呼び起こすことができる。シュタイナーによれば、「言語は人間の感情に根をおろしたもの」[53]である。喜び、楽しみ、悲しみ、怒り……演劇の中では人間のさまざまな感情が渦巻いているが、子どもたちは演劇の中でそれらを体験し、表現しなければならない。それらの感情を体験し、表現することは自分の未知の側面を発見していくことにもつながる。言葉がこうした感情と一体になって発せられたとき、言葉は真に子どもの中に浸透し、息づくものとなる。言葉が持つこうした力は、言い換えれば、言語に宿る創造的な力ととらえることができる。演劇では、登場人物の年齢、職業、性格に応じてさまざまな言葉づかいをしなければならない。また、日常では使用しない言葉の言い回しや表現もなされる。演劇の舞台に立つまでに、子どもは、こうした言葉すなわち内的な体験をともなうセリフを、繰り返し練習することを要求される。

シュタイナーは、一二歳頃、「言語の美しさに対する感情、ついで、人間が言語をとおして生活のなかに有する力に対する感情」[54]を育成すべく、言語にかかわる授業を開始しなければならないと述べる。彼は演劇を行うことで、言語に対する感覚を鋭敏にし、言語に対する美的感受性を養うことができる、と考えたのである。それだけにとどまらない。シュタイナーは、自己を表現するもの、そして他者への伝達手段としての言葉の感覚を磨くことにも言及して次のように述べる。「一二歳ごろ、理性的な意味で、立派に〈美しく話す（Schön sprechen）〉ように努めるべきです。一二歳ごろから性的に成熟するまで、他者を説得するための、言語の操作に習熟させるべきです」[55]。彼によれば、こうしたことを可能にするのが演劇である。

3　低学年のクラス劇における言葉の学び

シュタイナーが永久歯を「言葉の助力者」[56]と呼ぶように、歯の生え替わりの時期である六、七歳頃、すなわちヴァルドルフ学校の第1、2学年の演劇では、言葉や詩が大切にされる。

第四章第三節で述べる低学年の配役のあり方は、演劇における言葉の学びとも大きなかかわりがある。演劇における言葉の学びは、シュタイナーによると、ある重要な方法の原則に基づいている。その原則とは、全体から部分へという原則である。この場合の「全体」とは、学びの対象としての「全体」ないし全員で一つのことに取り組むことを意味する。シュタイナーは「……私たちは、個別的なもの（Einzelnes）から出発するのではなく、あらゆるところで全体（Totalität）から出発します」[57]と述べ、たえず全体から出発しその中で部分を学ばせることの重要性を述べる。彼によれば、子どもの魂の力をよりよく育むものが、「全体」についての学習から、「部分・個別的なもの」の学習へと移行する方法だからである。

演劇における言葉の学びにおいては、まずクラス全員でセリフを言う、つまり集団で表現（Chorsprechen）し、そのあとで一人一人がそれぞれ違ったセリフを言う、つまり個人単位で言葉（Einzelsprechen）を発するということである[58]。低学年の演劇では、一人一役という方式をとらず、役は、分けられた小グループ単位で与えられることから、一人一人がセリフを言うのではなく、グループもしくはクラス全員で一つのセリフ・言葉を言う場合が多い。このことを、ウィーン・マウアーのヴァルドルフ学校元教師E・グラーフは次のように言う。「全員がすべての役のセリフを覚えて、皆一緒にセリフを言います。一人で何かの役をすることはありません」[59]。

シュタイナーによると、一人でセリフを言う場合と、クラス全員でセリフを言う場合では、異なった作用がある。その異なった作用とは、とりわけ低学年の子どもの場合、大勢で朗唱したあと、一人で朗唱を行うと、ずっとスムーズに言葉を発する（Leichter sprechen）ことができる[60]ということである。このように、ヴァルドルフ学校ではとりわけ低学年においてはクラス全員でセリフを言い、中学年以降で初めて個々でセリフを言うことが、演劇における言葉の学びの重要な原則として貫かれている。

演劇におけるこのような言葉の学びは、具体的には、発達段階に応じた演劇の内容、配役、方法によって行われる演劇・クラス劇の練習の中で[61]、「言語造型」をともなって行われる。

4　中学年のクラス劇における言葉の学び

第４学年で上演されることが多い、北欧ゲルマン神話『鍛冶屋のヴィーラント（*Wieland der Schmied*）』（北方神ヴィーラント：鍛冶の術にたけた半神）[62]における、主人公の北方神ヴィーラントのセリフは、たとえば次のようになっている。

WIELND: "Wenn ihr heut' wollt besondere Dinge,
Dann nehmt hier diese beiden Ringe.
Zwei Kelche auch, besonders feine,
Die Kette noch aus edlem Steine."

もしきみたちが、今日特別なことを望むのなら、
ここにあるこの二つの指輪を持っていきなさい、
二つの聖杯もだ、特別に繊細だよ、
ネックレスは、高貴な石から出来ている。

………（中略）………

WIELND: "Wenn ich der Ring schmied' neu für dich,
Dann bist gebunden du an mich.
Ohn' Grund ein Ring bricht nie entzwei,
Wähl mit Bedacht, noch bist du frei."

もし私が指輪をあなたのために新しく鍛造するなら、
それは私と君を結ぶものだ。
その指輪は、理由なく、決して二つに割れたりしない
よく考えて決めれば、あなたは自由になれる。

これらのセリフには、頭韻、脚韻、つまりフレーズの初めと終わりごとに、同じ音を持つ語を繰り返し用い

る修辞法が見られる。このような修辞法は、第1学年の演劇『算数からの一場面』(第四章で詳述)や、『博物学からの一場面』にも随所に見られる。ヴァルドルフ学校の演劇で、低・中学年の子どもが語るセリフは、このようにリズムや韻律を持ったフレーズや抒情詩(Lyrik)であることが多い。この時期にふさわしい言葉の学びに関して、ヴァルドルフ学校元教師K・ハイデブラントは次のように述べる。「リズムがあり、芸術的に構成された、音楽的な響きの詩が価値があります」[63]。ヴァルドルフ学校では、演劇のほかにも、朝のエポック授業の前に「言語芸術的な訓練」[64]として毎朝、詩の朗唱(Rezitation)を行う。この詩の朗唱は、子ども一人ずつが前に出て、個別に行われるものである。その詩について述べると、これは、各学年の終わりに担任の教師から、「通信簿の言葉」として渡されるものであり、一人一人異なっている。一人一人に与えられる詩は、その子どもが、次の学年での自分の課題を韻を踏む言葉でイメージし、言葉の力によって、その課題の達成へと向かえるようにとの担任の願いが込められたリズミカルな詩である[65]。「通信簿の言葉」は、ときにはゲーテやノヴァーリスなどの作品を使うが、たいていは担任の自作である。子どもは、この詩を毎朝クラスの皆の前で、一年間を通してエポック授業の初めに大きな声で朗唱する。

ヤフケによれば、そこで朗唱の中心となるのは、第1学年から第5学年までは、抒情詩(Lyrische Dichtung)である[66]。シュタイナーによれば、「抒情詩は感情に力を与える」[67]。これらは詩文または韻文(Vers)とも呼ばれる。たとえば、前述の『鍛冶屋のヴィーラント』のように、第4学年ではしばしば、頭に韻を踏んだゲルマン神話の芝居を演じる[68]。それは次のような理由に基づいている。「児童期の子どもは、この世の現実から生のまま取り出されたような素材から、魂の養分を得ることはまだできないのです。まだ、散文の対話を芸術的に処理することは難しいのです。韻律のある言葉なら、それ自体すでに〈魂のミルク〉を含んでいます」[69]。子どもたちは上演する際に、作品の持つリズムに乗り、形式に従うことによって不安や恐れを克服することができ、形式を通して自己を表現することにより、形式感覚や拍子感覚、リズム感覚を養うことができる[70]。

シュタイナー研究者M・ティットマンは、「言葉の源は詩（Poesie）（韻文、筆者注）にある」[71]、あるいは「リズムからすべての言語は生じている」[72]とみなす。しかし、低・中学年の演劇で、リズムを持つ韻文がセリフとして用いられる理由は、それが言葉の源である、という認識からだけではない。あとで述べるように、児童期の子どもの本性、特徴の大きな一つに、芸術的なものへの欲求、そしてリズムやメロディーなど音楽的な活動を呼び起こすアストラル体や、呼吸・循環組織の発達が挙げられる。シュタイナーがこの時期の子どもを「内的音楽家（Innerlicher Musiker）」[73]あるいはヤフケが「内的リズム家（Innerlicher Rhythmiker）」[74]と呼ぶように、「七歳から一四歳までの時期（児童期、筆者注）の生の要素はエーテル的・リズム的なもの（Ätherisch-Rhythmischen）の中にある」[75]。そのため、リズムや拍子的なもの、すなわち音楽的なものへの欲求は、この時期とりわけ強い。こうした児童期の子どもの本性・欲求を考慮してシュタイナーは次のように言う。「子どもの心の中に、音楽と詩への欲求と特に喜びとが育成されるべきである」[76]。また彼は、「子どもは早い内からすぐれた詩文を覚えておくべきです」[77]と述べる。

すぐれた詩文・朗唱とは、「メロディー、ハーモニー、リズムは、歌や詩句の韻律となって現われる」[78]と言われるように、シュタイナーにあっては、内容的側面だけに重点を置いた詩文・朗唱ではなく、リズム的、音楽的要素を強調する詩文・朗唱である。「朗唱芸術（Kunst der Rezitation und Deklamation）における黄金の背景は……リズム（Rhythmus）、韻（Reim）、拍子（Takt）、頭韻（Alliteration）、半韻（Assonanz: 母音のみの押韻）である」[79]。シュタイナーは、「本当に優れた朗唱は、音楽的要素を強調する朗唱なのです」[80]と述べるが、そもそも彼は「言語そのものは、それ自体のうちに、人間の内面的なものと強く関連する音楽的な要素を持っています」[81]あるいは、「言語は音から成り立っています。音は一方では内的な心魂の表現です」[82]との見方を示す。その上で彼は、「大切なのは、どんな詩を扱う場合にも、その根底にある音楽的なものに子どもの注意を向けることです」[83]と述べる。音楽的なものすなわちリズムを持った言葉や語法は、シュタイナーにあっては「心の栄養となるもの」[84]との言葉で表現されるのである。

彼にあっては、音楽的なものとは、詩の根底にある拍子、リズム、韻などを意味するが、ケールヴィーダーによれば、韻律(Versmaß)は、調和しながら呼吸―脈の生起(Atem-Puls-Geschehen)に働きかける[85]。こうした、韻律、リズムが子どもに与える影についてティットマンは、「一二歳までに教師が子どもから韻文を取り上げてしまうのなら、子どもから力を取り上げてしまう」[86]との表現で指摘する。それゆえシュタイナーは、教師が音楽的なものへの喜びを持ち、抽象的・散文的な語を、詩のリズムに移し変えることへの憧憬を持つことの必要性を強調する[87]。シュタイナーは言う。「この一二歳以前は、すべてのものが芸術、そしてリズムの上に打ち立てられなければならない」[88]。リズミカルかつ韻を踏んだ韻文によるセリフが中心である低・中学年に対して、一二歳以降つまり第6学年以降では、散文(Prosa)によるセリフへと移る。「散文は韻文に続いて6年生から浮上する」[89]。その背景には、「思考が発達し始めるにつれて、散文が要求される」[90]との見方がある。

ところで、シュタイナーによれば、演劇の練習の時間に入るまでには、子どもがすでにそのセリフや詩の理解に必要な事柄を知っているように、授業全体が配慮されなければならない。つまりセリフや詩の一行一行を取り上げて説明するのではなく、その内容と関係があるものを別の時間に教え、演劇の練習や朗唱の時間の中では、芸術の問題をもっぱら芸術的な仕方で教育することに価値が置かれるのである[91]。子どもたちが劇中で口にするセリフや詩はこのような考えに基づいている。

第三節　演劇と言語造型

演劇は「話し方の時間」とも言える「言語造型」[92]の時間とも連携して行われる。「言語造型」は、高学年において本格的に組み入れられるが、多くのヴァルドルフ学校では、言語造型の教師が演劇の上演に際して指導を行っている。言語造型とは「芸術的な話し方（Künstlerisches Sprechen）」の方法的基礎にあたる。「芸術的な話し方」とは、「話すこと」に備わる芸術的な要素に注目し、言葉の中の芸術的要素を引き出すやり方[93]を意味する。これに関連して、シュタイナーは次のように述べている。「話すことは、人間のうちで芸術的に息づいているものから生じてくるもの」[94]であり、「舞台芸術においては言葉の内的な生が再び呼び覚まされなければならない。というのは、言葉の中に人間の本質の部分が含まれているからである」[95]。

言語造型の中で子どもたちは、母音と子音の正しい発声、言葉の強弱、抑揚、リズム、センテンスとセンテンスとの間の「ま（間）」のとり方、その他芸術的な話し方を学ぶ。ヴァルドルフ学校では、第1学年のときから行われる朝の言葉や前述の「通信簿の言葉」を朗唱することで、すでに言語造型の基礎は築き上げられている。それらをより拡大し、深く詳細に行うまとまった授業としての「言語造型の時間」は高学年以降に行われる。それは、ヴァルドルフ学校における言語の教育に際し、とりわけ一二歳頃以降の子どもに必要とされる事柄に関する、すでに述べたシュタイナーの次のような見方に基づく。すなわち、

「一二歳ごろ、子どもは言語の美しさに対する感情、言語に対する美的感受性を発展させるべきだということを、私たちは知らなくてはなりません。そして一二歳ごろ、理性的な意味で、立派に〈美しく話す〉ように努めるべきです。一二歳ごろから性的に成熟するまで、他者を説得するための、言語の操作に習熟させるべきです。……言語に関わる授業を開始すべきです」[96]。

こうしたことを踏まえ、言語造型は単に意味や概念を伝える言葉ではなく、心情や意志を伝え、真に内面的な魂や心を媒介するものとして、人間全体を表現するための器官を養成するために行われる[97]。そのためにまず、正しい発声、そしてそれぞれの音を正しく明瞭に発音する訓練が行われる。以下はその一部である。

“Bei Biedern Bauern bleibt brav.”　誠実な人のもとで農夫は利口にしている
“Komm kurzer kräftiger Kerl.”　おいで、無愛想で力強い男よ
“Lämmer leisten leises Läuten.”　子羊たちはかすかな音をたてる
“Pfiffig pfeifen pfäffische Pferde,　抜け目なくくそ坊主の馬が甲高い声でいななき、
pflegen pflügend pferchend Pfirsiche.”　人は犂で耕し押し込めながらモモの木の手入れをする[98]

たとえばこの例のように、BやK、LやPの音の入った単語ばかりで出来た短文を、BやK、LやPの音の発音練習に使う。内容的には特別な意味を持たず、日本語の言葉遊びと同じようなもので、スラスラと言うには難しい。ここでは、正しいアクセントやフレージング（旋律を楽句に区切ること）(Richtige Betonung und Phrasing)

によって、言葉の中の思考を聴覚化する可能性を探る[99]。また、声や息を調節することによって役の感情を生き生きとしたものにする[100]。イントネーション、間の取り方、音節ごとに正確に発音する訓練とともに、この文句を一定のリズムに乗せてそれぞれの音を明瞭に発音し流れるように暗唱する。こうした言葉の訓練によって言葉を発する力を鍛えるのである[101]。

言語造型における言葉の練習の目的の一つは、子どもたちの言語器官を育てることにある。ウィーンのヴァルドルフ学校卒業生V・コナスは当時を振り返って次のように述べる。

「私たちは演劇作品の中でのみならず、繰り返し言語造型をやりました。私たちはたとえば（すでに述べたような）言葉の練習をしました。また演劇の練習のときにも私たちは、いつもあらかじめ言葉の練習（言語造型）をやりました。ディック先生（高学年の演劇担当教師、筆者注）と私たちは、演劇の練習のときに、たとえばゲーテのファウストのある短い文を唱えました。〈太陽は昔のように輝く……（Die Sonne tönt nach alter Weise……）〉。それらはいつもとてもためになるもので、練習の前のよいウォーミングアップになりました。それは、大きな声を出して話すこと、とくにゆっくりはっきりと話すことに役立ちました。そしてそれは精神的な雰囲気作りにもなりました。言葉の練習（言語造型）は私にとって演劇を行うのに必要でした」[102]。

しかし、言語造型は各音を明確に発音し、リズムを保つ訓練それ自体が目的ではない。単なる記号としての言葉でなく、力をともなった生きた実体として音が自分の中に響いてくる感覚を養うため、そして言葉を発する者の内から出た音が、「力」をともなって相手の中に響いていく、そのような言語能力を形成することがねらいである[103]。そのためにシュタイナーは人間の中で言語がいかに形成されるかを学び、とりわけ言語の内的な構造を学ぶ[104]必要性を強調する。彼の言う「言葉の内的な構造」とは、言葉を成り立たせている母音と子音の本質的な違いを意味する[105]。

「話し言葉の根底には、いくつかの明確な法則があります。それはまず、句のリズムと抑揚、センテンスの文法的な構造です。それに加えて、母音がその音質のちがいによって〈感情のニュアンス〉を表現します。これに対して、子音は本質的に〈形をつくる〉働きをもっていて、言葉に輪郭を与えます」[106]。

その上で、シュタイナーは次のように述べる。「母音と子音が結びついた構造の中で、魂は生命ある外界のうちに生き、また外界の事象や形姿は、魂のうちにある形象の中でその生命を生きるのである」[107]。

シュタイナーによれば、言語は、本質的には人間の内面、すなわち魂のさまざまな体験を内包している。彼によれば子音の本質は、端的に言えば、眼に見える外界の模写である。この外界の模写とは、外界に存在するさまざまな出来事や事物の模写を意味し、子音が内包する体験は常に外界の事物に還元される[108]という。彼によると子音の強調された単語(たとえば「murmeln (つぶやく)」、「donnern (雷が鳴る)」、「krachen (すさまじい音をたてる)」、「wispern (ささやく)」、「klatschen (ピシャッと音をたてるなど)」) はほとんど、外界の出来事をそのまま音で表している[109]。たとえば「B」は、ある対象をとらえようと努め、「R」ではある出来事に震撼させられる時の興奮や震えを表しているという[110]。

それに対して、言語の基本をなす「母音」の本質は、シュタイナーによれば、人間の内的な出来事や内面的な世界に深く関係し、そのうちに魂の中の感情の体験が込められたものであり、その体験の表れである。ハイデブラントによれば、「子どもは感情を音に結びつけます」[111]。一般に知られるように、母音は、基本的には五つ、すなわち[a]、[e]、[o]、[u]および[i]に分けられる。シュタイナーによると、これら五つの母音は、各々異なった感情を表現する。たとえば母音の「ア（a）」は人間の魂が体験する驚き・驚嘆の感情を表し、「エ（e）」は人間がある対象に抵抗しようとする抵抗感情を内包するという。また「イ（i）」には、自己主張あるいは世界への自己投入の感情が込められており、「オ（o）」は最初に驚きを引き起こした事物に十分理解ある姿勢を示す感情を表し、「ウ（u）」は、主として恐怖や心配の感情を表現するという[112]。「「ア（a）」のなかには何かに対する驚嘆（Verwunderung）があり、「イ（i）」のなかには自己の内的本性の強化があることを知ると、言語が人体のなかに入り込んでいるのを知ることができます」[113]。つまり、母音は事物に対する人間感情の最も基本的な表現であると言うことができる。母音の本質は、感情の表現にあるのである。シュタイナーは、音声による言葉の練習すなわち母音と子音の本質を認識することで、「魂が言葉の内に浸透する」と見るのである。

「言葉の内的な構造」すなわち母音と子音が持つこうした特徴を認識することは、シュタイナーによれば「人間が〈ア〉や〈イ〉を発音するときに、何が起こっているのかを知ること」[114]、つまり言葉を発することが人間の内でいかなることを引き起こすのか、いかなる作用をもたらすのかを認識する上で重要である。言語造型で大切なことは、こうした言葉の音声すなわち母音の示す感情や子音のイメージを体験させることにある。シュタイナーによると、それが可能となるのは、身体を動かして行う「身ぶり」をともなったときであり、身ぶりによって、さまざまな感情やイメージをよりはっきりと体験することができる。彼は、こうした身ぶりを「オイリュトミー（Eurythmie）」（第四章で詳述）と呼ぶ。

オイリュトミーの特徴の一つは、それが前述のさまざまな感情に適した身ぶりであり、言葉の音声、すなわち母音と子音から出発するものである[115]。たとえばI《イー》、A《アー》、O《オー》という母音の場合、Iはそれを発声している喉頭部がまっすぐに立っている。それゆえオイリュトミーでは、体を直立させたり、両腕を上下に伸ばしたりする。そして言語造型では、自分の喉頭部にその形が出来ていることを十分に意識しながら、「I《イー》」と発声するのである。これに対して「A《アー》」は外に開かれた形である。体を斜め後ろにのけぞらせたり、両腕をさかずき型に開いたりする。「O《オー》」は喉頭部が丸く閉じられる。それを、両腕で空を抱き込む動きにして表す[116]。普段無意識に発声しているさまざまな音を、オイリュトミーや言語造型で一つ一つ集中的に活性化していくのである。このように、言語造型はしばしばオイリュトミーをともなって行われることも多い。オイリュトミーには「音楽オイリュトミー（Toneurythmie）」と「言語オイリュトミー（Spracheurythmie）」とがあるが、言語造型をともなって行われるオイリュトミーを「言語オイリュトミー」と呼ぶ[117]。

ところで、シュタイナーは母音と子音から成る「言葉の内的な構造」に加え、言語が持つ二つの側面についても言及する。彼の言う二つの側面とは、言語の音楽的な要素と彫塑的な要素を言う。

「言語のなかには音楽的な要素（Musikalisches Element）がはっきり知覚されます。この音楽的な要素は、人間の内面性と強く関連しています。しかし、言語は同時に彫塑的な要素（Plastisches Element）を持っています」[118]。

たとえば、「犬（Hund）」という語を例に挙げよう。この「Hund」という語は［hu］［n］［d］というそれぞれの音から成り立っている。「Hund」がこうした音から成り立っていることは、シュタイナーによれば「Hund」という語の「彫塑的な要素」であるという。一方、この「Hund」という語を明瞭に発音できるようになるにつれて、ドイツ語の「Hund」という音を聴くと、犬のイメージが自分の中に生き生きと伝わってくる。このことをシュタイナーは言語の「音楽的な要素」であると言う。言語に備わる芸術的な要素の中でもとりわけ重視されるのが音楽的な要素である。

シュタイナーによれば、言語に宿るこの二つの要素のどちらか一方が欠けても、言語の持つ力を適切に受け取ることができない。このことをシュタイナーは、「言語の音楽的要素を一面的に形成すると、言語の彫塑的な要素を破壊します。言語の音楽的要素に従うと、そもそも言語を内面化するように駆り立てられます」[119]と述べ、さらに「言語においては、彫塑的要素を音楽的要素で研磨しなければなりません」[120]といった言葉で述べる。言語造型は、言語に宿るこの二つの要素をも念頭に置き、行われる。つまり言語造型の本来の目的である「単に表面的な音や抑揚だけでなく、それらを通して言語の内面的要素、魂的要素、音楽的要素（Innerlich-seelisch-musikalisches Element）をも学び取る」[121]のである。このことによって「言葉は真に内面的な魂や心を媒介するもの」[122]となるからである。

第四章　ヴァルドルフ学校における演劇教育の理論と実践

歯が生え替わる七歳頃から第二次性徴が現れる一四歳頃までの時期、すなわち児童期は、人間の成長・発達の点から見ると、それ以前の時期にはない固有の特徴を持った時期であり、それ以後の時期とも違う特徴を持った時期である。シュタイナーによれば、この児童期における演劇教育は、次の二つの基本的な認識のもとに考えられなくてはならない。

第一に、七歳頃から一四歳頃までの児童期を一貫して流れる子どもの一般的本性に関する認識である。第二に、さらに細かく区分された個々の段階における人間本性に関する認識である[1]。シュタイナーによれば、児童期は、さらに細かく三つの時期に区分される[2]。すなわち、(1)歯が生え替わる七歳頃から九歳頃までの時期、(2)九歳頃から一二歳頃までの時期、（3）一二歳頃から一四歳頃までの時期である。

以下、こうした認識に関連づけながら、児童期の演劇教育のあり方について述べたい。

第一節　子どもの一般的な本性と教育

1　児童期の子どもの一般的な本性と教育の目標

一般に、児童期における教育の目標が論じられる場合、その目標は次の二点に集約される。その一つは、客観的文化財・知識の習得であり、もう一つは、子どもの本性・諸能力の育成である。教師はこの二点を目標として子どもの教育に従事しなければならないとされる。

シュタイナーは、これら二つのうちとくに子どもの本性・諸能力の育成の方に力点を置き、文化財の習得・伝達は、目標というよりもむしろこの子どもの諸能力を発達させるための手段として認識されている。それゆえ、以下では、とくに子どもの本性・諸能力のあり方に焦点を当てて論じていくことにする。

第二章で述べたように、シュタイナーにあっては、魂の育成が児童期の目標にされる。魂が著しく発達し活発に活動しようとするのが、児童期の子どもの本性の要求であるがゆえに、教師はこの本性の要求を十分に満たし、魂を発達させることを教育の目標として、教育に従事しなければならないのである[3]。

2　物質体、エーテル体、アストラル体、自我——エーテル体とアストラル体の発達——

すでに述べたように、人智学の立場に立つと、人間は身体、魂、霊の三つから成る存在として把握される。この三つは、いわば人間を構成する三大要素とでも言うべきものである。しかし、シュタイナーによれば、人間の本性とは何かという問いに対して、この三つをもって答えるだけではいまだ十分ではない。人智学の視点で人間の本性をより詳細に検討すると、なおいくつかの根源的な要素が人間の本性に存在していることがわかるからである。シュタイナーは、その根源的要素を「物質体（Physischer Leib）」、「エーテル体（Ätherleib）」、「アストラル体（Astralleib）」、そして「自我（Ich）」と呼んでいる。彼によれば、この四つは幼児期に続いて児童期においても発達し活動し続けるのだが、児童期には四つのうち、とくにエーテル体とアストラル体が顕著に発達し活動するという。この四つの要素およびその活動のあり方は、ヴァルドルフ学校における児童期の教育の方法を決定づけるがゆえに、これらを明確に認識しておくことが重要である。物質体、エーテル体、アストラル体、そして自我の四つについて、それぞれ明らかにしたい。

まず、「物質体」であるが、人間の本性の中には感覚（視覚などの肉体的感覚）を用いて、人間を観察することによってとらえられる部分があり、シュタイナーはこの部分を物質体と呼ぶ。シュタイナーによれば、「人間は物質体を鉱物の世界全体と共有している」[4]とされる。しかし、物質体の作用の仕方は、鉱物の場合とは異なる。生きている人間の物質体を構成する諸物質やそこから発する諸力の作用は「より高次の努めを果たして」[5]おり、この諸物質や諸力の作用が鉱物のそれと同様のものとして現れるようになるのは、人間が死ぬときであるという[6]。

しかし人間の物質体は人間が生きている間は崩壊しない。これはその中にある眼に見えない力が存在し活動しているからである。この眼に見えない力をシュタイナーは「エーテル体」と呼んでいる。「私たちの肉体の中にはエーテル体が働き、その肉体のすみずみにまで作用をおよぼしています。外から見ると、エーテル体は超感覚的、不可視的です」[7]。「肉体を生命形態にしているのが、エーテル体である」[8]。

ところで、エーテル体は物理学の「エーテル」の概念とは無関係である。エーテル体は物質ではなく、「さまざまな力の総体、さまざまな流れや力の作用の総体」[9]であり、物質体の素材と力は、このようなエーテル体の作用によって、成長や生殖、あるいは体液の内的な活動といった現象へと作り上げられるという。こうした意味でエーテル体は、「物質体の設計者」ないし「彫刻家」[10]として特徴づけられる。このエーテル体が存在し活動するがゆえに、物質体は崩壊せず、またその諸物質や諸力も単なる鉱物以上に高次の努めを果たすことができるのである。もし身体のうちにエーテル体が存在しなくなれば、身体は単なる物質として鉱物と同じ法則に従う。つまり、物質体はそれだけでは身体になりえず、それが身体になりうるためにはエーテル体を持たなくてはならない。エーテル体が存在しそれが物質体に作用し物質体が崩壊しないからこそ、人間は身体を持つことができるのである。そして、人間はこのエーテル体を、すべての生物つまり動植物と共有しているとされる。

エーテル体は、前述のように物質体の崩壊を阻止する見えない根源的な力であるが、単にその崩壊を阻止する力として働くだけではない。それはさらに、積極的な力、すなわち物質体の「成長や増殖、あるいは体液の内的活動の現象を起こす」[11]力としても働く。つまり、エーテル体は生き生きとした形成力や成長や生殖を担っている。それは、物質を用いて脳を作り上げ、肺や心臓等々を、この地上で人間が生存するにふさわしいかたちと機能を持ったものに作り上げるべく作用する、眼に見えない根源的な超感覚的な力である。エーテル体は、こうした積極的な力をも持つという。

この点についてもう少し詳細に見てみよう。シュタイナーによれば、子どもが七歳前後において歯の生え替わりの時期に入り、一段と成長と活動の道を進むようになると、超感覚的な根源力としてのエーテル体は、幼児期とは違った働きを展開する。エーテル体は生まれてから七歳頃までの間、肉体を彫塑し[12]、身体内部において歯を形成する力となる[13]がゆえに、シュタイナーは、この七歳頃までの時期を「内的彫刻家」[14]として特徴づける。エーテル体が肉体に用いるこの彫塑的な力は、乳歯が永久歯に生え替わる七歳頃を境に自由になり、外部へと向かう魂の活動のために用いられる。すなわち、幼児期において体の諸器官・組織の形成に大きな働きをしていたエーテル体が、児童期においては魂を活発に活動させる根源力として作用するようになるのである[15]。「いまやエーテル体は肉体に関わることがなくなる、少くともそれほど多く関わることがなくなるので、その活動を外に向けようとします」[16]。では、エーテル体は、具体的にどのように魂に働きかけるのであろうか。

活動を外に向けるとは、シュタイナーによれば、たとえば「形態を彫塑的、絵画的に作り上げようとする衝動」[17]にエーテル体の力が向かうことを意味する。すなわち、エーテル体の働きによって、子どもは、さまざまな事物を形として造形的にとらえ、絵に描くようになるのである。シュタイナーによれば、児童期の子どもは、絵画的、形態的なものに対する欲求を強く持つが、このことは、前述のエーテル体の作用方向の変化によるのである。幼児の体内で諸器官の造形を司っていたエーテル体の力は、児童期においては魂の力として、見、聞き、感じるもののすべてを造形的もしくは絵画的に把握する力に「変容（Metamorphose）」するという。「彫塑的・絵画的に活動するというのは、エーテル体の内的な衝動（Innerer Drang）、内的な憧憬（Innere Sehnsucht）です」[18]。しかし、エーテル体が及ぼす魂への作用はそれにとどまらない。シュタイナーによれば、エーテル体が変化し、成長することで、好み、習慣、良心、性格、記憶力、気質も変化し、よりいっそうしっかりと形成されるという[19]。さらに、彼はこのエーテルの力によって、七歳頃以降に顕著になってくる自由な思考が始まると述べている[20]。このようにエーテル体が魂の力として活動し始めるさまをシュタイナーは、「エーテル体の独立的な活動（Selbständige Tätigkeit des Ätherleibes）」[21]と呼び、教師に対してもこの活動をしっかりと認識しなければならないことを強調している。

次に、人間の第三の構成要素であるアストラル体について述べたい。目覚めている人間においては身体のみならず魂も活発に活動しており、衝動、本能、欲望といった言葉で呼ばれるものが活動し、人間をさまざまな言動へと導く。人間は諸々の事物を感覚的に知覚し意識し、刺激に反応し、快・不快をはじめとするさまざまな感情を持ち、また思考する。こうした中でとくにアストラル体と深く関係するのは、「感覚的知覚」であり「意識」であり、衝動や快・不快などを含む広い意味での「感情」である。アストラル体は、「苦痛や快感、あるいは衝動や欲望や情熱などの担い手」[22]とされるが、『神秘学概論』ではより簡潔に「エーテル体にとっては、生命が固有のものであり、アストラル体にとっては、意識が固有のものである」[23]とされている。もし人間がアストラル体を欠くならば、その人間は身体だけは生きているが魂の活動もなく意識もない植物人間になるという[24]。このことに関連してシュタイナーは、「植物は感情を持っておらず、人間はアストラル体を動物とのみ共有している」[25]と述べている。

アストラル体は、「感情生活全体の担い手（Träger des gesamten Gefühls- und Empfindungslebens）」[26]として特徴づけられるように、思考や判断といった知的な活動ではなく、喜怒哀楽、快、不快をはじめとする諸感情の活動を生じさせる根源力である。しかしシュタイナーによれば、アストラル体はこうした感情の活動を担うのみならず、それ以外にも重要な活動を担うという。すなわち、リズムやメロディーなどの音楽的活動であり、アストラル体は児童のうちに音楽的な活動をも呼び起こすとされるのである。その理由はアストラル体そのものが、リズムやメロディーを作り出す根源力を有するからであるという。

シュタイナーによれば、アストラル体が本格的に活動し始めるのは一四歳以後であるが、それ以前の児童期においてもそれはすでに活動を開始している。しかし、児童期においてはアストラル体がまだ本格的に活動できる状態になっておらず、それが身体およびエーテル体の中で活動する状態に置かれている。

「私たちが七歳から一四歳の間の子どもを養育致します時には、子どもの感情はまだ物質的な身体機構と極めて密接に結合しているのであります。喜び、悲しみ、苦痛として子どもに表れるすべての事柄は、器官の分泌や息づかい、すなわち呼吸の遅速と強い身体的連繫を持っているのであります」[27]。

シュタイナーによれば、アストラル体は、一四、五歳頃までは物質的な身体を通じて作用し、一四、五歳時に初めて身体から独立する[28]。思春期以降は、アストラル体が活発に働くようになり、独立して成熟に向かう。また、アストラル体の役割の大きさは少年と少女とで差があり[29]、それはこの時期の子どもたちのさまざまな言動にも現れるという。

最後に、人間の本性の第四の構成要素である自我について述べたい。すでに述べたように、シュタイナーによれば、人間は物質体を鉱物界と、エーテル体を植物界と、アストラル体を動物界と共有しているが、人間は自分自身の自我を、他の人や人間以外の存在と共有することはできない。だからこそ、人間は自我を備えることで、あらゆる被造物の頂点に立つことになったとされる[30]。シュタイナーによれば、人間における自我の存在と働きは、何よりも「私(Ich)」という語の用法において示されるという。シュタイナーは次のように述べる。

「人間は皆、同じように、〈私〉以外のあらゆる名称を対応する事物にあてはめることができます。誰でも机のことを〈机〉と呼び、椅子のことを〈椅子〉と呼ぶことが可能です。しかし〈私〉の場合だけは、事情が異なっています。誰も、ほかのものを言い表すために〈私〉と言う言葉を使うことはできません。〈私〉

という名称が、私のことを表す言葉として、外から私の耳にひびいてくることはありません」[31]。

つまり人間が「私」という語を用いて自分自身を呼ぶことができるようになるとともに、人間は「自我」意識を持つようになり、自分を他のすべてから区別された独立の存在として意識するようになるのである[32]。自我の働きとして大きな役割を果たしているものは認識であるが、このことをシュタイナーは「認識と名付けられる活動はどの部分をとってみても、そのすべてにおいて自我（Ich）が中心となって働いています」[33]と述べる。

以上のようにシュタイナーによれば、人間の本質は物質体・エーテル体・アストラル体・自我という四つの構成要素から成り立っている。しかし、人間の本質を構成する四つの部分は、人生のすべての時期、すべての年齢において平均して備わっているのでも、同じ度合いで発達するわけでもない。これらは年齢・時期に応じて異なったかたちで発達する。それゆえ、これら四つを「動的な視点」で、つまり「発達」の視点でとらえることが重要であるという。シュタイナーは次のように述べている。

「誕生から七歳頃までは、主として物質体が活動的であり、その活動が際立っています。これと全く同様に七歳から一四歳、一五歳まではエーテル体が活動的です。その後、アストラル体が活動的になります。……自我について言いますと、それは二〇歳になって初めて完全なかたちで活動するものです」[34]。

こうした認識に基づき、シュタイナーは、教師に対して人間本性のこうした四つに注目し、それらをしっかりと認識することを求める。

「教師は人間の本質を構成するこのような四つの構成要素に働きかけます。正しい方法で働きかけを行おうと思うならば、私達は人間のこれらの構成要素の本質を探求しなくてはなりません。教育と授業の正しい基盤を築き上げるためには、人間の本質が発達していく際のこのような［四つの構成要素がそれぞれ異なった年齢において別々の方法で発達していくという］法則性をよく知っておく必要があります」[35]。

3　呼吸・循環組織の発達

人間の身体は、人智学の立場で詳しく見ると、感覚・神経組織（Sinnes-und Nervenorganisation）、呼吸・血液循環組織（Atmungssystem und Blutzirkulationssystem）、そして新陳代謝組織（Stoffwechselorganismus）の三つの部分から構成されている。シュタイナーが「七歳から一四歳の人間は、呼吸と循環器系（Atmungs-und Circulationssystem）によって形成される」[36]と述べるように、七歳頃から一四歳頃までの児童では、これらのうち、とくに呼吸・血液循環組織が著しく発達し、活動を始める。この組織は呼吸や心臓の鼓動に示されるように、リズムをその特質とするがゆえにリズム組織あるいは律動系とも呼ばれる。

「七歳以前の頭部組織の活動後、歯牙交代期から性的成熟期の間に特に発達致しますのは、リズム組織、つまり、呼吸、血液循環、並びに消化の規則的なリズムに属するすべてのものであります。教師は造形的にして生き生きしたイメージが、子どもの魂に必要であることを理解すると共に、有機的な身体としてのリズム組織についても注意を払わなければならぬのであります」[37]。

シュタイナーによれば、リズム組織の著しい活動・発達は魂の活動に関与し、魂のうちにリズムへと向かう衝動を呼び起こす。そして、リズムを本質とする血液循環組織と呼吸組織との間に調和が生じてくればくるほど、魂の活動はリズムを求めるようになるとされる。シュタイナーにあっては、リズムや拍子への欲求は音楽性への欲求となって現れる。したがってリズム組織に注意を払うということは、リズム、拍子、メロディーといった音楽性を教育の原理とすべきことを意味する[38]。シュタイナーは、一四歳頃すなわち性的成熟期までの子どもを「内的音楽家（Innerlicher Musiker）」[39]ととらえた上で、「この時期の子どもは内的、音楽的にリズムによって自分の身体を入念に仕上げようとしている（Innerlich musikalisch durch Rhythmen seinen Körper durcharbeiten）存在である」[40]と述べる。そして彼はこの時期の教育のあり方について、次のように述べる。「教師は自分が叙述するもの、行うことすべてをできるかぎり、心臓、律動に合った芸術的でリズミカルなものにしなければなりません」[41]。

このように児童期の子どもにおいては、霊的・超感覚的な力であるエーテル体の魂への作用、アストラル体の発達と活動、そして呼吸・循環組織の活動が顕著になる。そして、エーテル体は絵画的な活動を、アストラル体は音楽的な活動を、また呼吸・循環組織も音楽的なものをそれぞれ欲し行おうとする。言い換えれば、三つは芸術的な活動への要求・衝動を持つということである。

シュタイナーによれば、子どもはそうした要求・衝動の充足を切望している。というのも、その充足によって、エーテル体、アストラル体、そして呼吸・循環組織それ自体がさらに発達するからである。したがって、教師が行うべきことは、授業・教育活動を絵画的・音楽的に、つまり芸術的に展開することである。シュタイナーは、このような芸術的な教育（Künstlerische Erziehung）が「私たちの教育方法の大きな原理」[42]であり、「芸術的なもの（Künstlerisches）が、歯の生え替わりから性的成熟まで子どもの授業のすべて、そして教育のすべての基礎をなしている」[43]と主張する。

シュタイナーによれば、芸術的な行為は、これに従事する者のエーテル体やアストラル体を活発にする働きを持つ。このことは、より詳しく言えば、その行為が感情や意志の育成に大きな作用を及ぼすということである[44]。芸術的な行為・活動は、子どもの感情や意志に働きかけ、これらの活動を活発にし、その発達を促さずにはおかない。それゆえ、シュタイナーは、「学齢初期における教育は、徹頭徹尾、芸術的要素を基礎としたものでなければならない」[45]と述べ、子どもに芸術的な行為・活動を行わせること、つまり授業を芸術的に構成することを主張するのである。ヴァルドルフ学校における児童期の子どもの演劇活動は、「それ自体が総合芸術活動（Gesamtkunstwerk）である」[46]と言われるように、授業・教育活動を絵画的・音楽的に、つまり芸術的に展開することの具体的な方法として、理想的な教育活動であることがわかる。

4　児童期の子どもの本性としての権威感情

シュタイナーによれば、魂の力として独立的に活発に活動し始める諸々の感情の中で、特筆さるべきものの一つに、「権威感情（Autoriätsgefühl）」がある。シュタイナーは次のように述べている。「子どもの歯牙交代期と性的成熟期にはさまれる期間は、主として教育者の持つ権威の上に教育は成立すべきであり、子どもは自分が信頼できる模範を必要としている」[47]。児童期では、子どもは自分の身を投げ出せる、尊敬に値する権威者を自分の側に置き、この権威者について成長したいという感情を持つ。

もとより、子どもは、自分を取り巻く外界との関係の中で成長するが、その外界の中で子どもが最も強く欲するのは、自然の動物や植物、その他の事物などではなく、人間、とりわけ信頼と尊敬に値する人物・教育者である。シュタイナーは、この人物・教育者を多くの場合、「権威（Autorität）」あるいは「権威者（Autorität）」と呼び、ときには単に「教師（Lehrer）」と呼ぶ。彼は、この教師との関係の重要性を次のように主張する。

「人間は、歯の生え替わりとともに、七歳以後に世界に対する新しい関係に入りますが、この新しい関係に入る世界は、まず魂の生活という形の中で、……その人間にとって教育上の権威者でなくてはなりません。この時期においては、教師が世界なのです」[48]。

彼の言う「権威者」とは、子どもが前述のような信頼と尊敬を持って、仰ぎ見上げることのできる人物・教育者のことである。詳述すれば、子どもの本性のうちに「霊性」あるいは「神の顕現（Göttliche Offenbarung）」を見てとり、子どもに感謝し、畏敬と愛の念を持って接することのできる「人格者（Persönlichkeit）」のことである。シュタイナーによれば、子どもは、このような権威者と直接的な関係の中で学び成長したいと願っている。

シュタイナーによれば、七歳頃から思春期までの子どもは、権威ある存在のもとで、知るべきこと、感じるべきこと、欲するべきことを学ぼうとする存在である[49]。彼によれば、こうした感情は、子どもの本性から湧き出る根本感情であるがゆえに、教育においてはこの感情を十分に満たすことが目標にされなくてはならない。したがって、教育目標の実現のために教師のなすべきことは、子どもが権威者を持つことができるように配慮することである。「この時期に教育者・教師自身が子どもにとって権威であることは、非常に大きな意味があります」[50]。では、そのように配慮するとは、具体的にどのようなことなのだろうか。

シュタイナーによれば、教師の権威は教師が深く豊かな精神を持つことによって生じるという。それは、簡単に言えば、子ども・人間を適切に見る眼を持つことであり、子ども・人間の本性を深く認識することである。ここに言う人間認識とは、言うまでもなく、人間本性を人智学的に認識することであり、その本性のうちにとりわけ超感覚的な魂・霊を認識することに他ならない。彼によれば、子どもとの関係で必要なことは、教師が子どもに愛を注ぐことであるが[51]、この場合根本に据えなければならないのは、子どものうちに「霊」の存在を認識することである。この認識を持つ場合に子どもへの愛が生まれる。「ヴァルドルフ学校の基礎になっているのは、霊についての学問ですが、この霊を大切にすることが、教師たちのうちに真の愛を生み出すのです」[52]。

子どものうちに霊の存在を認識するとは、より具体的に言えば、子どもの中に「神の被造物（Gottesgeschöpf）」を見てとり、「神の創造（Gottesschöpfung）」の働きに「道徳的・宗教的な畏敬の念（Sittlich-religiöse Ehrfurcht）」を持つことである[53]。シュタイナーは「子どもの霊性に対して畏敬の念を持つべきです」[54]、あるいは「教師・教育者の本質的な課題は、畏敬の念(Ehrfurcht)をもって個体のまえに立つことです」[55]と述べるが、こうした認識を持ち、内面的な姿勢を持って子どもの前に立つとき、教師のうちに自ずと権威が生じるのである。教師が子どもに畏敬の念を持って子どもの前に立つとき、子どもは教師に権威を感じ、自分を投げ出して従っていこうとするのである。その際に重要なことは、体罰あるいは罰則を用いて教師の権威を保持しようと試みたり、子どもに権威を押し付けたりするのではないということである。「私たちは教師として鞭を手にとって武装するのでも、内面的体罰を加えるのでもなく、倫理的、宗教的な内面的体験と、神の創造の営みに対する畏敬の念へと移行する真の人間認識、および人間観察でもって武装すべきなのであります」[56]。罰による権威は子どもの本性が望む権威ではなく、そのような権威を振るう教師に子どもが従ったとしても、子どもの本性としての権威感情は満たされないとされる。

このようにシュタイナーは、児童の権威感情を重視するのだが、最終的には、教師の判断を極力少なくし、生徒たち自らが結論を下したり、役割を決めたりすること、すなわち子どもの自由で自主的な判断に力点を置いて行う授業・教育活動を目指している。このことは一見矛盾するように見える。しかし、こうした表面的な矛盾は、発達段階に関する認識から生じたものなのである。シュタイナーは、次のように述べている。

「この時期に子どもの判断能力に働きかけてはなりません。性的な成熟を迎える前に、子どもの判断能力の発達をうながすと、かならず有害な結果を招くことになります」[57]。

児童期の子どもに著しく発達するものが魂であり、その本性を満たすこと、つまり魂の発達の育成が児童期の目標であるということを先に述べた。またその魂を代表するものが思考、感情、意志の三つであった。ここで言う判断は思考に属する。この判断力についてシュタイナーは次のように述べている。

「七歳から性的な成熟を遂げるまでの時期には、思考はそのほかのさまざまな魂の体験によって包まれながら、育っていく必要があります。子どもが性的な成熟を遂げてから、人生や知識に関わるさまざまな事柄について、自立した自分自身の考えを形成することができるように、判断力は七歳から一四歳までのあいだに徐々に成熟していかなくてはなりません」[58]。

感情、とくに権威感情も、ここで言う「そのほかのさまざまな魂の体験」に属する。つまり、シュタイナーは、児童の判断力が、権威感情に包まれるかたちで発達すべきであると考えているのである。このことを、Ch・リンデンベルクは次のように表現している。

「自分が力ある者によって安全に保護されているという子どもの安らぎの感情は、……後になって自由で自立的な行動を可能にする力の原動力ともなるのである。また、力ある指導者からものを学びとることができるのだという体験が、後になって生産的で本質的な真の批判力をつくる基礎となる」[59]。

また、シュタイナーは次のように述べる。「人間は本来、判断したり比較したりするための材料を十分に自分のなかにたくわえてから、ようやく本当の意味で判断を下すことができるようになる」[60]。こうした認識からシュタイナーは、子どもの自主的な判断力に訴え、これに力点を置く授業・教育活動は、児童期ではなく、むしろ青年期に行われなくてはならないと考えるのである。この法則が無視され、児童期に権威感情を満たせなかった場合、子どもは、成人してから自由な生活を享受できなくなるという。「この時期（七歳頃から一四歳頃までの時期、筆者注）に、自明の権威として自分を教育し教える周囲の人を仰ぎ見上げることを全く学ばなかった者は、決して自由になることもできないし、自由な人間になることもできません」[61]。

5　気質と教育方法

すでに述べたように、歯が生え替わる六、七歳以後においては、子どもの魂は際立って活発になり、とりわけ感情の力が活動的になる。権威感情が著しくなり、エーテル体やアストラル体の働きによって、また身体の呼吸組織・血液循環組織の著しい発達によって、子どもは芸術的なものを強く希求するようになる。シュタイナーによれば、こうしたことはいわば子どもの本性とも言うべきものである。こうした子どもの本性を認識し、それに基づいて授業を構成し教育活動を展開することは、この上なく重要である。

だがそれだけでは、授業・教育は不十分である。というのは、一人ひとりの子どもは共通の本性を持つとはいえ、お互いに違ったもの、つまり「個性(Individualität)」を持つ存在だからである。シュタイナーによれば、授業・教育はそれが子どもの本性と同時に、この個性に基づいて行われるとき、真に授業・教育の名にふさわしいものとなる。したがって教師が授業・教育を行うに際して、子どもの個性をしっかりと認識することが重要となる。

では子どもの個性を認識するとは、どのようなことであり、その個性に基づく教育とはいかなるものか。ヴァルドルフ学校での教育活動において、子どもの「個性」はどのようにとらえられ、どのように考慮されているのだろうか。シュタイナーにあっては、個性を理解する重要なものとして子どもの気質(Temperament)の問題が取り上げられる。「気質の把握を通して、……個性を探し当てることが可能となるのです」[62]。

では気質とは何であろうか。古代ギリシャ時代、西洋医学の祖と言われるヒポクラテスは、人間をいくつかのタイプに分類した。シュタイナーによれば、それが気質論の始まりだという。さらに、気質の概念は、近代になってカントやヴントによって再び取り上げられてきた[63]。シュタイナーによると、気質は、古代ギリシャ以来の見方(自然の四大元素である火、風、水、土の四要素[64])に従って、「胆汁質(Cholerisches Temperament)」、「多血質(Sanguinisches Temperament)」、「憂鬱質(Melancholisches Temperament)」ならびに「粘液質(Phlegmatisches

Temperament)」の四つに分類されるという。気質に関するこのような見方や類型は、むろんシュタイナー独自のものではない。シュタイナーの人智学は、神秘主義の流れに位置することを第二章ですでに述べたが、神秘主義者J・ベーメ[65]もまた、人間の生命の主要な支配力を有するものとして四つの気質、すなわち胆汁質、多血質、憂鬱質、粘液質を挙げている[66]。

ところで、気質は、胆汁質、多血質という気質の名前からわかるように、「身体」とのかかわりでとらえられ、考察される[67]。その人間の個性や特徴を、身体とのかかわりにおいて見ていくのが、気質論の特徴である。気質は人間の本質に深く根ざしているとされるが、シュタイナーは人間存在のさまざまな部分がこの気質の中に現れてくると述べる。彼によれば、子どもの生活習慣や立ち居振舞い、肉体、生命力、共感、反感を示す魂のいとなみ、そして自我などが現れるその現れ方が、胆汁質、多血質、粘液質または憂鬱質の特徴を示す[68]。

シュタイナーによれば、人間はこれら四つの気質を併せ持ち、これらいくつもの気質が常に混在するが、通常は四つのうちのいずれか一つの気質に強く支配される。そして子どもの気質を知ることが教師の最も重要な課題の一つであるとみなされるのである。こうした四つの気質は、人間本性の四つの要素、すなわち物質体、エーテル体、アストラル体、そして自我の相互作用によって生じるという。子どもにおいてこの四つのうち、とくに自我が強く活動し発達している場合、その子どもは憂鬱質の気質の傾向を帯び、物質体が強く発達している場合には粘液質の傾向になり、エーテル体の発達・活動が強い場合には多血質の傾向になり、そしてアストラル体が強い場合には胆汁質の傾向を帯びるとされる[69]。

シュタイナーによれば、憂鬱質の子どもは外面的には静かな、自分のうちに閉じこもった内向的な姿を示す[70]。憂鬱質の子どもは、外界の諸々の印象に容易に反応せず、外見上は静かで何ら活動していないように見えるが、内面的には活発に活動していることが多いという。粘液質の子どもは、内面的に不活発であり、外界に対しても無関心の態度を示すことが多いとされる。多血質の子どもは、あらゆる事柄に興味・関心を示すが、興味の対象を次々と変えて行き、一つの対象にじっととどまることが少ない[71]。胆汁質の子どもは、粗暴な言動に走る傾向が強い[72]。

シュタイナーによると、子どもは概括的に見ればこれらの四つのタイプのいずれかが強く、「この四つの要素のどれか一つを中心にして生きているが、その四つを調和させること（Harmonizierung）が教育と授業の成果でなければならない」[73]とされる。では、突出している気質はなぜ和らげられ、他の気質と調和して発達しなければならないのだろうか。その理由は、このような調和的な発達が子どもの本性の要求に属することだからであり、また突出している気質を放置しておくと、子どもが大人になってから精神的な病気を背負う危険にさらされるからである[74]。

しかしその際、シュタイナーは次のように注意を促している。

「子どもの気質を問題にするときはその気質を初めから間違ったものとしたり、それを克服しようとしたりはしない、ということです。気質をよく認識して、自分に次のような問いかけをしなければなりません。〈この子がふさわしい人生目標を達成することができるようになるためには、私達はどのような教育を行うことができるか。どうしたらこの気質の最も良い在り方が生じてくるか。そしてどうしたらこの子はその気質の助けをかりて人生目標を達成できるようになるか〉」[75]。

気質とたたかうのではなく、気質とともに働き、子どもの気質を考慮した活動を用意し、それぞれの気質のすぐれた面を引き出して、気質を高貴なものへと高める[76]ことが教育の目的とされるのである。当然のことながら、ハイデブラントが述べるように、子どもを四つの気質のいずれかに分類し、決まったタイプにはめ込むことができるほど単純ではない。彼女は次のように言及する。「教育者は気質考察から刺激を受けて、つねに新たに内的に子どもにかかわり、子どもを形成している力をいつも新たに探ろうとすべきなのです。教育者は、……子ども独特の形成法則を深く理解するべきです」[77]。

さて、気質の教育はどのような方法で行われるのだろうか。シュタイナーによれば、その方法としては、学級の子どもたちを小グループに分けて教育を行う方法、教師の子どもへの直接的な働きかけに基礎を置く方法、物語・童話などの教材を用いることに中心を置く方法等々さまざまなものがある[78]。クラス劇においても気質は最大限考慮される。

しかし、気質の教育のための方法は、決して単なる「素人的な」原則のもとで用いられてはならないという。素人的な原則とは、ある子どもの突出した気質を和らげるために、それと対立する気質の人物・事柄などをその子のそばに持ってくるといったような原則である。たとえば憂鬱質の子どもは一般的に内向的であるが、私たちはそういう子どもが、より活発に外向的に活動するように仕向けようとする。憂鬱質の子どもにさまざまな楽しいものを与えて元気づけてやれば、その気質を矯正することができる、と私たちは考えがちである。しかしシュタイナーはこれを間違った方法とみなし、こういったやり方では、この子どもは以前にも増して憂鬱になると述べている[79]。

気質の教育方法において依拠すべき原則はそのようなものではなく、「同類は同類によって認められるのみならず、同類によって癒される」[80]という原則である。

「私たちが子どもに、子ども自身の持つ悲しみを外からも与えてやると、子どもは自分自身が内部に持っているものを外側から知覚します。そうすることによって内部に反動が生じ、反対のものが呼び覚まされます」[81]。

つまり、外からも与えることによって、子どもの内部では強く持っている気質が満たされ、次に他の気質が芽ばえ働くようになる、ということである。シュタイナーにあっては、この原則こそ気質の教育に際して教師が依拠しなくてはならない根本原則である。では気質は変えることができないものなのだろうか。シュタイナーは次のように述べている。

「気質に注意を向け、それによって授業を個別化して行おうとする場合、特に注意しなければいけないのは、人間というものは絶えず変化しつつある（Fortwährend Werdender）、ということです。人間は絶えず変化し成長する存在であるということ、メタモルフォーゼを遂げながら人生を過ごしていくということ、そのことを教育者は常に意識していなければなりません。一人ひとりの子どもの気質に注意を向けるのと同じくらい真剣に、この変化しつつあるという事実にも注意を向けることが必要です」[82]。

気質は特別深く人間の本質に根ざしており、したがって気質を意志の力で変化させることは、人間が引き受けることのできる最も困難な内的作業の一つとされる[83]のだが、教師は、すでに述べた原則に従って子どもとつきあわなければならないのである。その際、教師は、さまざまな気質を持ったそれぞれの子どもに、自分の外面を子どもの気質に合わせて働きかけねばならないという。すなわち、外面的には子どもの気質と同じ気質を持って振る舞いながら、内面的にはそれとは違った心的状態を保持するということである。たとえば、粘液質の子どもに対して教師は、外面的に、つまり言動の面で粘液質特有の無関心の態度をとりつつ、内面的には子どもに多大の関心を持って挑むということである。教師がこのように自己の内面と外面とを持ってクラスの子どもたちに挑むには、冷静さと深い思慮と自己統制が必要である[84]。

では、ヴァルドルフ学校の演劇活動においては、子どもの気質はどのように考慮されているのだろうか。シュタイナーは「舞台芸術では気質を必要とします」[85]と述べているが、同様に、グラーフもまた、クラス劇において、気質は最も重要視されるものの一つであるとし、とりわけ、上演する作品の中にそれぞれの気質を表すような役柄が存在していることが重要だと言う。

「芝居には劇的な緊張があります。動きがあって、楽しく、悲しく、落ち着く……、つまり、胆汁質、多血質、憂鬱質、粘液質です。この気質は芝居のセリフの中に含まなければなりません。どの子もいずれかの役を担当しなければなりませんから、すべての気質が芝居に入っている必要があります。そうすれば、どの子も自分に合った特色を見つけ、自分のしたい役を見つけることができます」[86]。

たとえば、第1学年の演劇では、気質の異なる四人の兄弟が登場する[87]。

1．BRUDER（兄弟1）　O Weh, wie eng und schmal ist doch mein Haus!
うえぇ、ぼくの家はなんてせまいんだ！（憂鬱質）

2．BRUDER（兄弟2）　Juchhei, bei mir der Wind fährt durch mit Saus!
わあい、ぼくのそばを、風が吹きぬけていくぞ！（多血質）

3．BRUDER（兄弟3）　Im Felsen aus Stein muß mein Haus mir sein.
ぼくの家は岩と石でできてなくっちゃ。（胆汁質）

4．BRUDER（兄弟4）　Ich bau mir kein's mein Mantel hüllt mich ein.
ぼくは家なんか建てないよ、ぼくのコートは、あったかいんだ。（粘液質）

グラーフと同様に、R・ケリード（イギリスのヴァルドルフ学校元教師、現在アメリカのルドルフ・シュタイナー大学学長）も気質と配役の関係について次のように述べている。

「もしみなさんがお芝居をやるのでしたら、みなさんは生徒の気質にあわせて配役を決めるとよいでしょう。例えば、胆汁質の子どもにジュリアス・シーザーの役をたのみます。多血質の子どもには使者の役です。なぜなら、彼らはニュースをもって出たり入ったりするのをよろこぶでしょうから。憂鬱質は哲学的な役が好きです。彼らは〈なぜジュリアス・シーザーは三月のイーデズ（ローマの主神ジュピターの祝日で、毎月満月のころ、三月は一五日）に暗殺されたのか？　彼の暗殺に対する賛成意見と反対意見はどんなものだったのか？〉とたずねるでしょう。いっぽう、粘液質は芝居の中心的な動きとは離れた、彼らがすわりこんで考えることができるような役割を好みます。粘液質は、遠く離れた国でニュースを待っている人物を演じるのに理想的です」[88]。

「8年生の最後に行う演劇は、気質教育の中でも、特に重要な意味をもっている。子どもの気質と登場人物の気質とをひそかににらみ合わせながら、先生は配役を決める。同じ気質を演じさせるか、わざとちがう気質にするか、どちらがその子、その子の場合に応じて、より大事であろうか、そして、それを演じるあいだに子ども自身の中に、自信や発展や変容が生じるであろうか、と見ていきながら、指導するのである」[89]。

配役にあたっては、必ずしも気質の教育の原則に従って、すなわち子ども自身の気質に類似した性格や特徴を持った人物を演じさせる、とは限らない。それは、子どもは自分と異なる気質を持った役を演じることで、自分に欠けているものを学ぶことができる[90]との見方に基づくからである。異なる気質の人物を演じるのは、自我あるいは自意識が著しく成長し始める九歳以降の子どもの場合が多い。W・グライナーによれば、「叫んだり早口で話したり」[91]することも気質の表現であるが、これは、言い換えれば感情のコントロールでもある。気質を考慮した教育の最終的な目的は、四つの気質を調和させることであり、自分の気質をコントロールすることにある。

第二節　児童期のクラス劇の方法原則

――方法原則としての「権威者への欲求」の充足――

児童期の子どもの本性のうちには、あまり変化はしないがこの時期を通して強く現れる注目すべきものがある。それは、すでに述べたように、信頼し尊敬できる人物を自分の側に持ち、この人物につき従って学び成長しようとする欲求である。シュタイナーは、強制ではなく、子どもがごく自然のうちに信頼し敬愛の念を持てる人物を「権威者」と呼び[92]、教師を権威者と位置づける。権威者は、子どもの愛する「権威ある人格者(Autoritative Persönlichkeit)」[93]とも言われる。ヴァルドルフ学校のクラス劇でも、指導者および教師は権威者であることが要求されるが、それは、子どものその欲求が重視されるからである。子どもは、演劇への欲求を権威者のもとで満たしたいと願う。演劇への欲求は、権威者への欲求が満たされずしては、真底から満たされないとされる。権威者への欲求を満たすことは、クラス劇の最も根本的な事柄なのである。

権威者への欲求の充足は、シュタイナーにあっては、「関係」の視点でも見られ、子どもの教師への信頼と敬愛の関係としてとらえられる。それは、「子どもが教師に対して感じる尊敬こそが、子どもの力を強め成長させていく力となる」[94]からである。もし演劇教育の重点を、その最終段階である舞台上演に置くならば、この関係の重要性は往々見落とされる。というのは、舞台上演では、子どもだけが登場し、教師は一切姿を見せないからである。ヴァルドルフ学校の教師たちが重点を置くのは、舞台上演ではなく、それに至るまでのプロセスである。プロセスを重視するがゆえに、舞台上演の未熟・不十分さはまったくと言ってよいほど問題にならない。

プロセスで重視される大きなことの一つが前述の教師への信頼と敬愛の関係である。たしかにそのプロセスでは、子どもがセリフをしっかり言えるようになったかどうか、演技が適切かどうか、といったことも重視される。だがそれ以上に重視されるのは、教師への信頼と敬愛の関係である。ふさわしい台本の選定（場合によっては脚色や教師自ら台本を書くこともある）、配役、演出、練習の進行等、教師はこの時期の子どもたちの演劇活動の多くに携わる。上演作品の選定から、配役、演出に至るまで教師が一切を指導し、日本のように生徒の自主性にまかせるという名目のもと、生徒に何か大きなことを決めさせたり、話し合わせたりすることはあまりない。とりわけ演劇の練習では、他の授業の場合よりも、教師がセリフ、身振り、役作りその他の指導で直接に個々の子どもとかかわることが多い。そしてそのかかわりの中で信頼と敬愛の関係が一段と深められ厚くなり、子どもの権威者への欲求が満たされる。この原則は第8学年まで徹底して守られている[95]。それは児童期においては、子どもが自分の身を投げ出せる、尊敬に値する権威者を自分の側に置き、この権威者について成長したい、という子どもの本性から湧き出る根本感情を十分満たすことが、教育の目標とされているからである。

「子どもたちは、肉体を持ってこの世に生まれ、第一・七年期（一〜七歳）に生命体（エーテル体）を形成し、第二・七年期（七〜一四歳）に感情体（アストラル体）を形成します。そういう意味でこの時期（一四歳までの時期）の子どもたちの感情体はまだ自立していないのです。ですから子どもたちに自分自身の演劇をさせるのではなく、まだ先生が指導して、子どもたちがそれを真似るという形をとります。あらゆる芸術活動がそうであるように、先生がまずいろいろやってみせて、生徒がそれを手本にし、自分の中の芸術的な活動能力をのばしてゆきます。その理由は、感情体（アストラル体）がまだ十分育っていない一四歳以前の子どもたちに、自己表現をさせることは、あおり立てればできますが、それは本来の在り方ではないからです。ちょうど教育において、七歳以前の生命体（エーテル体）がまだ育っていない子どもたちに、無理に知的な教育をするのと同じです」[96]。

すでに述べたように、クラス劇の指導者である教師は、子ども一人一人のうちに霊の活動を認識し、それに畏敬の念を持ち、セリフ、身振りその他の指導をしなければならない。ヴァルドルフ学校の教師に求められるのは、単に演技の指導の力量だけではなく、そうした霊の認識に基づく愛である。演劇の指導者にこうした資質を要求する考え方は、公立学校にもオーデンヴァルト校にも存在しない。

霊の認識に基づく愛、つまり子どもの霊を認識しこれに畏敬と感謝の念を持ちつつ、演技指導を実際に行うことの中でとくに重要なのは、指導者・教師の言葉である。というのは、シュタイナーによると児童期の子どもが強い関心を示すのが、教師の言葉だからである[97]。ヴァルドルフ学校のクラス劇では、担任の言葉と、子どもの言語活動がきわめて重視される。詳述すると、演劇における言葉を、教師と子どもとの直接的な関係の中でとらえる見方は、ある考え方に支えられている。その考え方とは、子どもが言葉を聞き読み、そして話し書く言語活動を、信頼と尊敬に値する教師のもとで行いたいという欲求を強く持っているとの考え方である。シュタイナーによると、子どもは、言語活動をそうした教師との関係の中で行うことを強く願っている。授業を担当する教師はそうした子どもの本性を理解しなければならない。シュタイナーは、一九二四年七月一九日の講演では、まず「子どもの関心は、歯の生え替わりの後は身ぶりから言語に移行します」[98]と述べ、その後で「言語によって作用するすべては、自明の権威者によらなければなりません」[99]と述べ、さらに「私たち教師は、この時期（児童期）の子どもに対しては、言語によって働きかけることを知らなくてはなりません」[100]と主張している。教師の言葉による子どもへの働きかけとは、換言すると、子どもが権威者との直接的な関係、つまり権威者の言葉を直接に聞き読む活動のことである。この活動は、詳しく言えば、子どもが権威者の言葉に触れ、これを吸収して自分の魂や霊性を高め成長させるということである。シュタイナーによれば、権威者への欲求を十分に満たしつつ、こうした言語活動を行うとき、言語は子どもに教育力として強く作用し、子どもを高め、成長の道へと歩ませるという。

信頼し尊敬できる人物を得て、この人間につき従って学び成長したい、児童期の子どもはこのような欲求を強く持つことをすでに述べた。シュタイナーによれば、子どもは権威者への欲求が満たされると、教師に深い信頼を寄せるようになり、その権威者である教師が語る内容、多くの言語化された知識等を意欲的に学び、積極的に習得するようになるという。演技指導における教師の言葉は、この欲求を満たすものであるがゆえに重要とされるのである。

子どもが強い関心を示す教師の言葉とは、具体的には教師の書く台本およびその語り聞かせの言葉であり、演劇の練習での教師の言葉かけやアドバイスの言葉のことである。演技の指導は、まず教師が台本を子どもに読み聞かせることから始まる。次に子どもたちは台本の読み合わせを行う。その後に「立ち稽古」に入るが、ここでは教師が、子どもたちにそれぞれの能力や個性、役柄に応じて、さまざまな言葉をかけアドバイスをする。演技指導やセリフの言い回しにあたっても、教師の指導が主要な役割を担う。まず担任が、アクセント、イントネーション、間の取り方、強弱などを十分に考慮して、模範的な朗唱を子どもに示す。「一四歳・一五歳以前の子どもが朗読をするのなら、子どものかたわらに立つ〈自明の権威〉を模倣するようにします」[101]。

子どもの前で行うその教師の模範的な朗唱は、換言すると、子どもへの言葉かけの活動である。ヴァルドルフ学校教師およびハンブルク・ヴァルドルフ教員養成大学の代表を経て、現在世界各国で講演活動を行うH・エラーは、その活動の重要性をこう述べる。「言葉は、情報を伝えるための手段であるだけでなく、本当はいのちのこもった尊い、崇高な力が宿るみずみずしい芸術でもあります。子どもがすくすくと健全に育っていくためには、植物に水をやるように心のこもった美しい言葉をかけることが大切です」[102]。教師の言葉を重視する度合いは、他の学校に比べると、ヴァルドルフ学校の方がはるかに高い。それは、この学校の授業を見ればわかる。この学校では、権威者である教師以外の人の言葉で埋まった教科書のたぐいは一切用いないし、またテレビ、ビデオ等も一切使用しない。使われるのは、教師のなまの言葉である。

クラス劇を指導する第8学年の担任教師

シュタイナーによれば、教師・権威者が口に出して話す言葉や、文字・文章として書く言葉こそが子どもの成長に大きな影響を与えるという。子どもが魂や霊を成長させることができるのは、教師・権威者の言葉であって、教科書・テキストの言葉ではない。さらに一歩踏み込んで言えば、その言葉は、教師の人格性と一体となった言葉であり、人格性そのものである。それゆえ、教師の言葉への関心とは教師の人格性への関心である、と言い換えることができる。シュタイナーは、子どもへの教師の言葉を「教師の人格に基づく自明の権威への子どもの関係」[103]という表現で言い換え、この関係に基づかないすべての事柄は、「教育上の誤り(Erziehungsfehler)」[104]であると主張してやまない。子どもは教師の言葉を通してその人格性に出会い、これを吸収して成長したいとの欲求を持っているのである。

ヴァルドルフ学校では、このように教師の言語活動が重視されるがゆえに、教師は言葉に関する豊かで確かな技量を求められる。このことをCh・リンデンベルクは「教師の仕事にとってもっとも大切な道具は、言語である肉声である。話し方の教育、修辞法、物語る技術の習練、いろいろな役を演じることを含めての演劇的訓練などが、未来の教師の一人一人を伸ばし、解放する。……自分自身の言葉を話そうと努力している教師は、無反省にきまりきった言い方を繰り返している教師とは、全く異なった働きを生徒に対して与えるに違いない」[105]といった言葉で表している。

ところで、クラス劇の指導においてさらに必要とされるのは、子どもの前で教師自身が、言葉・セリフ、身ぶり・動作などを音楽的、造形的・絵画的に、つまり芸術的に演じ示すということである。「教師は、自分が子どもに与えるすべての事柄に芸術的な形を与える者として、子どもの前に立たなければならない」[106]。とりわけ低学年の演劇上演では、教師は傍観するのではなく、客席の最前列の中央にかがみ、詩のリズムや拍子をとったり、指示やきっかけを出し、舞台の進行を助ける。このように、教師に従って子どもは芸術的活動を行い、自分の芸術的な欲求を満たすが、それは同時に権威者への欲求を存分に満たすことにつながる。というのは、子どもが芸術的な欲求を満たすことによって、それを満たしてくれる教師に「好感」を抱き、教師の自分への愛を確認する中で、好感をもとに、教師への愛をさらに一段と深め高めていくからである。

この学校の演劇教育の中心的役割を担うのは教師であるが、演劇において教師の役割が重視されるのは、ヴァルドルフ学校においてのみ見られることではない。それは、演劇教育の盛んなアメリカの演劇教育者G・B・シックス（Geraldine Brain Siks）が主張する教師の役割ときわめてよく似ている。彼は、教師のあり方について次のように言及する。

「教師が劇というものの美や壮大さや威力を身をもって体験することがない限り、それを子どもたちと分かち合い一緒になって体験する道を見つけようとする気持ちにはなれないだろう。……指導者が張りのある、確信に満ちた声で、言葉を慎重に選んで美しく話せば、子どももその美しさに敏感に反応する。指導者がやさしくみんなをいたわり、骨身を惜しまず働き、陽気で正直、礼儀正しくまた趣味もよければ、子どもたちにもそんな様子が見えてくるものである。……子どもは勇気と信頼と美に対する感情を心の中に波打たせてくれる指導者を末永く賛美するのである」[107]。

また、学校教育の中で、「演劇（Drama）」を正式な科目としてカリキュラム（National Curriculum）に位置づけ、「演劇」をセカンダリー・スクール（中学校）の義務教育修了資格ＧＣＳＥ試験の選択科目にする[108]など、演劇教育（Drama in Education）[109]を盛んに推進しているイギリスでも、教師が生徒とともに演じる「ＴＩＲ（Teacher-in-role）」という手法が、広く用いられ、きわめて重視されている[110]。これは、「子どもたちの創造のなかに、教師がアーティストの一人として劇的に介入する手法」[111]および「教師が役となってドラマに介入し、適切な言葉や態度のモデルを提供する重要なテクニック」[112]であり、ドラマの授業の即興表現の中で、教師が異なる役として介入することによって、生徒が演じる役をより明確にし、さらにふくらませ、発展させていくきっかけを与えるとされる。その目的は、説明ではなく自らが役を演じることで、ドラマの世界へ子どもたちを誘導し、ステレオタイプや短絡的になりがちな子どもたちのドラマに、コンフリクトやジレンマをもたらすことで重層性を持たせることにあるという[113]。つまり教師が創造過程の内側に入り、学習を方向づける「ナビゲーター」の役割を担うのである。演劇への教師のこうしたかかわり方を提唱したのは、イギリスの演劇教育者D・ヘスカッツであり[114]、イギリスの演劇教育では、このように教師の果たす役割が重視される。中山は次のように述べる。

「おそらく、TIRという手法は、現代ドラマ教育の中で、最も大きな意味を持つ手法の一つです。従来学校では、教師が必ず教壇の後ろにいて、〈ああしなさい〉と指示してきました。そうしたやり方をこのTIRという手法が変えたのです。教師が役

第8学年のクラス劇の練習。演じてみせる担任教師（中央）。

をもって役の中に入ることで、まずドラマという設定を作り上げ、教師が一生懸命、参画する。教師がまじめにその役を演じていたら、子どもたちもきちんとついてくるのです」[115]。

「ＴＩＲがパワフルなのは、教師があるステイタスをもって指示を出すのを、子どもたち自身が受けとめるからです」[116]。演劇教育における教師のこうした役割は、ヴァルドルフ学校の演劇教育で重視される権威者としての教師のあり方と類似し、共通する点も多い。

ところで、子どもの権威者への欲求の根底には、さらにある重要な欲求がある。その欲求とは、シュタイナーによれば、自分の前に立つ人物が自分の過去のことをよく知って自分を導いてほしいという願い、あるいは自分の過去をよく認識できる人物のもとで成長したいという願いのことである[117]。教師が子どもにとって権威者であるためには、子どものうちに霊を認識するだけではなく、こうした願いを十分に認識することが必要である。シュタイナーによれば、そうした子どもの願いを尊重する見方に基づくのが、八年間一貫担任制である。一～二年で担任が変わる担任制のもとでは（公立学校ではこの形式が多い）、担任は、受け持つ子どもの過去の状況を十分に認識しないまま教育活動を推し進める。こうした状況を危惧して、リンデンベルクは次のように述べる。

「クラス担任制を推奨する論拠の本質的な点は以下にある。すなわち、われわれは教育というものが連続性の上に成り立つ総合的な出来事であって、これを細かく時間的に区切ることはできないものであるということを、考慮に入れなければならない。……一人一人の子どもの能力を判断していくためには、二年前三年前のそれと比較することができなければならない。子どもの力を伸ばしてやることができるのは、……何年もの歳月を通して働きかけていくことができる場合に限られる」[118]。

第一章ですでに述べたように、近年ドイツの公立学校では、学校の教師ではなく、専門の資格を持った「演劇教師」あるいは「演劇教育者」[119]が学校に入り、出前授業のようなかたちで演劇を指導したりワークショップを行う傾向も多く見られる[120]。しかしこれでは、以前の自分の理解の上に、という子どもの願いは満たされず、それゆえ子どもの「心の成長（Gemütsbildung）」が損害を被ることもありうる[121]。それに対して八年間一貫担任制のもとでは、担任は、以前の子どもの状況をよく知ってそれに応じた教育を展開でき、子どもは自分の願いが満たされるがゆえに、学びの心は一段と大きくなり活発になっていく。ヴァルドルフ学校で、演劇教育が同一担任による八年間一貫教育の一つとして行われるのは、以上に述べた見方を根本に据えるからである。

第三節　低学年（第1学年〜第3学年）の演劇教育

1　七歳頃から九歳頃までの子どもの本性と演劇

さて、実際ヴァルドルフ学校で行われている演劇では、すでに述べてきたような児童期の一般的本性、発達がどのようなかたちで顧慮され、行われているのだろうか。この点について以下では、三つに区分される児童期の個々の時期における本性と発達について、より詳細に検討しつつ、各々の時期の演劇活動について明らかにしたい。

すでに述べたように七歳頃から一四歳頃までの児童期は、シュタイナーによればさらに三つの時期に区分される。すなわち（1）七歳頃から九歳頃までの時期、（2）九歳頃から一二歳頃までの時期、そして（3）一二歳頃から一四歳頃までの時期である。このように三つの時期に区分されるのは、九歳頃と一二歳頃に、それ以前には見られなかった際立った変化が現れるからである。シュタイナーによると、九歳頃の際立った変化とは、子どもが自己と外界とを明確に区別するようになることであり、また一二歳頃の変化とは、事象・現象を因果関係において把握するようになることである。まず、最初の時期、すなわち七歳頃から九歳頃までの時期の子どもの本性について見てみよう。

すでに述べたように、七歳頃から一四歳頃までの児童期全体を特徴づける子どもの本性の一つは、絵画・造形的なものならびに音楽的なもの、つまり芸術的なものへの欲求である。しかしシュタイナーによると、この児童期で芸術的なものへの欲求が最も強いのは、七歳頃から九歳頃の時期である。このような七歳頃から九歳頃の子どもの本性を満たす意味でも、「総合芸術」と言われる演劇は、ヴァルドルフ学校の低学年において、さまざまな形で教育活動に取り入れられる。

低学年、すなわち第1学年から第3学年の劇は、歌や、踊り、詩に満ちている。子どもたち自ら縦笛やヴァイオリンなどの楽器を演奏することもある。「ライゲン（Reigen）」と呼ばれるリズム遊戯のかたちで行われることも多い[122]。すでに述べたように、児童期の子どもの本性、特徴の大きな一つに、芸術的なものへの欲求、そして、リズムやメロディーなど音楽的な活動を呼び起こすアストラル体や呼吸・循環組織の発達が挙げられる。そのため、リズムや拍子的なもの、すなわち音楽的なものを求める欲求は、この時期、とりわけ強い。ヴァルドルフ学校元教師G・チャイルズは、次のように述べる「七歳から一〇歳までの子どもは、呼吸とリズミカルな動きに関連する内的な拍子とリズムを通してもたらされる、あらゆる音楽を体験したがります」[123]。こうした理由から、低学年の演劇では、歌や楽器演奏、リズムの要素が多く取り入れられる。「七歳から九歳の子どもはまだ演劇的に造形する能力を持っていませんが、リズムを用いれば、演劇を上手に演じることができます」[124]。ショーバーは次のように明言する。「クラス劇の魔法の法則は、クラス劇にリズムや音楽、歌、動きを取り入れることです」[125]。

七歳頃から九歳頃までの時期、すなわち第1学年から第3学年までの演劇は、ホールや舞台を使ったはっきりとした上演形態はとらず、あくまで季節の行事の楽しみ（クリスマスにおけるキリスト降誕劇や謝肉祭）の一環であったり、外国語の学びや普段の授業の取り組みの成果を、月例祭などで演劇的に表現したりするものとして、位置付けられる。総じて低学年では、授業で扱った出来事を場面的に表現することが「演劇」となる。たとえば、クリスマス休暇の前の最後の学校の日に、子どもたちは保護者の前で大きな半円を描いて立ち、歌や詩を含んだちょっとした上演を行う[126]。この上演はエポック授業でも取り上げた、クリスマスの出来事を並べたある場面の表現（Szenische Darstellung）である。この時期には、全員が劇に参加することが何よりも重要であり、劇になりそうな詩をみんなで唱えることが一つの演劇になることもある。上演はエポック授業の中や、エポック授業が始まる前の、詩を唱えたり、歌を歌ったりするいわゆる「リズムの時間」で行われることも多く、時間にしても一五～二〇分程度のものである。これらの演劇の練習にも、同じように朝一番の「リズムの時間」があてられるが、特別な練習が行われることはない[127]。

低学年の演劇活動について言えば、演劇の練習も演劇の上演も、エポック授業に属することが重要とされ、それゆえ演劇が日常的な教育活動の一環となりうるのである[128]。これに関して、スウェーデン・ストックホル

謝肉祭（Fachsingsfest）の仮装（第1学年）。左端は担任の教師。
担任教師も子どもと同じように変装する。

謝肉祭（Fachsingsfest）の仮装（第7学年）。中央の着物を着た女子生徒は筆者。

ムのヴァルドルフ学校教師F・カールグレンは次のように述べている。「こうした劇の上演が年に一度、たとえば年度末の卒業式の際におこなわれるのであるなら、演劇の印象は、決して長くは残り得ないでしょう。しかし毎月の月例際を通して、演劇は学校の日常の行事になっています」[129]。

大切なことは、演劇の時間が特別に設けられることではなく、すべての授業の中にそれが浸透していることであり[130]、衣装や舞台装置もごく簡単なもので十分であるとされる。というのは、シュタイナーによれば、子どもは七歳を過ぎると、物事を想像し空想しようとする力を持つに至るからである。彼によれば、七歳以後に本格的に活動し始めるこのファンタジー、つまり想像力・空想力とは、おおむね二つのこと、すなわちある対象を見、聞いてそれにとらわれることなくさまざまな事柄を自由に想像する力、ならびに実際の事物を絵画的に象徴化する活動を生み出す力を言う。とくに七歳頃から九歳頃までの時期の子どもにおいては、このような力が活発に活動し発達するのであり[131]、演劇は、こうした力の活動や発達に寄与するとされる。簡単な衣装や舞台装置で、子どもの想像力や天性の変身能力を導き、十分補ってすばらしいものに見せてしまうのである[132]。

演劇では、セリフを言い、歌を歌い、全身を使って動く。この全身を用いた演劇活動が、他の授業に及ぼす影響は大きい。低学年の子どもは体を動かすことが大好きだが、こうした全身運動は、子どもの集中力を高め、他の科目にも良い影響を与えるという。「この祝祭的な解放感と暴れ回りは（演劇活動を意味する、筆者注）、子どもたちがその後、再び集中することを助けた」[133]。演劇をすることで、子どもは身体全体や魂のすべてを動員し興奮するが、そうすることによってその後、再び落ち着きを取り戻す。このことは、演劇は「動―静」という魂の両極を発散させる、との見方で示される。これは、子どもに自信と情緒の安定を与え、自分自身の内面をも浄化し、バランスをとり、秩序づける[134]のである。

2　演劇の素材および教育的意義

人智学的子ども観によると、七歳頃から一四歳頃までの時期では、ある二つのものが大きく際立ったかたちで変化する。その二つとは、「自我感情（Ichgefühl）」あるいは「自意識（Selbstbewußtsein）」と、事物を「因果関係（Kausalität）」で理解する力である[135]。ヴァルドルフ学校の第８学年までの演劇教育は、子どもの発達におけるこの二つの大きな変化を考慮して展開される。まず前者とそれを考慮した演劇教育について述べたい。

シュタイナーによれば、九歳頃以前においては、子どもは、自分を外界と同じようなものとしてとらえ、自己と外界との未分離状態に置かれる。したがって子どもは、たとえば、木々や雲について、木や雲が互いに話をしている[136]ととらえる傾向が強い。このことは、言い換えると、九歳頃以前の子どもにおいては、空想・想像の童話的な世界に浸ろうとする欲求が強く大きいことを意味する。

こうした子ども観を考慮して、ヴァルドルフ学校では、低学年の演劇教育の素材、すなわち劇の内容も決定される。第1、2学年の劇の内容としては、グリム童話の『白雪姫（*Schneewittchen*）』や『兄と妹（*Brüderchen und Schwesterchen*）』、『いばら姫（ねむり姫）（*Dornröschen*）』などの童話、民話などが多く用いられる[137]。低学年では童話は、「子どもにとっての霊的栄養（Geistesnahrung）」[138]とされ、大切にされる。童話が取り上げられる理由について、カールグレンは、次のように述べている。「童話は、登場人物の最も深い内面が実際にはどのようであるかを、他の文学形式にはないほどに思いきった仕方で、明瞭に表してくれます。……それはほかのどんな形式でもできない仕方で、わかりやすく、子どもたちに人間についての認識を与えてくれるのです」[139]。他にも季節の行事や聖書の物語、精霊、魔女、小人などを扱った、子どもたちにとって身近な題材が選ばれる。子どもは舞台上で妖精や魔女、小人に変身する。「他のいかなるジャンルの文学も、童話ほど、人間が生まれつきもっている変身の可能性をはっきりと示してくれるものはありません」[140]。

シュタイナー研究者J・シュトライトによれば、童話や神話は、「原体験となるイメージをたくわえた生命の泉」[141]である。彼によると、子どもは童話に触れることによって「時間」を超越し、内的な心のドラマとも言えるイメージの世界（Bilderwelt innerer seelischer Dramatik）に入り込む[142]。彼によれば、子どもは、好きな人物とは共感を持ってともに生き、ともに悲しむ。たいていの童話には、まず語り始めに調和の取れた状況がある。たとえば、「昔むかし、よい王さまがおりました」、「昔むかし、おとうさまとおかあさまのもとで、しあわせに暮らしているふたりの子どもがおりました」といった具合である。多くの童話では、こうした「黄金時代」から話が始まる。やがて母親が亡くなる等の災いが降りかかり、幸福にひびが入る。帰る家を失い、苦しみながら荒野をさまよったりする。灰にまみれて一人悲しむシンデレラなどはそのいい例である。こうした楽園追放がしばしば行われるが、シュトライトによると「子どもの成長に楽園追放はつきもの」[143]でもある。同時にそこに、嘘、陰険、高慢、臆病、野望など悪の側面が割り込んでくる。しかし、闇が勝利をおさめたかのように見えたそのとき、救いの近づく兆しが現れる。勇気、克己、自己犠牲など善の使者が登場する。それらの徳を象徴する人物として、王子様が現れ、いばらのやぶを切りひらき、竜を退治する。救いの力が勝利し、事態は好転し、悪から善への転換が行われる[144]。シュタイナー研究者H・エルツは、次のように述べる。「この世を支配する光と闇の力――その相互の葛藤は、どの人間の心の内にもあるものだが、これを生徒たちは、はっきり体験する。そして、劇中の人物やできごととともに、その葛藤による魂の試練（Seelenprüfung）を乗り越える」[145]。

日常生活の中で、子どもには反感、不調和、恐怖を引き起こすさまざまな出来事が襲いかかる。シュトライトによれば、そのとき子どもは、いつもの安息の場から締め出された感じを味わうが、そのようなときに、童話の中の似たシーンを思い出し、それによって自分を内的に克服することを学ぶ、という[146]。

グリム童話『ヘンゼルとグレーテル』を例に挙げて考察してみよう。幸せな日々を送っていた兄ヘンゼルと妹グレーテルは、ある日、安全な居場所としての両親の家を追い出される。シュトライトによると、子どもたちは、この物語によって自分たち自身の人生をも、いくらか予感することになる。彼によれば、二人の子どもが両親によって森の中に追い出されるということは、すなわち人生の中へ放り出されることを意味する。最初はまだ、帰る道がわかっていたが、二度目は、つけておいた目印を見失い、子どもたちは二人きりで森の危険に直面し、頼れるものは自分たちの力しかなくなる。誘惑——ここでは「お菓子の家」が二人に近づく。見かけは甘美な家だが、そこに巣食っているのは、魔女——すなわち悪の仮面である。シュトライトによれば、童話に登場する人物や生き物は、象徴的存在（Symbolgestaltetes Wesen）でもある[147]。この誘惑の家にだまされ、喜んで飛びついてしまった子どもたちは、魔女のわなにかかったことを意味する。悪の強制と呪縛の中で、次第にこれを克服する力と意志が育ってくる。そして、ヘンゼルとグレーテルを食い尽くしてしまおうと魔女がうかがってい るそのとき、この魔女は打ち負かされる。悪の仮面は火あぶりにされる。ヘンゼルとグレーテルは、運命を耐え忍ぶことで内に秘めた勇気を目覚めさせ、ついには行動へと向かう。シュトライトによれば、『ヘンゼルとグレーテル』の物語が語りかけるのは、こうした「魂の試練」である。彼は次のように述べる。

「童話の世界の内部では、正義（Gerechtigkeit）と真実（Wahrheit）、善に対する信頼（Vertrauen zum Gute）が勝利をおさめる。……二人の運命を案じ、悪に反感を持ち（Antipathie gegen das Böse）、ついに解放されたときはほっとして喜ぶ、という体験は、子どもたちの感情の力（Seelenkraft）、心の状態を活発に共鳴させる。……子どもは七歳から八歳になると、その心のはたらきは、善と美（Gute und Schöne）を喜び、悩むものに同情し、悪には恐れと反感を持ち、また怒りをおぼえる、といった反応で心の楽器のようなものをつくりあげる。するとこのファンタジーには、道徳的な力が備わってくる」[148]。

すでに述べたように、この時期の子どもは、空想・想像の童話的な世界に浸ろうとする欲求が強く大きい。これは、童話の世界が持つ正義や真実、勇気、善や美を尊ぶ感情といった、道徳的な世界への欲求とも言い換えることができる。子どもは、童話を聞いたり読んだりするだけでなく、体や声を使って演じることで、よりいっそう童話の持つ道徳的なイメージの世界、象徴的な世界に浸ることができる。「物語に心をゆさぶられ、劇にファンタジーをもって参加することは、子どもにとって〈最高のとき〉であり、安息の場所となる」[149]。シュトライトによれば、童話の持つ道徳性豊かな世界に繰り返し浸ることで、子どもの内面は、善なる世界へとはっきり向かっていく[150]。エルツによれば、こうした活動にクラスの仲間とともに向き合うことは、子どもの内面性を強め、高める働きをする[151]。このように低学年における演劇は、子どもの道徳性形成に大きな影響を与える可能性を持つのである。

童話や民話について言うと、子どもたちは、演劇の時間に初めてこれらと出会うのではない。ヴァルドルフ学校では、七歳頃が「童話の年齢（Märchenalter）」[152]とみなされる。それゆえ、毎日のエポック授業の中に童話や昔話の語り聞かせ（Erzählung）が組み込まれており、子どもたちは毎日それに耳を傾け、慣れ親しんでいる。低学年の演劇教育は、この土台の上に行われるものである。V・コナスは、低学年での演劇活動の様子を振り返って次のように述べる。「演劇作品と他の教科との結びつきは、常にとても強いものでした。低学年では、エポック授業でやったテーマと関連した作品を上演しました。たとえば、私たちはエポック授業でゲルマン英雄伝説について学び、そしてそれと平行して、その作品の上演へ向けて練習をしました」[153]。

エポック授業で扱われるのは童話や物語だけではない。数や計算など、算数（Rechnen）や博物学（Naturkunde）も行われる。こうした分野においても演劇が用いられる。「授業内容の多くは、計算や文法や地学でさえも、折に触れて劇に取り上げられます」[154]。以下、これらを演劇にしたものを見てみよう。

第1学年の算数のエポックでは、「1」、「2」、「3」……といった数についての学習から始まる。これらを劇にすると、どのようになるのだろう。『算数からの一場面』[155]を見てみよう。

〈題名〉『算数劇（*Rechenspiel*）：1年生の劇』[156]より
〈登場人物〉父、母、子ども、水、大地、木々、石、動物、妖精、こびと、火、四気質の四人兄弟（多血質、胆汁質、憂鬱質、粘液質）

全員が舞台上で半円になって立つ。個々の役の子どもは、そのつど前に出てきて、半円の中央で演じる。

父　かわいい私の子どもよ、世界に向かって、進んでいきなさい、
そして思いのままに、しっかり学びなさい、
おまえが学んで、家に持って帰ってきたものは、
すべておまえの宝になるだろう。

子ども　大好きなお父さん、そうするよ。
ぼくは世界に向かって、進みます。

子どもたちは半円を閉じるように、手をつなぎ、進む。役の子どもは、その円の外を反対方向に向かって進む。
全員、歌う。「子どもは、世界に向かって進んでいきます……」

全員　こうして子どもは、不気味な森を通っていきます。
たくさんの動物が、近づいてきます。
木々が、ざわめきます。
お花が、見下ろしています。
そして土の下は暗く、
水晶が、きらめいています。

子ども　石、木々、お花、動物、
　　　　君たちを愛しているよ、そばにいてね。

石・木々
花・動物　愛してくれるんだね、優しい子どもよ、
　　　　私たちは、あわせて「一つ」です。

全員　子どもは、すべてを学びました。
　　　　知りたいと願っていたことを。

子ども　「１」は、全世界です、
　　　　神が、ぼくをそこに引き入れました。

　　　　　　全員、歌う。「子どもは、世界を冒険します……」

全員　海岸に近づいていきます。
　　　　空から降った雨が、大地に流れていきます。
　　　　こうして大地と海は結びつきます。
　　　　向こうには、虹がかかっています。

水　私は水です。
大地　私は大地です。
水・大地　神の手で私たちは、二つに分けられました。
全員　子どもは、すべてを学びました。
知りたいと願っていたことを。
子ども　「2」、それは大地と空、
それは、太陽のかがやきと、星のきらめき、
それは、渇きと、湿り、
これらはすべて「2」――覚えておきます。
全員、歌う。「子どもは、世界を冒険します……」
全員　ここには、水、あそこには大地、
これらは神の手によって分けられました。
これらが出会うところに、大地と海をむすびつける、木が生えました。
水　私は、波打っています。

大地　私はあなたを、止めます。
水・大地　あら、私たちは、もうすぐ一つになるのかもしれないね。
木　もうなっていますよ、そう見えますよ、
私の中で、大地と海が出会います。
全員　子どもは、すべてを学びました。
知りたいと願っていたことを。
子ども　分かれていると、思っていたことが、
聖なる「3」の中で、一つになります。

全員、歌う。「子どもは、世界を冒険します……」

……（中略）……

全員　子どもは家に帰ってきます。
得た宝物を、両手いっぱいに広げて、
大地から天空に至るまで、

いろんな世界で学んだことを。

父　お帰り、愛する子どもよ、
おまえが学んだことを、さっそく言ってみなさい。

子ども　ぼくは、強大な「1」を体験したよ、
大地と海からは「2」。
大地と海が、木の中で出会うこと、
それは「3」。
土、空気、太陽、水の中で、世界の「4」が生み出されます。
お父さん、こうだと思います！

父　愛する子どもよ、なんて大きくなったのだろう、
家の門の扉を開けてあげよう！
さあ、おいで、おいで、
今日はお祭りの日だ！

全員が歌い、踊り、おしまいの歌を歌う。

劇中の「子ども」は、同時にこの劇を演じる第1学年のクラス一人一人の子どもの姿でもある。この劇を演じる子どもたちは、劇中の「子ども」が、さまざまな世界へと足を踏み入れ、いろいろな経験を通して学ぶ姿を自分自身に重ね、さまざまなことを学ぶ。子どもは、演劇を通じて数を学ぶことで、数が表す大小や順序だけでなく、数や数字の持つ概念、数や数字が持つ本質を体験し理解する[157]。

さらに博物学のエポック授業を、演劇にすると、以下のようになる。

〈題名〉『博物学からの一場面（*Aus der Naturkunde*）：1年生の劇』[158]より

〈登場人物〉芝生、木々、土、空気の精、イモリ、モミの木、シラカバ、悪魔、地の精、スミレ、タンポポ、太陽、天使、ヘビ、イラクサ

全員が舞台上で半円を作っている。個々の役の子どもはそのつど前に出てきて、中央で演じる。

芝生　空気のお部屋に、そびえ立っているかのようね、足音は聞こえないのね、雲がかすめていくのね！

木々　まぁ、妹の芝生よ、嘆かないで！

きみのところでは、なんて色とりどりの草花が、話しかけているのだろう。
お花は舞いおどり、立ったり座ったりしてる。

芝生　その通り！
でも、あなたたちの状態はよくない！
だって、私たち芝生は、いつもあなたたちを支えているだけなんだから。

木々　まあまあ、愛する妹よ、動物たちを見てごらん、
多くの動物たちが、ぼくらのそばで休んでいる。

芝生　でもどうやって私たちのそばで？
動物たちを、ほとんど数えられないわ。かぶと虫、はち、ヘビ……
バッタやちょうちょはかくれているわ。
見て、はちが私のところにやってくる……

……（中略）……

土　子どもたち、子どもたち、静かにしなさい、
母なる大地が、ささやいていますよ。

空気の精　空気の精が、すばやくこちらへやってきたよ、
シラカバの上で楽しいなあ！

モミの木　ぼくのところには誰も来ない、
ここに一人で、さびしく立ってなきゃいけない。
静かにね。
笑ったり冗談を言ったりする時間は、誰も用意してくれない、
さびしいな。

シラカバ　モミの木さん、モミの木さん、そんなに嘆かないで、
ぼくがいろいろなことを、喜んで聞いてあげるよ。

……（中略）……

風　私は風よ、
木々がめりめり音を立てるまで、力いっぱい吹き抜けるわ！

シラカバ　モミの木さん、折れちゃう、静かなモミの木さん、助けて！

モミの木　ぼくが守ってあげるよ、嵐よ、静まれ！

……（中略）……

スミレ　私は、葉っぱのなかに静かにかくれているの、
だって大きな音が、私をびっくりさせるんだもの。

太陽　たんぽぽよ、聞こえないのですか？
私が、あなたに話しかけていることが。
あなたは、その小さい葉を引っぱって、
土からしっかりと顔を出し、
お花のお皿を開き、
私とともに、金色にかがやくのです。

……（中略）……

全員で合唱する。

これは、ページ数にして四ページ、一五分ほどの劇、『博物学からの一場面』の一部である。芝生、シラカバ、モミの木、風、スミレ、太陽などが持っている性質、特徴の核心がとらえられて、鮮やかに描かれている。エポック授業で、花や草木についてのお話を聞いて、花や木々の絵を描いたりすると同時に、今度は全身を使って、自分でも芝生になってみる、モミの木になってみる、演じてみる。芝生の気持ちになってみる、モミの木の気持ちになってみる。ショーバーによると、まだ恥じらいもないこの時期の子どもは、模倣の力と想像力で、石や花、動物など何にでもなれてしまう[159]。そうすることでモミの木や芝生などのイメージが、よりはっきりと子どもの心に浸透していく。エポック授業で学んだことを、このようにして深めていくのが1学年の演劇である。ウィーン・マウアーのヴァルドルフ学校教師C・メルヒンガーは、次のように述べる。「季節の演劇、外国語の授業における場面劇、算数劇などを通して、子どもたちは授業の内容を身につける」[160]。クラス劇を体験することで、子どもは自分を信じること（Selbstvertrauen）の大切さを学び、自信をつける[161]。

第２学年では、『聖フランシスコ劇（*Franziskus*）』やクリスマス劇、キリスト降誕劇などが上演される。また同時に、シュタイナーは、第２学年の国語の授業の中では、伝説や寓話（動物物語等）（Legende und Fabel）を語り聞かせることをすすめている。それは、この時期の子どもは年齢的には童話を卒業しているものの、伝説や寓話が童話のイメージの豊かさを継承しているからであり、また登場人物の性格も、よりはっきり打ち出されているからである[162]。古くからある寓話では、動物の姿を借りて「人間」の風刺が行われている。そこでは動物が擬人化され、話には「教訓」が含まれる。また、寓話には人間の弱さが動物の姿をとって現れている[163]。シュトライトによれば、子どもは寓話を通して、自分の感覚を通したイメージで自然界に関心を持ち、この世のすべての生き物に対して、興味と深い共感を持つようになる[164]。彼は次のように述べる。「子どもたちは、［寓話に触れることによって」自然界、動物界とバランスのとれた心のつながりをもつことができるようになり、またユーモアのある、人間らしい心をはぐくむ」[165]。〈寸劇（Kleines Spiel）〉のようなかたちにしてみるのも、子どもたちの心にその伝説を長く生き続けさせ、耳できいたお話の内容をイメージ豊かに根づかせることに役立つだろう」[166]。

第3学年では旧約聖書を扱うが、それらに関する授業を深める意味で旧約聖書、すなわち「カインとアベルの物語」のような創世記の物語や、「ヨブ記」などが演劇の題材としても扱われる。旧約聖書は、天地創造から太古の文化期を経て有史時代へ至る人類の発展を、多くのエピソードで連ねた物語である。「聖書の物語に出てくる出来事、人物、言葉は……私たちの概念の世界のすべての中に見出せます」[167]。第四節で詳しく述べるが、シュタイナーによれば「九歳から一〇歳になる年齢は、保護された〈子ども〉が、周囲と自分を切り離す〈独立人間〉へと次第に移っていく境目であり、このゆるやかな移行期間に聖書の物語に親しむことによって、子どもは世界に足をふみだしていく姿勢をととのえる」[168]。さらには、聖書の物語によって、自然に対する宗教的感情（Religiöse Gesinnung）と、すべての生命に対する畏敬の念（Ehrfurcht vor allem Leben）をも目覚めさせることができる[169]とされる。

第3学年では、文化（Irdische Kultur）、農耕（Ackerbau）、手工芸（Handwerk）などの実生活に即したテーマ[170]が取り上げられる。シュタイナー研究者T・M・ケラーが「この学年では、重要な手仕事やエポック授業の基本的な内容と同様に、農家の仕事の描写や、人間の基本的な仕事（Urberuf）を題材にしたものを上演する」[171]と述べるように、演劇でもこれらのテーマが扱われる。そこにはさまざまな地位や職業の人間が登場する[172]。ヤフケによれば、「子どもが認識可能なもの、つまり子どもが日常の大人の役割の中に直接入り込める、すべての職業グループの活動に子どもを移行させる」[173]のであり、「教師は、童話の世界と外的現実とに共通な、〈原型〉的なものを示す事物や職業について物語る」[174]。これはそれまでの神話や童話の世界から、日々の糧を求め、飽くなき努力を行う現実の生活[175]へと、重点が移されつつあることを示している。

3　配　役

配役の決定はすべて教師が行う。子どもたち自身が自由に決めるということはない。配役にあたっては、役は、分けられた小グループ単位で与えられる[176]。すでに述べた、博物学をテーマにした演劇では、芝生や木々は、それぞれ二、三人ずつの子どもで演じられる。個々の子どもに役が割り振られる一人一役という方式はとらない。その方式が取り入れられるのは、自己と外界の分離が目立って現れてくる九歳頃以後、つまり第4学年以降である。グラーフは次のように述べる。「初めは全員の合唱で、次の2年生からは小さいグループに分けます。グループによって役を決めますが、まだ一緒にセリフを言います。何人かのグループは狼、何人かは修道士たちなど、できるだけ一人ではなく、グループで演じます」[177]。クラス全員が四、五人ずつのグループに分けられ、一つのセリフをそのグループ全員で言う[178]。全員ですべてのセリフを言うこともあれば、一つの役を、何人かの子どもが交代に演じることもある。ときには、一つの役を全員で演じることもある[179]。

個々の役を与えられる場合にも、すでに述べた1学年の劇『算数劇』や『博物学からの一場面』にも見られるように、たとえば、まず舞台上で全員が半円に立つ[180]。自分の役を演じるときに限り、その半円や自分が属するグループから一歩前へ、あるいは円の中心に進み出る[181]というやり方をとる。このような形態によって、「しばしば生徒の内気で遠慮がちな表現が助けられる」[182]と同時に、「どの子どもも、クラスという仲間の輪に組み入れられている。そしてちょっとの間だけ、個別の役を演じるために共同体を離れることがあっても、仲間の輪で保護されている、という感じを失わないですむ。そういう状態を保つことがこの年齢では必要なのである」[183]。その場合、生徒が一人でセリフを言うことがあってもせいぜい一、二行くらいのセリフである[184]。グラーフは、クラス全体の中に自分が包まれることで安心を得、それから小さなグループへと分かれ、そして初めて個々の役をもらう、そういった段階を踏んでいくことが大切だと述べる。

「これはすべてに当てはまることなのですが、全体から始まり、その後少しずつ個人に移ることが大変大切です。全体が確実になり、安定してきてから初めて、個人化すること、それは子どもを安心させるためなのです。そして常に、背後に安心を与えてくれる合唱があるようにします。前方が徐々に開けてきて演じるスペースができてきますが、背後にはまだ合唱があるのです。場面を想像してみますと、舞台と同じ様に、幕がゆっくり開きますが、後ろにはいつも合唱があり、前方で徐々に個人の演技が行われるようになります。合唱が常に後ろにあり、支えとなっているのです」[185]。

合唱を行うのは、とくに役を持たない子どもたちである。演じる自信がない、または演じたくないという子どもは合唱に入る。学年が上がるにつれてセリフが多くなり、合唱は少なくなる。こうして徐々に子どもたちは一人で舞台に立つようになるのである。こうした展開についてグラーフは次のように述べている。

「4年生から少しずつ一人で演じ始めますが、これも小さな部分から始めます。私自身のやり方についてしか言えませんが、3年生の時に一人でセリフを言わせる教師もいるかもしれません。でも私はそうすることをできるだけ先に延ばすようにします。延ばせば延ばすほど、子どもは一人で話したくなり、我慢しなければならないので、やっと許されるようになったら、より上手にできるようになるからです。はじめからすべてをやってもいい状態だと、後で楽しみがなくなってしまいます。〃4年生になったら一人でセリフを言うのだから、今はまだ……〃。子どもたちが楽しみにするように、そしてその過程や発達が見られるようにします」[186]。

このような配役のあり方は、シュタイナーによる子どもの本性に関する認識から導き出される。すなわち、子どもの関心は七歳頃以後はその魂の際立った活動のために、動物、植物をはじめとして自分を取り巻く周囲・外界のさまざまな事物・対象に向かう。この外界への関心、とりわけ感覚に訴える外界の事物・対象への子どもの関心に関して注目すべき点は、自分自身を周囲の事物に結びつける結びつけ方である。シュタイナーによると、七歳頃から九歳頃までのその特徴は、端的に言えば、子どもが外界を「自己」あるいは「私」から明確に分離して把握せず、外界と私を同一視しようとすることにある[187]。「九、一〇歳の年齢以前に自己と外界の区別を子どもに教えることは全く不可能であり、子どもは九、一〇歳の年齢に至って初めて自己と外界とを区別することを知り始めるのです」[188]。

役を演じることとは、自分と自分以外のものとを切り離すこと、すなわち他者を対象化し、客観視することを意味する。自分と異なる他人を対象化し意識して初めて、本当の意味で他人を演じることができるからである。外界と自分を同一視することを本性・欲求とするこの時期の子どもたちにとって、個々の役を演じることはそれゆえ困難であり、自己と外界の未分離という特徴を考慮するがゆえに、避けられるのである。シュタイナーはこれを「一二歳以前に人格を分割することはよくない」[189]との言葉で表現する。

4　外国語劇

ヴァルドルフ学校では、第1学年から二カ国の外国語の授業が必修として行われる。「ヴァルドルフ教育の特色は、子どもの入学と同時に、すなわち、六、七歳時からフランス語と英語の二つの外国語を学ばせることであります」[190]。周知のように、私たちの思考や世界観はその民族の言語によって形成される。シュタイナーの言語観は、言語が本質的に「民族のポエジー（Volkspoesie）」[191]とも言うべき性質を持ち、第三章で述べたように、言語を「民族精神の表現手段としての言語」ととらえることにある。彼は言語をこのようにみなすが、第1学年から二カ国の外国語の授業が組み入れられるのには二つの理由がある。

その一は、すでに第三章第一節の「シュタイナーの言語観」で述べたように、七歳から一四歳までの時期の子どもが、他の時期に増して言葉により強い関心を示し、言語能力の成長への欲求を強く持つからである。

その二は、子どもの持つ模倣性に働きかけることで、外国語を学ばせることができるからである。シュタイナーによると「学齢期に入り、九、一〇歳の時期に至るまでも、子どもは人生の第一期の特徴をなお身に帯びている」[192]。彼の言う人生の第一期の特徴は、「想像力に満ちた豊かな模倣能力を持っていること」[193]にあり、1年生から外国語を始めれば、この模倣能力に働きかけ、外国語を無理なく学ぶことができるという。それゆえ彼は「したがって、小学校の最初の3学年の間に外国語の教授を逃さずに行うことは、きわめて重要なことです」[194]と述べるのである。

こうした理由に基づいてヴァルドルフ学校では、子どもは第1学年から二カ国の外国語を学ぶのであるが、シュタイナーによればその目的は次の二つにある。

一つは、複数の言語を学ぶことで、バランスのとれた世界観を子どもに身につけさせるということである。シュタイナーによれば、ある民族の言語を学ぶだけでは、子どもが一面的な精神の影響を受けてしまう。これを是正するのに必要なのが複数の外国語の学習である。彼はこのことを一九二三年八月の講演で、「ある言語の特質が人間の本質に及ぼす影響は、別の言語によって均衡を取る必要がある」[195]といった言葉で述べる。外国語を学ぶことは、「新しいイメージ、新しい感情のニュアンス、新しい考え方を身につけること」[196]であり、単なるコミュニケーションを目的とするものではない。違った考え方、ものの見方を学び、異なった世界観を習得させ、バランスのとれた精神の保持を目的とするのである。

もう一つの目的は、将来子どもが、必要とするものを与えてやること[197]、すなわち外国語を身につけることによって、学校を卒業した後、国家的・法的な生活、経済的・職業的な生活、および精神的な生活（学問、芸術、宗教・道徳などの生活）の三つの領域で充実した生活を享受できるようになることにある。

こうした目的に基づいて行われる外国語教育は、いくつかの方法原則を満たして行われたとき初めて達成されるという。そのうちの一つは、常に芸術的な体験をともなって言葉の学びを行うことである。外国語の授業は、歌を歌ったり、詩を全員でリズミカルに口ずさんだりすることから始まる。踏韻、リズム、響きのよさ、リフレインなどによって、子どもの感受性に働きかけ、言葉の持つ美しさを感じとらせることができる[198]からである。また、子どもが「言葉のさまざまな音声的表現力を感じとるようにする」[199]ために、しばしば寸劇や演劇が取り入れられる。ヴァルドルフ学校では、外国語の授業においても演劇が用いられることが多い。寸劇や演劇では、単に会話能力のみならず、その言語が持っている特有のリズムやニュアンスなどを重視した表現の育成も行われる。外国語劇の中では、生徒が完全に役と結びつき、そして多くの例文をセリフの中で学習することによって、単語を自分のものにし、さまざまな構文に慣れるようになる。

第3学年までは、決して文字・文章を読んだり書くことはせず、話し方、会話を中心とした授業が行われる。シュタイナーは一九一九年九月の講演で言う。「この年齢（九歳まで、筆者注）の外国語の学習はもっぱら会話練習でなければなりません。外国語でどのように話すのかを子どもたちに学ばせるのです」[200]。演劇は、「話すこと」を満たす活動である。たとえば第1学年で演じるのは、次のようなものである。

『ジャックとジルは丘へ行く』[201]

Every morning, at eight o'clock
We can hear the postman knock:
Knock, knock, knock,
Knock, knock, knock,
Here comes the postman,
Knock, knock, knock,

"Good morning, Mr. Postman,

毎朝八時
郵便屋さんがノックする音が聞こえます。
コンコンコン、
コンコンコン、
郵便屋さんが来ました、
コンコンコン、

"こんにちは、郵便屋さん、

Tell me, tell me true,
Have you any letters
For number twenty-two?”

“Yes, I have: One for your father,
Three for your mother,
One for your sister,
Two for your brother.
Seven altogether for number twenty-two.”

“Thank you, Mr. Postman.
That’s very kind of you.”

教えてください、
二二番地の手紙はありますか？〃

〝ええ、あります。一通は、あなたのお父さん宛に、
三通はお母さん宛てに、
一通はお姉さん宛てに
二通はお兄さん宛てです。
二二番地は、全部あわせて七通です。〃

〝ありがとう、郵便屋さん。
親切にどうもありがとう。〃

クラスの半数が郵便屋のセリフを言い、あとの半数は受取人を演じたり、さらに役割を交代して演じたりする。もちろんそこではドアをノックしたり、手紙を差し出したりする動作をともなう。これは、シュタイナーの「外国語の時間には、意志の要素、運動の要素を活発に働かせるのです」[202]との見方に基づいている。さらに彼は、「生徒がさまざまな言語による表現力を身につけることは、教育的にとてもよい結果を生じさせます」[203]と述べる。そこでは生徒が、完全に役と結びつき、そして多くの例文を学習することによって、外国語を流暢

に話す力の向上がしばしば見てとれる[204]。それだけではない。演劇活動を行う中で、他の民族の性質（特性）を理解し、その民族の人の身になって考え、そのように感じ、そのように思考し、そしてついには「――たとえ週にわずかな時間でも――その民族のようになる」[205]ことを可能にする。これは、「外国語の授業の核心」と言われている[206]。

5　オイリュトミー

演劇は、身体全体を使った活動である。とりわけ低学年の演劇では（個々の）セリフが少ない代わりに、動きや踊りが多く取り入れられる。シュタイナーにあっては動きや踊り、すなわち身体運動は身体の育成と同時に魂の発達、さらには霊性の発展にも寄与するものでなくてはならない。そのためには、身体運動を、生理学の立場からではなく、魂および霊を重視する人智学の視点から基礎づけ、とらえることが重要となる。

では演劇活動の中で、身体の育成と同時に魂の発達、さらには霊性の発展にも寄与する身体活動とはどのようなものなのだろうか。その一つがすでに触れた「オイリュトミー（Eurythmie）」と呼ばれる身体活動である。オイリュトミーは、芸術的に構成された身体運動であり、単なるパントマイムでも舞踊でもない。それは端的に言えば、舞踊、芸術的な身体運動の一種であり、「合法則的な運動の形態によって音と響の質（Ton- und Lautqualität）を表現しようとする全く新しい芸術様式」[207]、または「言葉と音楽の特質を身振りによって表現する新しい運動芸術」[208]とされ、ヴァルドルフ学校独自の教科の一つとして位置づけられている。オイリュトミーは独立した科目であり、教育内容の重要な領域の一つとされる[209]。オイリュトミーそれ自体は、本来、「芸術」として生まれ成立したものであるが、これを子どもに行わせると、子どもの成長・発達に多大な力を発揮するという。つまり、オイリュトミーは、「教授学的・教育学的な側面」[210]を持ち、「重要な教育手段」[211]になりうるのである。それゆえ、オイリュトミーは、第1学年から第12学年に至るまで、教育の重要な柱として位置づけられている。

オイリュトミーは単独で学校の舞台で上演されるほか、しばしばクラス劇にも取り入れられる。劇中での動きや踊りは、オイリュトミーのかたちで取り入れられることも多い。「ヴァルドルフ学校のオイリュトミー授業は、きわめて多彩です。まず低学年の最も簡単なリズム運動に始まり、上達した場合には、抒情詩や戯曲や音楽を学校の舞台で上演するようになります」[212]。シュタイナーが「オイリュトミー芸術は未来において、舞台と完全に統合されることになる」[213]あるいは「演劇は、将来的には、オイリュトミー的なものを演劇の一部とみなすことになる」[214]と述べるように、演劇とオイリュトミーには密接な結びつきがある。ミュンヘンで神秘劇が上演されたとき、また、ゲーテの『ファウスト』が舞台で上演されたとき、とくに超感覚的な事象を表現する場面でオイリュトミーが用いられたという。というのは、形式と内容の共鳴が要求される芸術的形態化のプロセスが不可欠である[215]からである。

シュタイナーによれば、オイリュトミーの理解に際して、手足をはじめとする人間の身体のすべての運動を、単に運動生理学的な視点からではなく、魂的・霊的な視点からとらえることが重要である。この視点に立って人間の身体運動を考察すると、ある注目すべき側面が見てとれるという。すなわち、身体運動が人間の内面を表現するという側面である。「人間の身体的活動は、魂的・霊的には意志から現れるものであり、人間の運動機構における意志衝動の流露です」[216]。教師は、身体運動の持つ表現性を重視しなくてはならない。というのは、身体運動による表現が、それを行う当の人間の身体・魂・霊の全体を成長させ、発達させるからである。

一般的には、手足をはじめ身体全体を用いた身体運動は、生理学的視点で筋肉や骨格の発達・活動を考慮して構成される。しかし、シュタイナーによると、このようにして構成される身体運動は、内面の表現としての身体運動にはなりえない。そのためには「芸術」の視点が必要なのである。この芸術の視点から身体運動を構成するとき、その運動は、人間を高め成長させる身体運動になりうるという。シュタイナーによれば、この芸術の視点で構成された身体運動が、「オイリュトミー」である。シュタイナーは、オイリュトミーを通常の体育と対照をなすものととらえた。彼はオイリュトミーと体育の相違点を次のようにみる。

「通常の体育では、子どもを自己の回りの空間に身を委ねさせるのに対して、オイリュトミーでは、子どもに自己の存在を外に向かって表現させ、身体機構そのものが要求するがままの運動をさせるのでありますゝ。自己の内面を外面的な動きとして表現させること、これこそオイリュトミーの本質であり、自己と外界を結合すべく自己の回りの空間をその身体で満たすこと、これが通常の体育の本質であります」[217]。

また、オイリュトミーは、人間の内面の体験ときわめて深い関係を持つ言語および歌唱の本質を、身体の運動によって眼に見えるかたちで表現したものでもある。シュタイナーによれば、このような眼に見えない言語の奥底に存する人間の魂の根源的な体験を、眼に見える身体運動によって芸術的に表現するものが、オイリュトミーに他ならない。オイリュトミーが「眼に見える言語」[218]と呼ばれるのは、それがこのような表現性を持つものだからである。

「オイリュトミーは目に見える言葉であり、人間がみずから、あるいはグループでおこなう動きを通して、ふだんは言語を通して示現するものを開示します。……言語が内的体験を音に移すように、内的な体験と外的な体験は、法則的な動きのなかでイメージに移行します。それがオイリュトミーなのです」[219]

オイリュトミーを行う人間は、声や音をその性格に沿って造形してゆく際、話したり歌ったり、あるいは聞いたりしている間に、感覚的には知覚しえないような形で生じてくるものを可視化させる[220]。シュタイナーはこのことを、「オイリュトミーはこころを直接表現します」[221]あるいは「手足に満ちていた生命の力が、［オイリュトミーによって］生体内に現実の経過として蘇ります」[222]と表現している。

「言葉がもはやまったく考慮されないのが舞踏です。魂が自分の外に出て、ただ肉体の意志に従って踊る、勝手きままな身ぶりです。その中間に、真に見える言葉としてのオイリュトミーがあります。オイリュトミーは単に暗示的な身ぶりでもなく、放恣《ほうし》な身ぶりでもなく、言葉が表現豊かに身ぶりとなったものなのです。言葉は空気の身ぶりにほかなりません。言葉を発するとき、私たちは空気をある身振りに圧搾しているのです。感覚的・超感覚的に見ることのできる人は、人間の口から作り出されるものが空気の中で身ぶりに形成され、言葉となるのを見ます。このことを模写して、表現豊かな可視的な身ぶりにすると、オイリュトミーが生まれます。言葉を発すると、空気の動きの中に思考をこめることができ、波動がその動きの中を進むことによって、言葉が人々の耳に達します」[223]

シュタイナー研究者R・マルクスによれば、オイリュトミーは子どもの言語活動、身体活動を、互いに補い合わせ、調和させ、浸透させる[224]。彼は次のように述べる。「オイリュトミーでは、身体的な動き（Leibliche Bewegung）と魂的な感情（Seelische Empfindung）が、直接、言葉（Sprache）と音楽（Musik）とともに結びつく」[225]。演劇においても、オイリュトミーは人間の内面や感情を眼に見える形で表現し、同時に言葉を補い、また言葉と動きを調和させる重要な役割を担う。「オイリュトミーは言葉に活気を与える。この芸術（オイリュトミー、筆者注）は、一方ではオイリュトミーが音声と言語の身ぶりを空間、そして動態的形態にまで持っていき、他方で、オイリュトミーの客観的な規則性が、超感覚的な事実に明瞭な形態を与えるため、とくにふさわしいように思われる」[226]。さらに「言葉をオイリュトミーの身ぶりで表現するとき、それは、肉体と魂のすべてを必要とする運動になる」[227]とされ、ヴァルドルフ教育の究極の目標でもある、子どもの身体、魂および霊の全体を、調和的に育成することをも考慮に入れるのである。

第四節　中学年（第４学年〜第７学年）の演劇教育

1　九歳頃から一二歳頃までの子どもの本性と演劇および配役、教育的意義

シュタイナーによれば、九歳頃には、ある変化が現れる。すなわち「自意識」[228]の著しい発達であり、自己と外界を明確に分離する力の成長である。「子どもの自己意識は九歳になるとなると深まり、そして強まります。……子どもは今まで以上に意識的になります」[229]。シュタイナーによると、九歳頃の自意識の成長は、自意識の出現ではなく、むしろその強化あるいは深化としてとらえられる[230]。

では自意識の深化あるいは強化とは、具体的にはいかなることを意味するのか。それは、子どもの外的な世界に対するかかわり方の変化を意味する。すでに述べたように、シュタイナーによれば、子どもは九歳以前には周囲のものと融合した状態にあり[231]、自己を私（Ich）として周囲のものから区別することがうまくできない[232]。しかし、九歳頃から、子どもは自己を外界・周囲の事物から明瞭に分離して理解するようになる。「人間は九、一〇歳時に、意識一般から自己についての意識へと進むのであり、自己を世界と区分し始めるのであります」[233]。それゆえ、この時期からは、演劇においても、自己をより強く意識した演技ができるようになる。「4年、5年、6年生――子どもが九歳から一〇歳あたりになると、微妙な節目をむかえて、内的な魂の生活を広げ、また深めていくことになる。子どもは以前よりもいくらか周囲に距離をおき、自立し自分というものを意識するようになる。だから、4年生以上になると、ある登場人物の役を少しは自分にひきつけて演じることが可能になる」[234]。

グラーフによれば、子どもは、周りの世界との距離ができ、自意識が芽生えるこの時期に特有の悩みや困難を抱える[235]という。

第6学年クラス劇：W. モーツァルト作『魔笛』

その悩みや困難とは、彼女によれば、たとえば自分が一体なぜ生まれてきたのか、なぜ兄弟がいつも意地悪ばかりするのか、なぜ兄は遊んでくれないのか、あるいは自分の一番親しい友だちが別の子と遊ぶようになった、などである。演劇は、子どもが抱えるこうした悩みや困難から離れることに役立つという。たとえば、陽気な靴屋さんの役を演じると、靴屋さんを演じることが楽しくて、自分の困難や悩みを忘れることができるという[236]。役を演じるときには、その登場人物が行動するように振る舞うが、そのためには自分を忘れなければならない。他人を演じる際に、自分から離れて、別の人間になりきるので、役が自分を助けてくれるのである。グラーフによれば、そのことによって、他人にも悩みや困難があることがわかるので、自分自身に戻ってみると、悩みや困難が少し軽くなるという[237]。

ところで、自意識が発達し、子どもが自己を外界から分離して自己と周囲のものとを明瞭に区別し始めるということは、言い換えると、子どもが対象を、その中に没頭する仕方ではなく、これをつき放しそれとの間に一定の距離をおいて客観的に見ようとする態度、つまり「知的」な態度の出現を意味する。この「知的」な態度は、青年期ほど明確なかたちではないにせよ、「自分自身についてよく考えること」[238]に向かうようになるのである。「この時期になりますと、子どもは世界についてのみならず、自己についても幾分考える地平に到達します」[239]。シュタイナーによれば、この頃から子どもは自分が語る言葉についても省察できるようになる[240]。

このように、自己を外界・周囲の事物から明瞭に分離して理解する姿勢が出現し、同時に「自我」あるいは「自意識」が著しく成長し始める九歳以降の子どもの本性を考慮し、ヴァルドルフ学校の演劇活動では、第４学年頃から一人一人に個々の役が与えられるようになる。というのは、自分と外界を区別することが可能になって初めて、自分とは違う他人の人生を演じることもできるようになるからである。グラーフは次のように述べる。

「4年生になると、一人か二人の子どもが主役になり、一人でセリフを言うこともあります。そして5年生になると、合唱で演じる部分もありますが、上手にできて、やりたいという子が本格的な役を演じることになります」[241]。配役は教育学的な観点から行われるが、子どもは役を演じることを通して、自分に欠けていることを学ぶ[242]。たとえば用心深い子どもは大胆になるように、思いあがった子どもは慎重になるように、意志の弱い子どもは根気を養うように、頑固な子どもは順応性を身につけるように、といった具合である[243]。

この時期の子どもにとって、演じることの教育的な意味は次のように述べられている。

「彼らは偉大な人物、壮大な場面に授業の中で出会い、感動する。そうしたら時々、それらの人物、それらの場面を自分たち自身で演じさせてみるのだ。自分の心とからだで追体験させるのだ。心をあつくし、生命をわきたたせるような人物、場面、そしてリズムのあることばで語られるセリフ。子どもたちの想像力、登場人物への崇拝と没入。それによって人物と一体化して行為し、愛し、悩むことができる。すると子どもの感情は繊細に、豊かに、そしてまた強固になる。次の成長段階で開花する、生き生きした思考と責任感ある意志とのための土壌づくりを私たちは中級学年で、このようにしておこなっておくのだ」[244]。

演劇を通じて、子どもたちに心の動きを表現させることは、子どもの最も深い内的欲求を自由にのばすことを意味している[245]という。

こうした子どもの変化が反映されるのは、役との取り組みだけではない。低学年においては、演劇はあくまで季節の行事の一環であったり、月例祭等における外国語や他の授業の成果の演劇的表現であったりする。低学年での演劇は、「まだ演劇本来の要素(Dramatisches Element)を含んでいない」[246]ため、ホールや舞台を使ったはっきりとした上演形態はとらない。

しかし、中学年では、舞台上で本格的な演劇上演が行われるようになる。そこでは、月例祭での学習発表会的な舞台発表ではなく、子どもたちの個性に応じて個々の役が与えられ、観客を前にした単独の演劇上演が行われるようになる。台本やセリフが用いられ、舞台装置、音楽、照明をともない、練習過程も重視される。こうしたことの意義は次のように説明されている。「(舞台の上だけではなく、装置や衣装を製作するときも同様ですが、)いろいろな困難に直面することは全体を保つことへの大きな試練でもあり、また共同で助け合っていく人生への良き経験にもなります」[247]。また、役割分担を行い、一人一人がそれぞれの役割に責任を持って取り組むことも要求される。「舞台転換も子どもたちのうちの何人かによって引き継がれた。このようにして子どもたちは、責任ある上演に次第に慣れてきた」[248]。

2　題　材

シュタイナーによれば、九歳頃を境に、子どもは童話的な空想の世界から現実の世界に徐々に接近していくようになる。このことを考慮して第3学年では劇の内容として旧約聖書が用いられるが、中でも「ヨブ記」など人間の現実の姿が描かれた箇所がしばしば使用される[249]。さらに、第4学年や第5学年では、人間の生きざまや社会の姿を伝説や神話のかたちで描いたゲルマン英雄伝や、トロヤ戦争を扱った『イーリアス(*Ilias*)』などの伝説・神話劇が用いられる[250]。

低学年同様、中学年の演劇でも、演劇作品の題材が、日々の授業内容と密接に結びついている。その多くは、歴史や地理や国語の授業であるが、たとえば第４学年では、古代文化、ギリシャ・ローマ文化（ローマ時代は、神話から抜け出し、現実世界でのいわゆる実用文化の時代とみなされる[251]）、北欧ゲルマン神話、インド文化、ペルシャ文化などを学び、そこから物語の題材を得るようになる。たとえば第三章で取り上げた、北方神ヴィーラントを扱った『鍛冶屋のヴィーラント』などの作品が上演される。第５学年になると、エポック授業で扱われる関係から、ヨーロッパの中世から題材を得ることも多い。第６学年では、ワーグナーの楽劇の素材となった『アーサー王伝説』（アーサー王またはアルトゥス王：五世紀末から六世紀にかけて、英国を統治したと言われるケルト民族の伝説的な王）や、ヨーロッパの近代史の一場面から、第７学年では地球上の人類に関するテーマ、第８学年はドイツ、フランス、イギリスなどの民族に関するテーマからそれぞれの題材を得るようになる[252]。このような授業内容と関連して、第４、５、６学年では、伝説や神話劇、すなわちギリシャ神話劇や、騎士物語、ゲルマン英雄伝説を扱った劇が取り上げられることも多い。その理由は次のように述べられている。

「歴史は伝説からはじまる。歴史の授業も、同じように伝説からはじめなくてはならない。……伝説の世界は、子どもが歴史の世界に入っていくときに通るべき入り口の門である。伝説は……子どもの心を強くとらえ、歴史に対する興味と愛情をよびおこす。これは適切な時期になされるべきで、その時期がちょうど九歳から一〇歳の年齢にあたる」[253]。

第７学年の歴史の授業ではコロンブスを扱うが、コロンブスが航海の末、アメリカ大陸を発見する歴史的背景などから一つのドラマを作り上げ、『コロンブス（*Columbus*）』という作品を上演する。T・M・ケラーは、次の

第7学年クラス劇：『コロンブス』（左端は筆者）

第7学年クラス劇『コロンブス』オープニングのオーケストラ演奏。
この後出演するため、全員、衣装を着ている（右から3番目は筆者）

ように言う。「演劇を行うことは、常に授業を補足する」[254]。しかし、演劇は授業の補足や強化に役立つだけではない。シュタイナーによれば、人間のドラマをもとに成り立つ演劇が、他の教科で学んだことをより深め、豊かにし、定着させる働きを持つ。

「私たちが人間以外の事柄について、自然現象について、子どもと話し合うときには、子どもは教えられた事柄を忘れる傾向を常に持っています。これに反して、人間に結びつけ、人間のなかの対応する現象について話すことができれば、その話は忘れられぬ印象を与えるのです。しかし特に子どもの場合には、感情と結びついていなければ、いくら人間に関係づけたとしても、生き生きと思い出せるものにはなりません。……世界中の事物を人間に関連づけるときには、常にそれを感情体験にすることが大切なのです。……その事柄を人間のドラマと結びつけますと、子どもにとっては忘れられないものになります」[255]。

第４、５、６学年でしばしば上演されるギリシャ劇について述べよう。西欧文学の礎であるギリシャ神話は、天地創造から始まり、神々の暗闘、人間の誕生、自然災害、さまざまな戦い、建国、民族間の争いや融和、離別や家庭内の諸問題に至るまで、あるときは雄大なスケールで、またあるときは心の琴線に触れる細やかさで、すべてはあるがままの率直さで、人間の所業が語り尽くされている。ギリシャ神話は究極の人間の物語であって、人間の心理についての透徹した洞察力とともに、大胆かつ普遍性に富んだ人間描写が大きな特徴である[256]。それゆえギリシャ劇は、空想・ファンタジーの世界から卒業して、人間や現実の世界に向き合い始めた九歳頃以降の時期の子どもにふさわしい作品として、しばしば取り上げられる。ウィーンのヴァルドルフ学校でしばしば上演される、ギリシャ神話劇『テセウス（Theseus）』は、英雄テセウスが、クレタ島の迷宮で、怪物ミノタウルスを退治する冒険談であるが、シュタイナーは、ギリシャ神話劇について次のような見方を示す。「ギリシャ人は、演劇の中に、未来を創造するための力を見た」[257]。シュタイナーによれば、子どもはギリシャ神話劇を演じることによって「個人的、人間的なものを超えてそびえるもの」[258]、つまり人智を超えた運命や宿命を体験するのである。

第五節　第8学年の演劇教育

1　一二歳頃から一四歳頃までの子どもの本性と演劇

シュタイナーによれば、九歳に次いで注目すべき年齢・時期は、一二歳頃である。この一二歳頃に現れる特有の能力・傾向とは、端的に言えば、子どもが事物を以前よりはるかに知的・科学的に理解するようになることを言う。シュタイナーは、一二歳頃に現れる子どもの知的発達を、それ以前のリズムや感情の発達と対照しつつ、次のように述べている。「一二歳になると、子どもはもはや単にリズムや拍子において生きようとするのではなく、リズム感情や拍子感情を抽象的・知的なもの（Abstrakt-Gedankliches）にしようとし始めます……」[259]。

一二歳頃の子どもが外界・対象を知的・科学的に理解できるようになるとは、具体的にどういうことであろうか。それはシュタイナーによれば、子どものうちに「因果関係に関する感情（Kausalitätsgefühl）」が目立って現れることである。詳述すれば、事物を原因と結果の関係で知的に理解する力のことを言う。シュタイナーによれば、子どものうちで七歳頃を過ぎると、この力は思考力の成長とともに徐々に発達するが、とりわけ一二歳頃に際立った変化の様相で成長する。このことは、子どもが事物をこの年齢以前よりも、ずっと知的・科学的に理解できるようになることを意味する。

ヴァルドルフ学校では、「この年齢段階から起こる子どもの因果関係への欲求そのものを満たすことを、とりわけ重視する」[260]とのシュタイナーによる見方をもとに、因果関係の原理で貫かれる物理、化学、鉱物などの科目が導入され、また地理や歴史などの科目が、第５学年以降に組み込まれるが、演劇もこうした見方のもとで行われる。すなわち、中学年の第６学年や第７学年では、『ローマの建設 (*Die Gründung Roms*)』といった歴史劇や、『コロンブス』などの地理劇が行われるのである[261]。中学年の演劇教育で特徴的なのは、低学年同様、演劇の題材・内容が、エポック授業の内容と密接に結びついていることである。前述の『コロンブス』の例で言えば、一方では子どもたちは、地理のエポックでコロンブスのアメリカ大陸発見について学び、他方その学びを生かしつつ『コロンブス』の劇を作り上げていくのである。

シュタイナーによれば、一二歳頃から一四歳頃までの教育の目標の一つが、以上で述べた子どもの特性から導き出される。知的な能力、つまり思考力や判断力を著しく発達させ、活発に活動させせようとするのが、この時期の子どもの本性の欲求であるがゆえに、教師は、この本性の欲求を十分に満たすこと、すなわち思考力や判断力を含む知的な能力を発達・育成することを、この時期の教育目標の一つとして教育に従事しなければならない。思考力は具体的には事物を因果関係において理解するというかたちで活動し、したがって一二歳頃の子どもの教育の目標の一つは、子どもを因果関係の理解に導くことにある、と言うこともできる。

さて、児童期の中でも一三歳、一四歳頃に位置づく第８学年に焦点を当て、より詳細にシュタイナーによるこの時期における子どもの本性に関する見方を明らかにし、これとの関係で演劇について述べたい。

2　第8学年で演劇を重視する理由、および一三歳頃から一四歳頃までの子どもの本性としての演劇への欲求

第8学年における大規模な演劇上演は、第1学年のときから毎年積み重ねられてきた演劇活動との関係で、「劇文化のクライマックス（Krönung einer Spielkultur）」[262]と呼ばれ、多くの生徒にとって学校時代の最もすばらしい体験として思い出に残る[263]、という。ではなぜヴァルドルフ学校の第8学年では、こうした大規模な演劇が上演され、重視されるのだろうか。それは単に、第8学年が、ヴァルドルフ学校における一つの節目だからという理由だけではない。

シュタイナーは「演劇は思春期（Geschlechtsreife）とともに、学校教育に登場すべきである」[264]と述べ、第8学年を含む思春期において演劇が行われることの重要性を強調する。このことを示すために、彼はヴァルドルフ学校に通う一三歳のある少年のあの言葉を記す。この少年は、ある日、シュタイナーのところに来て言った。「僕たちは今、シェイクスピアの『ジュリアス・シーザー』を読んでいるのですが、この『ジュリアス・シーザー』を上演したいのです」[265]。

この少年の言葉には『ジュリアス・シーザー』を「読む」だけでは飽き足らない、深い欲求が見え隠れする。この欲求こそが、「演劇」への欲求である。この演劇への欲求を、シュタイナーは「演劇的な内的欲求（Dramatische innere Forderung）」[266]と表現する。この少年は『ジュリアス・シーザー』のセリフを読んでいるうちに、読むだけでなく演じたいという衝動に駆られたのである。演じたいとは、実際身体を動かし、そのセリフを音声として味わいたいという欲求はもとより、ジュリアス・シーザー、あるいはシーザーにかかわる登場人物になりきって、喜び、楽しみ、悲しみ、怒り、夢、希望など、さまざまな感情・意志を追体験したい、という欲求である。ヴァ

ルドルフ学校では、こうした子どもの持つ内的な欲求、すなわち演劇への欲求を尊重するがゆえに、その欲求を満たすべく演劇教育を重視する。

シュタイナーは、「一四、一五歳という年齢は、子どもの成長にとって特別な時期である」[267]と述べるが、第８学年において演劇が必要とされ、重視される理由は彼の次のような言葉に基づいている。

「何か叙事詩的なものが子どもに向かってくるが――ある子には少し早く、またある子には遅く――そのことをある特定の瞬間、すなわちおよそ一二歳頃に見てとることができる。既に性的成熟が近づいているのなら、子どもは演劇的なものに感じやすくなる。するとその子どもの中で演劇に対する欲求が目覚め、そしてこのことは、その子どもの発達を見てとることができるとき、明らかになる」[268]。

シュタイナーのこの言葉を補足するかのように、ヴァルドルフ学校の教師は、この時期の子どもを次のように言い表す。「生徒たちは、魂の発達において徐々に成熟し、演劇を体験するが、思春期（Pubertät）においてますます演劇を理解する」[269]。シュタイナーは、「子どもは一二歳以降、演劇的要素へ進み、成長する」[270]と述べ、演劇の持つ力が、この時期以降の子どもに対してこれまでよりもいっそう強く作用する、と見る。ところで、この時期の子どもの「演劇に対する欲求」は、単に演じることへの欲求と解されてはならない。シュタイナーによれば、それは深い、根本的な欲求に支えられており、おおむね次の三つに分けられる。

一つ目は、人間のあり方、生き方、歴史、社会、政治など、広大な宇宙・世界を探求したいという欲求である。シュタイナーによれば、教師はこうした欲求を満たし、「子どもが性的成熟の年齢（Geschlechtsreifes Lebensalter）

に近づいたら、その子どものうちに、外界に対する大きな興味をよびさまさせることが大切である」[271]とされる。彼は、「教育をとおして、子どもは外界の法則性・経過・原因・作用・意図・目的に目を向けなくてはなりません」[272]と述べ、その重要性を強調してやまない。思春期における広大な世界への関心と探求において忘れてならないのは、「想像力」と自立的な「思考力」である。子どもたちは、この想像力と自立的な思考力を活発に働かせて、広大な世界に関心を向け、その根本の究明に心を躍らせ、人生とは何か、生きることとはいかなることか、自分はいかに生きるべきかについて考え、探求する。

二つ目は、道徳的・倫理的な生き方への関心および探求である。シュタイナーによれば、思春期は、生き方について問い、道徳的な視点で人生を考えようと欲している時期である。道徳性とは、他人への感謝の心を持つことであり、他人を深く信頼し愛の手を差し伸べる心や態度を持つことである。シュタイナーによれば、道徳的・倫理的な人間愛の衝動・感情の発達の阻害は、「利己主義」となって現れるという。

三つ目は、美的・芸術的なものへの関心、欲求である。第9学年以降、新しい科目すなわち美学・芸術学の授業が導入されることにも見てとれるように、思春期以降の子どものうちには、美しいものを美的に感じ、美的に把握しようとする本性が活発に活動しようとする。シュタイナーによると、芸術的な本性が際立って現れるのは児童期であるが、それは思春期以降、深化・拡大のかたちで活発に活動する。思春期以降、思考力が発達するにつれて、子どもたちは、単に子どもとしての自然な遊戯衝動からでなく、自覚的に演劇活動をすることの意味を体験するようになる。舞台美術、光（照明）と音（音楽）の美的作用、衣装、洗練された言葉の表現やリズム、形のあるものに仕上げる感覚など、「総合芸術」である演劇は、子どもの崇高なものや美しいものに対する美的、芸術的な感覚を十分にめざまし育成することに大きく寄与するという。

3　第8学年における演劇

（1）演劇の上演までの準備過程

第８学年は一人の担任による８年間の一貫教育が終わるときでもあり、初・中級段階を終えて上級段階に移る節目にあたる。それゆえ、ヴァルドルフ学校の最終学年である第12学年と同様、一つの大きな区切りであり節目にあたる学年である。こうした節目である第８学年では、演劇上演（Klassenspiel）、修学旅行（Klassenreise）[273]、修了論文[274]（Jahresarbeit）が大きな柱となっており、こうしたことから、第８学年では、学校の大ホールで公開で、大規模な演劇を上演することが必須の教育活動となっている。

第８学年のクラス劇は、第８学年生の学習の「特別な頂点（Besonderer Höhepunkt）」[275]とも言われ、半年以上の準備をかけて上演される。上演の半年以上前から、国語の時間を使って台本の選定が始められ、作品の読み込み、配役などが行われる。演劇上演へ向けての第一歩は、台本を決めることである。第８学年になると台本決めに生徒たちも参加し始める。生徒自身で作品を選ぶことを重視するのは、Ｈ・Ｗ・マスコヴィッツによれば、そうすることによって生徒は熱中するからである[276]。さらに彼は次のように述べる。「重要なのは、生徒たち自身が作品を決めることができるためには、生徒、親、教師のすべての人々が、多大な時間とエネルギーを投入しなければならないということである。もちろんその際、教育者の巧みな導きは不可欠のものであり、生徒たちがふさわしい作品、ふさわしい配役を選んでいるかに注意を払うべきである」[277]。

作品を決めるまでの過程について、シェーナウのヴァルドルフ学校第８学年の担任教師Ｃ・グラースベックは、次のように述べる。「作品選定は、第７学年の終わり頃から始めることもできます。クラスの中の雰囲気を把握して、生徒に案やアイデアがあるかどうかを尋ねてみます。また、生徒たちが自分たちで案を出せるよ

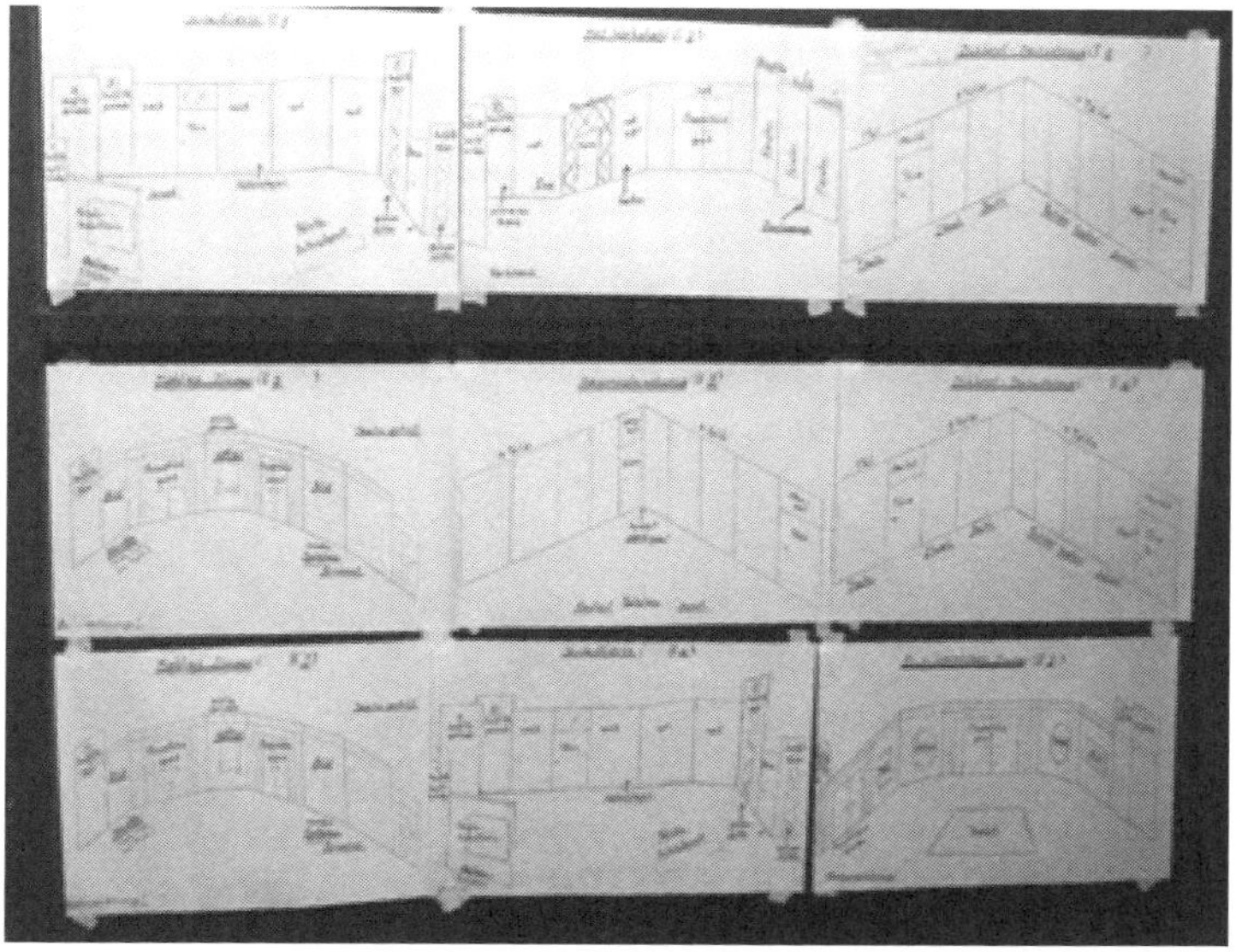

舞台装置図面（第8学年クラス劇：J. ネストロイ作『*Heimlich Geld, heimlich Liebe*』）

舞台仕込み（第8学年クラス劇：J. ネストロイ作『*Heimlich Geld, heimlich Liebe*』）

大道具も生徒たちで作る。（第8学年クラス劇：J．ネストロイ作『*Heimlich Geld, heimlich Liebe*』）

うにします」[278]。しかし、グラースベックは次のように言う。「結局、教師である私も何か案を出さなければならないことに気が付きました。生徒たちが自分たちの力だけでなかなか同意に達することができない、あるいは案に賛成する人が少なすぎるなどといったことに気がついた場合、やはり教師の方からも案を出さなければなりません」[279]。このグラースベックの言葉が示すように、作品の最終決定権は担任教師にある。台本は演劇の土台であるだけに、作品および台本選定は慎重に行われる。内容は、シラーの『ウィリアム・テル（*Wilhelm Tell*）』や、モリエールの『町人貴族（*Der Bürger als Edelmann*）』といった古典の名作が多い。

上演作品が決まると、次は配役である。クラス全員がそれぞれの役を演じる。グ

クラス劇の練習を指導する担任教師（左）と生徒たち（第8学年）

ラースベック、そしてグラーフによれば、教師が独断ですべて進めるのではなく、生徒も配役についての話し合いに参加すること、そして配役は公正でオープンでなければならない。配役はそれぞれの生徒の個性と課題に応じて、ほとんどの場合、最終的には担任教師の考えと判断で決める。「生徒が自分で役を見つけるのが一番よいのですが、途中でやはりその役が合わないことに気がついて変更することもあります。しかし最終的には、それぞれの役がそれぞれの生徒に合っており、それぞれの生徒の能力にふさわしいものとなるよう、私（担任教師、筆者注）が自分で納得のいくように配役します」[280]。

配役は、演劇活動の中でも最も困難な作業の一つである。グラースベックは、その難しさを次のように述べている。「一番難しいのは、役を見つけたり割り当てたりすることです。というのも、この時から早くも社会的な問題が発生するからです。つまり、たとえば主役と副役のある芝居で、二人の生徒が同じ役を希望した場合、その時に発生する社会的な問題（＝人間関係の問題）が、練習期間中ずっと続く場合が多いのです。ですから難しく、非常に微妙な問題であり、私が一番心配していることでもあります」[281]。

できるだけ多くの子どもが主要な役の配役につけるように、そして互いに刺激し合い、切磋琢磨できるように、ダブルキャスト（Doppelbesetzung）が組まれることも多い[282]。

配役が終わると実際の立ち稽古に入るまで、読み合わせが行われ、台本を読み込む作業に入る。これは国語（ドイツ語）の授業の中で行われることも多い。さらに子どもは台本のセリフを暗記して、立ち稽古に入る。

クラス劇の練習は、教師の指導・主導で行われる。日本のように生徒の自主性に任せるという名目のもと、生徒に何か大きなことを決めさせせたり、話し合わせたりすることはない。こうしたやり方は児童期の子どもの本性に宿る、既述の「権威感情」に基づいている。シュタイナーによれば、この時期の子どもは、なお教師に従いながらも、判断能力が成長する。とはいえいまだそれも完全ではない[283]。第８学年における教師と生徒の関係は、上級学年におけるまったく新しい次元で発展する関係への過渡期である[284]。こうした子どもの本性を考慮するがゆえに、第８学年の演劇上演の過程では、子どもの自立的な判断に委ねる場合と、教師の主導で行われる場合とが混在するのである。

立ち稽古に入ると、毎日二、三時間は練習に時間が費やされ、担任教師は、生徒たちの立ち位置、動き、間の取り方等、細かく指導していく。練習は約六カ月間をかけて、補習時間や午後の授業時間をあてて行われる。上演二カ月前からは、上演に向けての練習や準備のための時間が、一日の授業時間の半分以上を占める[285]。演劇には歌や踊りがふんだんに取り入れられ、子どもたち自らフルートやヴァイオリンなどの楽器を演奏し、賛助出演として参加する他学年の生徒とともに、オーケストラを組織することもある。

演劇上演までの準備でさらに必要なことは、舞台装置、音響、照明、衣装、小道具などである。舞台装置や衣装、小道具は生徒たちの手作りであり、子どもたちは、自分の出番のない時間は、大道具作りや色塗り、あるいは自分の衣装を縫ったりする。ここでは生徒は、教師の直接的な指導から離れて、自主的、主体的にさまざまな活動に従事することができる。

すでに述べたように、シュタイナーによれば、一二歳頃から一四歳頃までの教育の目標の一つは、子どもの知的な能力、つまり思考力や判断力の育成である。この時期の子どもたちの演劇活動では、この教育目標が次のようなかたちで考慮される。すなわち第7、8学年以前の演劇活動で、担任教師が台本選びから、配役、演出まですべて行っていたのとは異なって、生徒にも多くの判断や役割が任されるのである。ウィーン・マウアーのヴァルドルフ学校卒業生A・ブラウンは次のように述べている。「第8学年の演劇では多くのことに共同参加し、自分たちの考えを持ち込み、準備、実行することが許されました」[286]。演劇上演の過程においては、自主的かつ能動的に参加することが要求され、主体的な態度や創意工夫が重要である。セリフを覚えたり、立ち稽古だけではなく、音楽、照明、衣装、小道具などさまざまな活動が必要とされ、普段の学校生活では自分を発揮できない子どもも、それらを通して自分をアピールできる可能性が大きい。こうしたさまざまな準備と練習期間を経て、第8学年の演劇は上演を迎える。観客は第1学年から第12学年までの児童、生徒、保護者、ヴァルドルフ学校に関係する教職員、OBその他であり、学校内の大ホールで二日間、それぞれ三時間前後にわたって、二度公開上演される。

このようにクラス劇では、演劇上演の準備や過程がとくに重視される。「準備はすべてのエネルギーを必要とする」[287]と言われるように、演劇が持つ教育的な力は、演劇の上演と言うよりはむしろその過程、すなわち上演に向けての練習や準備の過程において、その力を最大限発揮すると考えられているからである。演劇上演の準備の過程で、練習を繰り返すことによって全身で追体験したことは、子どもの心や感情にしみ込み、単なる断片的な知識とは異なって、その子ども自身の内面に深く息づいていく。それゆえ準備や練習は、長い期間をかけてじっくりと行われる。

(2) 演劇と意志

ここで、セリフを暗記することの意味について言及したシュタイナーの見方について触れたい。

シュタイナーによれば、暗記、暗唱は、子どもが学んだ内容を「こころ」から「からだ」へ導き入れることを意味する[288]。彼は暗記、暗唱について次のように述べる。

「七歳から一四歳までの子どもは、一四歳以降に概念的に理解することになる事柄を、記憶力の育成を目的として学んでおくべきなのです。そして一四歳以降になって、子どもはようやく概念的な理解を身につけるべきなのです。つまり子どもにとっては七歳から一四歳までのあいだに、まず純粋に記憶力によって身につけておいた事柄を、一四歳以降に概念を通して把握するのがもっとも効果的です」[289]。

つまり、子どもには蓄積された記憶の宝庫をもとに概念的な理解をさせるべきであり、子どもが概念的に理解する前に記憶している事柄が多ければ多いほどよい[290]、ということである。

「人生にとって必要なのは、意味を追求するだけでなく、リズム、拍子、メロディ、色の調和、繰り返し、あるいはそもそも意味のない活動などを体験できるようにすることなのです。子どもに、とてもその年では理解できないような文章を、何度でも繰り返して、丸暗記するように促す時、もちろん皆さんは子どもの理解力には働きかけません。皆さんは意味を問題にしていません。意味はあとになれば明らかになるはずなのです。けれどもそうすることは、子どもの意志に働きかけます。ですからそうすべきですし、そうせざるを得ないのです。そして皆さんは他方では、抽象的な意味形式にも子どもを近づけなければなりません。初め子どもがその意味を理解しなくても、将来いつかは理解するはずだからです。子どもがひとつの意味形式を繰り返し受け取りますと、あとになってそれを思い出すこともできるし、魂がふさわしい成熟を遂げれば、それまで理解できなかったそのことばが突然理解できるようになるのです。そのような時、子どもの意志は力づけを得ます。そしてそれと共に、感情も特別よい刺激を受けるのです。……このことは〈教育の極意〉のひとつです」[291]。

さらに彼は次のように述べる。

「一度受け取ったものを心の奥にしまっておき、しばらくたってからそれを再び意識に取りもどす時に、初めてその事柄は生き生きとしたものになります。特に七歳から一四歳までの子どもの教育にとって、このことは非常に重要です。この時期の子どもたちは、後になって初めて理解できるような非常に多くのことを、魂の中に沈めることができます」[292]。

セリフの暗記、暗唱は、もっぱら繰り返しの行為を通して身体に入っていくものである。繰り返しは、暗記、暗唱だけではない。演劇の練習自体、日々繰り返され、約三カ月に及ぶことも少なくない。つまり演劇の練習過程は、繰り返し・反復をその本質に持つ。「困難と障害を克服しなければならないときに、喜びを持って繰り返し何かを練習すること以上に、よりよい意志の訓練はない」[293]とされるように、シュタイナーは、この繰り返しの行為が子どもの意志を強め、高めると見る。

「子どもたちの行為は、習慣にまで高められなければなりません。それが無意識な習慣であればあるほど、感情の発達によい効果をおよぼします。子どもが帰依する心をもって繰り返して行為し、その行為を意識化するようになればなるほど、この繰り返しの行為は、意志の衝動(Willensimpuls)にまで高まっていきます。無意識の繰り返しは感情を育成し、十分に意識化された繰り返しは意志の衝動を育成します。決断力は意識的に繰り返すことによって高められるのです。子どもの潜在意識に内在している決断力に刺激を与えるのは、意識的に何かを繰り返させるときなのです」[294]。

それゆえ、彼は演劇を「演劇は、純粋なる意志の芸術である(Schauspiel ist reine Willenskunst)」[295]ととらえるのである。さらに彼は、芸術的な活動が意志の育成をうながし、意志の育成が知的能力の成長・発達につながると見て、次のように述べる。「可能な限り、意志によって知性を目覚めさせるのが正しい方法です。それは、芸術的なものから知的な教育へと移行するときにのみ可能なことです」[296]。

(3) 衣　装

クラス劇を支える重要な要素の一つに、衣装（Kostüm）が挙げられる。ヤフケによれば、「衣装を着ることで、ある決められた役になりきることが可能となる」[297]からである。ヴァルドルフ学校では、舞台衣装をあり合わせのものや既製品で済ますことは決してしない。衣服、帽子、靴に至るまで本格的に準備する。これは第８学年のみならず、ヴァルドルフ学校のすべての学年のクラス劇に共通することである。

とりわけ第８学年のクラス劇では、ヴァルドルフ学校の教師が述べるように、「生徒たちは衣装製作に夢中になり、しばしばエネルギッシュにやり遂げようとする」[298]。彼らは、半年近くをかけて、家庭科の時間の中で自分の衣装を自ら製作する。ここでは家庭科の教師、そしてしばしば子どもたちの母親も協力し、教師、生徒、保護者が一体となって共同で作業を進める。このように衣装が大切にされるのは、シュタイナーが「衣装の中にはその人の人格が息づく」[299]と述べるように、彼やこの学校の教師が、演劇において衣装が果たす役割を重視しているからである。彼は次のように述べる。

「舞台においては、色彩（Farbe）の世界へとなじみ親しむような演出を必要とする。登場人物の衣装も、舞台美術と同様、考慮される。というのも観客が言葉として聞くもの、身振りとして見るものは、俳優の衣装や造形的・絵画的な舞台装置と一体と化していなければならないからである」[300]。

「衣装を担当する人間は作品とともに生きなければならない」[301]と言われるように、衣装製作では主に次のようなことを考慮に入れつつ、作業が進められる。その一は、作品の「時代考証」である。時代考証とは具体的に言えば、歴史、季節、一日のうちの時間、登場人物の年齢などを言う。その二は作品が示す土地、風景など

衣装はすべて生徒たちの手作り（第8学年クラス劇：J. ネストロイ作
『*Heimlich Geld, heimlich Liebe*』）

当時の服装を忠実に再現する（第8学年クラス劇：F. シラー作『ウィリアム・テル』）

の「場所」である。その三は「形態」である。形態とは、実際の衣装製作にあたっての留意点であり、「衣服に関する作者の指示の有無、生徒の年齢、舞台セットとのバランス、手元にあるかどうか、材質、縫製が簡単なものかどうか、リメーク可能か」[302]などを意味する。四つ目は登場人物の「キャラクター」であり、五つ目は「色彩」である。とりわけ衣装において色彩は大きな鍵となる。

衣装部屋

「色彩は、人間が自己を表現するのに常に重要である」[303]と言われるが、この〈自己の表現としての色彩〉とは次の二つのことを意味する。一つは人物を象徴するものとしての色彩である。人物の象徴とは、言い換えればその人物がどのような立場にあるか、すなわち身分、地位、職業などを意味するものである。たとえば王のローブは緋色であり、教会の位の高い高官は深紅の衣服である。花嫁は純潔のシンボルである純白のドレスを着用し、司祭、牧師、音楽家、ボーイは黒をまとう[304]。色彩によって、その人物の社会的立場や職業、身分などを表すのである。

もう一つの側面は、シュタイナーが「人物の内面体験に相応する衣装が必要になります」[305]と述べるように、演じる人間の内面を表すものとしての色彩である。このことをシュタイナーは、「色彩の中には人間の魂全体が息づいている」[306]と述べる。彼によれば、人間の魂の状態は色彩で表現することができる。

「赤を見ると快活な気分、青を見ると真剣な気分、紫を見ると厳かな気分が解き放たれます。ある人物の愛と献身的な振る舞いは、赤い衣装と、赤い色調の舞台美術を要求します。ある人物の崇敬と敬虔な体験は、青い色調を要求します」[307]。

「色彩の中には、はっきりとした人間の感情が見える」[308]とシュタイナーが述べるように、色彩は、人間の心の状態や感情、人格を比喩的に示す。彼によれば、舞台上での個々の人格は、色彩におけるトーンのある種の瞬間において、感じることができる[309]。このことを彼は「魂は、色彩世界のなかで自己を感じます」[310]と述べ、さらに「色彩の中で世界が誕生します」と言う[311]。また、彼は別の表現で次のようにも述べる。「青は吸収します。赤は拡張します。緑は中立です。たとえば青を見ると、目は吸収されます。赤を見ると、ある意味で圧迫されます。それらの作用は機械的なものではなく、内的・主観的なものと考える必要があります」[312]。

ヴァルドルフ学校の教師は、第８学年でしばしば上演される『オルレアンの少女（*Die Jungfrau von Orleans*）』を例に挙げて、次のように述べる。

「F・シラーの『オルレアンの少女』の主人公ヨハンナは、舞台上で農民の娘から英雄へと変化する。彼女は上演中、ほぼ出ずっぱりであり、すべての役者と出会う。彼女は常に中心である。私はそれゆえ彼女の名前を中心に書き、他の人との出会いにおける彼女について気づいたことを集めてみた。彼女の活力、毅然さ、強さは衣装において胴衣のスカートの赤によって色彩豊かに表され、その時代のとおり、あたかも甲冑のように青銅めっきされたベストが着用されている。ブラウスの広い袖は白であり、――戦いの場面ではまったく不適当であるが――戦いの最中にあるジャンヌ・ダルクの天使のようなたたずまいの表現として重要である。加えてヨハンナが持つ白い旗は、たくさんの人間が舞台に立っていても、どこに彼女がいるかを示す」[313]。

色彩とは、私たちにとって人間の内的な関係に光を通すものであり、舞台で適切に使用されれば、俳優を強め、彼らのメッセージをあたかも一枚の良き絵(Bild)のように観客に直接示すとされる[314]。シュタイナーは言う。「色彩の中で世界が蘇生するのです」[315]。

それだけではなく、シュタイナーによれば、感情の変化をも色彩の変化で表すことができる。このことを彼は、芝居でダントンを観たときのことを例に挙げている。ダントンはフランス革命時の指導者の一人で、反革命を弾圧し恐怖政治を先鋭化していった人物である。最後は失脚し断頭台で処刑されるが、シュタイナーは舞台上のダントンが、オレンジから狂気の赤へと移行していくのを観たと言う[316]。それゆえ、彼はダントンにそのような移行を示す衣装を着せる、と述べる[317]。彼は言う。「舞台では自分の色を伝えなければならない」[318]。

さらに、一つの色は人間の一つの状態を示すだけではなく、対極にある側面をも表すとされる[319]。つまり「一つの色彩は、善きものと悪しきものを強調することができる」[320]。たとえば、赤は一面では心からの人間の愛の表現であり、別の側面では抑制されていない情熱の象徴である[321]。緑は、絶え間なく復活する生の力（エネルギー）を表しており、永遠の象徴である[322]という。反対は、すべてをむさぼり食う悪意とねたみであり、人間の危険な本性が生い茂る緑である[323]。

当然ながら、衣装を身につけるとその衣装にあった所作を必要とする。たとえば、「ハンカチを振りながらどのようにしてひざを折ってお辞儀をし、どのようにして肩の布を身につけ、受け取り、腕にかけるのか、どのようにして扇を開くのか、それを振り、後ろに隠し、閉じるのかなど、こうしたちょっとしたことすべてが、個別に衣装との関係で練習されなければならない」[324]。

帽子も衣装の範疇に入る。帽子は衣装の中の重要な要素の一つである。「たいていの役は、おどろくべきことだが、いかにして成功させるかは、ふさわしいかぶりものを見つけられるかどうかにかかっている」[325]。帽子をかぶるだけで印象は大きく変わる。ギリシャ劇では、ギリシャの古代の壷や鉢に描かれている絵に見られるように、男の子は、かぶとやふちのない帽子、花冠を身につけ、女の子はリボンや布、装飾品などを芸術的に組み合わせている[326]。衣服と同じように帽子もまた、その人物の身分や職業を表し、衣服の印象を支え、より強める役割を持つ。「王と王女が王冠をかぶっていることは当然であり、同様にパン屋は白い帽子をかぶり、煙突掃除夫は黒い帽子をかぶっている。かぶりものを考慮に入れなければ、衣装は不十分なものとなる」[327]。不十分なだけではない、第８学年でしばしば上演されるシラーの『トゥーランドット（*Turandot*）』には、中国人が登場するが、ヴァルドルフ学校の教師は、「ターバンやヘアバンドがなかったら、どのようにして生徒を『トゥーランドット』の中国人にできようか」[328]と言及する。

衣装はその登場人物の内面をあらわし、観客に目に見える形で示すと同時に、演じる子どもに対しても働きかける。つまり、衣装は人物の身分、年齢、職業などの外見を整え、それらを象徴するだけでない。あるいは演技をサポートするにとどまらない。それは、演じるものの内面をも変化させる。このことをヴァルドルフ学校の教師は次のような表現で述べる。「少女は帽子のおかげで貴婦人になる」[329]、あるいは『ウィリアム・テル』では、ベルタ・ブルネック嬢が、小さなターバンときれいな羽飾りで見事に高貴になる」[330]。アルブレヒトによれば、変身する能力（Fähigkeit sich zu verwandeln）は思春期の訪れとともに成長する[331]。変身とは、外見の「変身」、あるいは青少年から大人への「変身」[332]であると同時に、内面の「変身」でもある。衣装はクラス劇においてこうした重要な役割を担っているがゆえに、重視されるのである。

4　クラス劇の作品および内容、その意義について

（1）第8学年で上演される演劇作品

シュタイナーによると、この時期の子どもの本性で大事なのは、明るい未来あるいは自分を鼓舞し向上させる力強い理想への欲求である。このことは、クラス劇の内容の選定のときの基準となる。その欲求を満たすことを重視するがゆえに、劇に用いる作品は未来を開き、希望

帽子によって印象は大きく変わる（第8学年クラス劇：F. シラー作『ウィリアム・テル』）

をもたらすものが選ばれる。悲劇（Tragödie）や、未来が暗くなるようなものや世界滅亡のようなものは、決して用いられない。青年期の入り口にある第8学年のクラス劇の作品の選択基準について、グラーフは言う。「第12学年では悲劇を演じることもありますが、第8学年ではありません。第8学年は、まだ思春期で生きることに着手し始めた時期です。劇の内容が難しくて、劇的な緊張がたくさんあっても、とにかく結末が希望をもたらすものでなくてはなりません」[333]。

ところで、ヤフケによれば[334]、第8学年の劇の内容の選定にあたっては、古典が取り上げられることが多い。それは、ヴァルドルフ学校では、古典が「心の母乳」とみなされ、それをたっぷり飲んでおかないと心が成長しないと考えられているからである。古典の作品は、シラーの『ウィアリアム・テル』や『オルレアンの少女』、モリエールの『町人貴族』などがしばしば選ばれる。古典作品を選ぶことに関して、シュタイナー研究者子安美知子は次のように述べている。

「8年生の卒業芝居は、断固として、先生の指導でおこなわれる。そして出しものは、まずきまってオーソドックスな古典作品であった。古典は〈心の母乳〉である、というのが、先生たちの考えである。その母乳を、第二・七年期のあいだにたっぷり飲んでおかないと、心が健全に成長しない。むずかしい古典をたくさん読む、ということではない。ひとつの作品でいい、これに徹底的に沈潜して、そこから滋養をくみつくすことであった。それをさせてからでなければ、担任として、子どもたちを第三・七年期に送り出せない。むずかしい言葉、内容であるが、原典のまま、舞台装置も時代考証にもとづいて、忠実に――。日常語でかかれた現代ものの作品のなかには、子どもたちのこの年齢期にそういう変革をおこさせる力が

第8学年クラス劇：M. エンデ作『モモ』

内在していない。強力な滋養をもった、〈心の母乳〉は、やはり古典なのである」[335]。

古典作品の舞台となるのは、日常とは異なる世界である。そこでは「日常会話はまったく意味を失い、通常の動きはまったく退屈に見える」[336]。「言葉一つをとってもとても要求が多い」[337]と言われるように、古典作品のセリフは現代の作品と異なり、日常では使い慣れない、難しい言い回しや表現がたくさん含まれている。普段使わない言葉が、子どもの感情や思考の枠を広げるとともに、そこでは新たな法則が発見される。

ヤフケによれば、第8学年で上演される具体的な演劇作品の例は以下の通りである。

第８学年で上演される演劇作品の例[338]

〈作品〉

Der Kaiser und die Nachtigall
Der Kaukasische Kreidekreis（コーカサスの白墨の輪）
A Christmas Carol（クリスマスキャロル）
Oliver Twist（オリバー・ツイスト）
Romulus der Große
Jagd auf die Keplerin
Das Gauklermärchen
Momo（モモ）
Götz von Berlichingen
Die schwarze Spinne
Das Haus in Montevideo
Peer Gynt（ペール・ギュント）
Libussa
Der Traum ein Leben
Agnes Bernauer
Der Rubin
Die rote Zora
Die unheimliche Schwester
Das Fräulein von Scuderi
Jedermann（イエーダーマン）
Kleider machen Leute
Der Kreidekreis
Das Käthchen von Heilbronn（ハイルブロンのケートヒェン）
Ab heute heißt du Sara

〈作者〉

Hans Christian Andersen
Bertolt Brecht（ベルトルト・ブレヒト）
Charles Dickens（チャールズ・ディケンズ）
Charles Dickens（チャールズ・ディケンズ）
Friedrich Dürrenmatt（フリードリヒ・デュレンマット）
Jörg Ehni
Michael Ende（ミヒャエル・エンデ）
Michael Ende（ミヒャエル・エンデ）
Johann W. von Goethe（ヨハン・ヴォルフガング・フォン・ゲーテ）
Jeremias Gotthelf
Kurt Götz
Ibsen（イプセン）
Franz Grillparzer（フランツ・グリルパルツァー）
Franz Grillparzer（フランツ・グリルパルツァー）
Friedrich Hebbel
Friedrich Hebbel
Kurt Held
Frances Hendry
E. T. A. Hoffmann（E・T・A・ホフマン）
Hugo von Hofmannstahl（フーゴー・フォン・ホーフマンスタール）
Paul Wanner, Gottfried Keller
Klabund
Heinrich von Kleist（ハインリヒ・フォン・クライスト）
Volker Ludwig und Detlef Michel

Der letzte König von Orplid	Eduard Mörike
Die Regenbrüder	Eduard Mörike
Antigone（アンチゴネー）	Sophokles（ソフォクレス）
Der Bürger als Edelmann（町人貴族）	Jean Baptiste Molière（モリエール）
Der eingebildete Kranke	Jean Baptiste Molière（モリエール）
Die Entführung aus dem Serail	Wolfgang Amadeus Mozart（モーツァルト）
Einen Jux will er sich machen	Johann Nestroy（ヨハン・ネストロイ）
Krabat	Otfried Preußler
Boris Godunow	Alexander Puschkin
Der Alpenkönig und der Menschenfeind	Ferdinand Raimund（フェルディナント・ライムント）
Der Diamant des Geisterkönigs	Ferdinand Raimund（フェルディナント・ライムント）
Moisasurs Zauberfluch	Ferdinand Raimund（フェルディナント・ライムント）
Der Verschwender	Ferdinand Raimund（フェルディナント・ライムント）
Die Jungfrau von Orleans（オルレアンの少女）	Friedrich Schiller（フリードリヒ・シラー）
Die Räuber（群盗）	Friedrich Schiller（フリードリヒ・シラー）
Maria Stuart（マリア・スチュアート）	Friedrich Schiller（フリードリヒ・シラー）
Wilhelm Tell（ウィリアム・テル）	Friedrich Schiller（フリードリヒ・シラー）
Turandot（トゥーランドット）	Friedrich Schiller（フリードリヒ・シラー）
Wallenstein（ヴァレンシュタイン）	Friedrich Schiller（フリードリヒ・シラー）
Montsegur	Michael Schubert
Artaban	Felicitas Schwebsch
Das Wintermärchen（冬物語）	William Shakespeare（ウィリアム・シェイクスピア）
Der Sturm（テンペスト）	William Shakespeare（ウィリアム・シェイクスピア）
Die Komödie der Irrungen（間違いの喜劇）	William Shakespeare（ウィリアム・シェイクスピア）
Ein Sommernachtstraum（真夏の夜の夢）	William Shakespeare（ウィリアム・シェイクスピア）
Viel Lärm um Nichts（から騒ぎ）	William Shakespeare（ウィリアム・シェイクスピア）
Was Ihr Wollt（お気に召すまま）	William Shakespeare（ウィリアム・シェイクスピア）

Die verkaufte Brau　Bedrich Smetana
Die schwarzen Brüder　Lisa Tetzner
Demetrius　Lope de Vega
Der fliegende Holländer　nach Text und Musik von Richard Wagner（リヒャルト・ワーグナー）
Die Meistersinger von Nürnberg　nach Text und Musik von Richard Wagner（リヒャルト・ワーグナー）
Der Freischütz　Carl Maria von Weber
Der Prinz und der Bettelknabe　Oscar Wilde（オスカー・ワイルド）
Der Hauptmann von Köpenick　Carl Zuckmayer（カール・ツックマイヤー）

（２）シェイクスピアの作品、およびその教育的意義

①ヴァルドルフ教育とシェイクスピア

すでに述べたように、シュタイナーは、算数、理科、地理、外国語など他の多くの分野の教育の基本理念や方法原則については数多く言及しているが、演劇教育そのものについてはきわめてわずかな言葉で述べるに過ぎない。しかし彼は、演劇については、ゲーテ、シラー、シェイクスピアなどを取り上げ、明確な演劇観を築いた。シェイクスピア劇に言及したシュタイナーの姿勢は、この学校で頻繁にシェイクスピア作品が取り上げられることに、大きな影響を与えている。

オーストリア・シェーナウのヴァルドルフ学校の校舎は、シェイクスピア劇上演の拠点として名高い劇場、ロンドン・グローブ座[339]を模して造られていることで有名である。第８学年では、クラス劇の演目として、シェイクスピア劇『真夏の夜の夢（*Ein Sommernachtstraum*）』、『ヴェニスの商人（*Der Kaufmann von Venedig*）』、『ロミオとジュリエット（*Romeo und Julia*）』、『テンペスト（*Der Sturm*）』などがたびたび上演される。これらはシュタイナーとシェイクスピア、あるいはヴァルドルフ学校のクラス劇とシェイクスピア作品が、いかに深く結びついているかを物

語っている。

シュタイナーは「世界中の文学作品の中で、シェイクスピアの作品ほど、演劇的な観点（Schauspielerischer Standpunkt）から描かれたものは他にない」[340]として、シェイクスピアを高く評価する。彼はシェイクスピアの演劇観ならび

第8学年クラス劇：W. シェイクスピア作『真夏の夜の夢』

オーストリア・シェーナウのヴァルドルフ学校

に世界観[341]に感銘を受けるが、彼が影響を受けたのは、シェイクスピアの劇作家としての側面、およびシェイクスピアの作品からだけではない。彼はシェイクスピアの作品が持つ教育的な側面にも着目した。すでに述べたように、シュタイナーが、演劇と教育との関係について述べた唯一のものが、シュタイナー全集第三〇四巻の中の"Das Drama mit bezug auf die Erziehung（演劇と教育との関係）"の項目に収められている。これは、シュタイナーがシェイクスピア生誕の町、イギリス・ストラトフォードのシェイクスピア祭に招かれたときの講演（一九二二年四月一九日）を記録したものである。このシェイクスピア生誕の地で、シュタイナーが演劇と教育について語ったことは、彼がシェイクスピアを敬愛し、シェイクスピアの作品が持つ教育的・人間形成的な側面に注目し、演劇と教育の関係について考察を深めていったことの表れに他ならない。

②シェイクスピアと言葉

シュタイナーは、シェイクスピアに二つの注目すべき点を見出した。一つはシェイクスピア作品に宿る霊的な力、もっと言えばシェイクスピアの言葉、つまりセリフに宿る霊的な力である。もう一つは、シェイクスピア作品が持つ「教育的な力（Erzieherische Kraft）」[342]である。まず、シェイクスピア作品の言葉が持つ霊的な力について述べよう。

シェイクスピアの作品は、シュタイナーが「Dichtung（詩作品）」[343]と呼ぶように、詩的な言葉遣いや比喩表現から成り立っている。このことについて彼は、第８学年でシェイクスピア劇を取り上げる理由と関連付けて、次のように述べる。「この年齢（一〇歳から一四歳、筆者注）でシェイクスピアを学ぶのは、子どもの発達に対して、まったく早すぎます。演劇的な詩のなかに表現されているものを正しく受け入れるのは、少なくとも、性的な成熟の年齢への移行期にあることが必要です」[344]。

シェイクスピアの戯曲には、韻文による詩の呼応でやりとりされる場面もあり、登場人物は自らの心情を吐露するときに詩を語る。シェイクスピアの時代、劇は観るものではなく、聴くものであった。たとえば『ロミオとジュリエット』の二人のバルコニーのシーンでは、二人はまったく触れ合わずに、言葉だけのやり取りで観客に心情を訴える。観客にとっては、聴くことを通して想像することが劇場での主要な楽しみであり、俳優の言葉から観客はさまざまな世界を見てとった。つまり言葉が非常な威力を持っていた。舞台の上に装置（大道具）はほとんどなく、わずかな小道具を置くことでその場面を暗示するだけであり、照明は太陽光だった[345]。だからこそ、ここはどこだ！　と言葉で説明しなくてはならない。現代では、劇場が情景や場面を舞台装置や照明で表すが、当時はその代わりに、すべて言葉で説明しなくてはならなかった。舞台セットの代わりはセリフであり、詩的叙述であった[346]。「〈言葉、言葉、言葉〉の劇場であった」[347]。これらの条件は当然観客に想像力を要求した。シュタイナーは、それゆえ次のように述べる。「シェイクスピアの戯曲には、私たちを繰り返し感動させるだけでなく、私たちの各々の想像から出発し、固有の創造的な力（Schöpferkraft）やファンタジー（Phantasie）、霊性（Geistigkeit）を素晴らしいやり方で刺激する力がある」[348]。

第三章で述べたように、シュタイナーは、言葉には本来霊的な力、つまりこれを使用する人間を真理や善や美へと導き、魂や身体の成長にすぐれた作用を及ぼす力が存在する、という見方を持っていた。彼が「人生に深く根ざした特性を持った作品」[349]と称したシェイクスピアの作品の背景には、シェイクスピアの持つ「霊的な世界観（Geistige Weltanschauung）」[350]がある。それゆえその言葉一つ一つには、霊的な力が宿っており、シェイクスピア作品を演じることは、言葉に宿る霊的な力を体験し、言葉から霊的な力を得ることである。

具体的に述べよう。シェイクスピア四大作品のうちの一つ『ハムレット（*Hamlet*）』は、亡き父王の死が、叔父の陰謀によるものだという真実を知った王子ハムレットの心の葛藤と復讐を描いた、シェイクスピアの最高傑作である。シェイクスピア作品の中でも人間はいかに迷い、割り切れない存在であるかを教えてくれるのが、この『ハムレット』であり、ハムレットが自分をかえりみて言う次のような有名な独白のセリフがある。「生きるべきか、死ぬべきか、それが問題だ（To be or not to be, that is the question）。どちらがりっぱな生き方か、このまま心のうちに暴虐な運命の矢弾をじっと耐えしのぶことか、それとも寄せくる怒濤の苦難に敢然と立ち向かい、闘ってそれに終止符をうつことか」[351]。

シェイクスピアの作品では、独白は独り言ではなく、観客への話しかけ、問いかけでもある。前述のセリフには主人公ハムレットの苦悩が表れているが、これについてシュタイナーは、「人間の内面からほとばしり出るものが言葉を通って流れる。そこには言葉の霊が働いている」[352]と述べる。他方彼は、このセリフを発する人間は、「音の共鳴から表現まで、彼は言語の領域をくまなく探す。彼はすさまじい内面的な戦い（Inner Kampf）に向き合う」[353]とも述べる。言葉は、それを発する人間の内面の奥深くからにじみ出るものであると同時に、それを発する人間を目覚めさせ、働きかけ、作用する力すなわち「霊的な力」を持っていることを、シュタイナーはこの二つの表現で示しているのである。

シュタイナーは、言葉の霊的な力を得ることについて、さらに次のように詳述する。

「言語の本質のなかに沈潜すると、言語が生み出す生命が、いかに創造的かを感じ取ることができます。言葉の内的な音の意味が感じられます。……言語の呼吸と脈動は、言語を形成する精霊と接することによって感じられるものです。言語が存在に突進するように、言語を体験すべきです。内的な動きが把握できるまで、一つ一つの言葉を追究すべきです」[354]。

言語を体験するとはいかなることか。それは、視覚による理解のみならず、書かれた文字を音として表現すること、そして、言葉を発する人間が単に言葉の意味内容を伝達するだけでなく、その言葉の内に深く入り込み、その言葉を生み出す出来事や、現象の背後にある法則や、本質・原理の探求にまで意欲的に向かうことを意味する。シュタイナーによれば、これを可能にするのが演劇である。彼は、「微妙な一行一語が、人間心理の細かい陰影を展開してゆく」[355]シェイクスピア作品を通して、「言語の中にはある種の精霊（Genius）が宿っている」[356]ことを確信し、シェイクスピア作品の一つ一つの言葉に霊的な力を見たのである。

③シェイクスピア劇の教育的意義

シュタイナーがシェイクスピアを高く評価したもう一つの理由は、シェイクスピア作品が持つ「教育的な力（Erzieherische Kraft）」にある。四〇〇年以上も前に書かれたシェイクスピアの作品が、今日なお上演される理由を彼は、「今日を生きる人間にとって、まさに内的な刺激（Inner Impuls）を与える力となる」[357]と見る。シュタイナーはシェイクスピア作品を「文明化された人間のための永遠の刺激の泉」[358]とし、彼の作品が永遠不滅であると同時に、今日常に新しいものを提供する[359]、と見た。

彼は、イギリス・ストラトフォードでのシェイクスピア祭に招かれたとき、一九二二年四月二二日の講演で「シェイクスピアの演劇描写からは……人間に火を点ける力（Entzündete Kraft）が見てとれる」[360]、あるいは「シェイクスピアの戯曲は教育的な力を持っている」[361]と述べ、シェイクスピアの作品が持つ「教育的な力」に着目する。彼の言う「教育的な力」とは、「創造的な力やファンタジー、霊性を刺激する」[362]力であり、その特徴は「個々の人間性以上のものが作用する」[363]点にあり、筋の展開の中で「人間性のすべての発達が見てとれる」[364]ことにある。

たとえばシェイクスピアの戯曲『テンペスト』の中では、島流しにあい、復讐に燃える主人公が、諦めと絶望を経て許しの境地にまで至る心情が、この作品の第一の特徴とも言うべきシェイクスピアの円熟した詩の美しさとともに細やかに描かれている。このことをシュタイナーは「人間性の生き生きとした発達（Lebendige Entwickelung der Menschheit）」[365]ととらえる。そして彼は、「これはまさに学校においても作用しうるものである」[366]と述べ、クラス劇として力を発揮する可能性を示唆する。

クラス劇は、舞台で演じる子どもたちと、それを観劇する子どもたちから成り立つ。シェイクスピア作品が持つ教育的な力は、言うまでもなくその双方に対して働く。しかし、この力は、演じる子どもたちに対してより強く作用する。このことをシュタイナーは次のように表現している。「『ジュリアス・シーザー』を、子どもたちが上演することは、劇場での一般の上演よりも子どもたちの関心をひきつける」[367]。これは言い換えると、劇場で『ジュリアス・シーザー』を観劇するより、自分たちで演じることでより多くのものが生まれる、ということである。ローマ史劇『ジュリアス・シーザー』は、「文体が一貫して簡潔・率直で生真面目かつ格調高い傑作」[368]と言われているが、シュタイナーは『ジュリアス・シーザー』を「歴史書で勉強するよりも、シェイクスピアのもとで勉強する方が実際、はるかに意味がある」[369]と述べる。「シェイクスピアのもとで勉強する」とは、シェイクスピア書物を通じてではなく、演劇を通じて、演じることによって学ぶことを意味している。彼は「シェイクスピアのファンタジーの中には、生き生きと作用する姿、どんな歴史的記述よりも真実である姿へ向かう可能性があった」[370]と述べ、シェイクスピア劇をテキストで「読む」のでもなく、劇場で「観る」のでもなく、子どもたち自身が演じることで、シェイクスピア作品が持つ教育的な力が発揮される、と見たのである。

ところでシュタイナーは、演じることで「演劇的なものが子どもの心情へと進み入り、子どもの心情の強力な原動力（Mächtige Triebkraft）となる」[371]と見る。シェイクスピアの作品には、現代に通じるすぐれた人間描写（教養を持った人物とそうでない人物、古めかしい心を持った人物と近代的な人物、理想主義者と快楽主義者についての描写など）、健全な道徳・宗教観、バロック的作劇術の巧みさ（亡霊・嵐・魔法など超自然力の利用、戦争、流血の惨事、野心と復讐、因果応報、変装や身代わり、賢愚の対立、道化役、劇中劇の展開、場面展開の妙、性格創造の的確さなど[372]）が見られるが、これは同時に「演劇的」であり、かつ人間形成に大きな影響を与える要素で満ちている。ヴァルドルフ学校でシェイクスピア作品がしばしば取り上げられるのは、シェイクスピア作品がこうした要素に支えられているからである。それゆえシュタイナーは「劇作家であるシェイクスピアは偉大な教育者であった」[373]と述べ、シェイクスピアを「最も影響を与える劇作家（Wirksamster Dramatiker）」[374]と見るのである。シェイクスピアの代表的な作品の一つである『ハムレット』を例にとって、具体的に見てみよう。

過酷な運命に操られる若者たちの悲劇である『ハムレット』は、四〇〇年間絶えることなく、時代を超えて人々に愛され、ヴァルドルフ学校においても、とりわけ高学年や第12学年の卒業演劇公演で繰り返し上演されてきた作品である。それは、生と死をはじめとする人間存在の根幹にかかわるテーマを中心に据えていること、そして、ハムレットというきわめて多面的な主人公の魅力のゆえだろう。いつの時代に上演しても、その時代を映し出す名作と言われ、混沌とした社会で生きる現代人は、常に悩み続けるハムレットに重なる。シュタイナーは『ハムレット』に関して次のように述べる。「これは詩ではなく、強力な運命の木の葉、激突し、激突することによって人生の嵐が吹き荒れ、すばやく時折ぱらぱらとめくられる木の葉のようなものである」[375]。ハムレットの姿は、思春期・青年期を迎えた子どもたちの内面の葛藤や相克とも重なる。演劇には思春期特有の子どもの外側（身体面）と内側の不安定さを安定へと導き、内的な葛藤を調和する力があると考えられている[376]が、内面の安定を欠き、「魂の中の嵐（Innerer Sturm）」[377]の時期と言われる思春期・青年期の子どもに関して、ウィーン・マウアーのヴァルドルフ学校元教師T・リヒターは次のように述べる。「私たち教師は、この時期の子どもたちと向かい合うに際して常に問うておかねばならないことがある。それは、どのようにして彼らは世界や自分自身と出会うのだろうかということである」[378]。シュタイナーによれば、シェイクスピア劇は、「自分の存在（Ich-Wesenheit）」[379]もしくは「自我原理（Ich-Prinzip）」[380]へ導く芸術である。

すでに述べたように、シュタイナーによる人智学的人間学では、人間を身体、魂、および霊の三つから成る存在ととらえる。「人間、成長するときは、手足だけ伸びるのではない、肉体という殿堂が大きくなるにつれて、その中の心や魂の働きも伸展していくものなのだ」[381]。これは、ハムレットの恋人オフィーリアの兄、レアティーズのセリフである。これは、同時にシェイクスピアの人間に対する見方を示したものでもあるが、こうした見方は次のようなシュタイナーの人間観、教育観と見事に合致する。「人間は生まれてから死ぬまで、身体のなかで成長します。霊および心魂を、身体のなかで発達させせねばなりません」[382]。

思春期および青年期の本性の特徴は、シュタイナーによると、端的に言えば霊的な力・霊性の著しい活動であり、その活動に支えられた魂の発達にある。霊性について言えば、それは、人間の魂を真理や善へと向かわせる力、崇高なものへと向かわせる力などを意味する。思春期および青年期には、これらの根源力が本格的に際立って活動し始め、この力に支えられて魂が以前にも増して活発に活動する[383]。シュタイナーによれば、主人公ハムレットは、父を殺した叔父や、その叔父と結婚した母親の不実や悪を許さない「すべての偽り(Unwahre)と偽善(Scheinheilige)を見抜き、破壊するキャラクター」[384]とされ、「すべてを見抜き、常に的確に観察する人間」[385]である。反省的、哲学的な性向の持ち主である彼は「孤独な挫折者(Einsam Scheiternde)」[386]であると同時に、俗世を疎み、「表面的な行為を許さない」[387]すべてを超越したキャラクターでもある。彼の親友ホレーシオは、「悪を認識しているが、しかしそれに絶望してはいない」[388]人物として描かれ、ハムレットが劇中で絶望的に絡み合う間、ホレーシオは自由の側面を演じきる。このようなホレーシオの力を象徴するものが、「高次の自我(Höheres Ich)」[389]とされる。シェイクスピアの作品に描かれるこうした「精神の高貴さ」は、言い換えれば、善なるものの追求、理想や真理の探究である。すでに述べたように、人間を「真理」や「善」に向かわせる力が強く活動する領域が意識魂であるが、シュタイナーは「シェイクスピアの『ハムレット』は、意識魂(Bewußtseinsseele)の演劇である」[390]との言葉で述べるのである。

シュタイナーによれば、この魂的・霊的な力を持つ意識魂と霊性の著しい発達は、思春期および青年期の特徴であるがゆえに、「意識魂は育成されなければならない」[391]。彼はシェイクスピア劇を、「霊学と連動して起こる芸術」[392]と評して、次のように言う。「シェイクスピアは、霊的な世界の最も深いところから創造した」[393]、「シェイクスピアの作品について言えば、非常に霊的なものに満ちた博識さ(Geistvolle Gelehrsamkeit)をもって描かれている」[394]。シュタイナーによれば、「シェイクスピアは、この霊的世界観(Geistige Weltanschauung)への偉大なる先導者(Großer Führer)」[395]であり、ヴァルドルフ学校の高学年でしばしば『ハムレット』が上演されるのは、『ハムレット』が、霊性や意識魂の発達に寄与する、とみなされているからである。すでに随所で触れているように、思春期にある一三歳の少年は、「僕たちは、いま、シェイクスピアの『ジュリアス・シーザー』を読んでいるのですが、この『ジュリアス・シーザー』を上演したいのです」[396]とシュタイナーのもとにやってきて言ったが、これは、『ジュリアス・シーザー』を読むだけでなく、その人物を演じることによって、目覚めかけた霊性や意識魂をより発達させたいという、子どもの欲求の現れでもある。

田園教育舎系列の「海辺の学校」を設立したＭ・ルゼルケもまた、シェイクスピアを「教育者としてのシェイクスピア」[397]と高く評価した。彼は「シェイクスピア劇の主要な登場人物は、典型的な人物とは全く異なり、自意識をもち、成長することができ、曖昧な状況や運命に苦しむことのできる生身の男であり女であった」として、「素人演劇」の作法の根源に、近代戯曲に不朽の技法を築いたシェイクスピアを置いた[398]。「素人演劇」は、その演劇内容や形式の源流をシェイクスピアとその時代に遡ることができ、戯曲・演出法においては、終生シェイクスピアを模範としたという。その際ルゼルケが範としたのは、シェイクスピア劇における登場人物の生きとした会話と動き、そしてその生々しいまでの存在感を可能とするスタイルとしての、「素朴で単純な劇」のドラマツルギーであった[399]。シェイクスピアの戯曲『真夏の夜の夢』や『嵐』は、「素人演劇」の代表的なレパートリーの一つであったという。

(3) シラーの作品、およびその教育的意義

シェイクスピアの作品と並んで、しばしば第８学年のクラス劇の演目として上演される作品が、シラー（Friedrich Schiller, 1759-1805）の作品である。シュタイナーは、シラーの人間観および演劇観にも注目し、自らの演劇論、演劇教育論の基礎を築き上げた。彼はシラーの『人間の美的教育に関する書簡（*Briefe über die ästhetische*

Erziehung des Menschen)』に言及して、「美的な心で人間を洞察することの中に、シラーは教育芸術の最も重要な要素を見ている」[400]と述べ、自らの教育観の核心をシラーの教育観の中に見出した。さらに彼は、シラーの戯曲や演劇論についても多くを論じていることからわかるように、シラーの演劇論、演劇教育論から大きな影響を受けている。シュタイナーは、シラーによる演劇の人間形成的な意義と役割に関する思想に多くを学び、これらは、シュタイナーの人間観、演劇観の形成に大きな影響を与えた。まず、シラーの人間観、演劇観について見てみたい。

①シラーの人間観および演劇観

劇作家・美学者シラーは、ゲーテとともにドイツ古典主義文学の最高峰として名高く、一時はマンハイム国民劇場の座付き作家として活躍し、『群盗（*Die Räuber*）』や『ドン・カルロス（*Don Carlos*）』など多くの戯曲や数々の演劇論を残した。彼は最も偉大な詩人の一人であっただけでなく、同時に偉大な教育学者でもあった。その生涯と創作活動の全体を通じて常にシラーを動かした重要な関心事は、同時代の人々の教育であり、彼の心の中にあったのは、教育目標の実現において、美と芸術はどのような役割を果たすことができるのかという問いであった。彼によれば、芸術は人々に実践的な知恵を伝達し、人間の心の最も深いところで起こることを解明する確かな鍵である[401]という。

一八世紀のドイツでは、一時、啓蒙主義的な考えから、演劇による人間教育ということが強く叫ばれた。シラーは、一七八二年に発表した雑誌『ヴュルテンベルクの文学総覧』第一号の論説「現在のドイツ劇場について」や、「道徳的施設として見た劇場」などの演劇論の中で、演劇は教育的機能を持つべきであり、その重要な役割は人間教育、国民教育にある、と述べた。彼によれば、芸術の助けを得て、詩人は人々に働きかけることが可能となり、その結果人々は教養を高める。彼は舞台が宗教よりもいっそう強く人間の感覚に作用し、その人の教養を拡大するという見解を持っていた[402]。彼はその理由を、「舞台は人間の知識の全領域を遍歴し、生活のあらゆる状況を汲み尽くし、そして深く心の隅々まで照らすからであり、というのは舞台はそこにすべての身分と階級を統合するからであり、そして知性にも心にも非常に通じやすい場であるから」[403]と述べる。

彼は「劇場」を重視し、「舞台は道徳や啓蒙に著しい影響を及ぼす」と見た。彼によれば、芸術は徳と悪徳を、幸福と悲惨を、賢明さと愚かさを、生き生きとした描写の中にわかりやすく具現するものであり、舞台は人々の中に、たとえば有益な恐怖感のような強い感情を引き起こすことができ、そしてそれらは法律や道徳よりも深く影響する[404]。のみならず、「すべての精神力に栄養を与え、悟性と心情の教育を、最も高貴な娯楽と合一させるものである」[405]。こうした彼の演劇論における多くの思想が、美学・芸術論へと発展し、のちの『人間の美的教育に関する書簡』に結実するに至る[406]。

シュタイナーは、シラーの戯曲や演劇論について、多くを論じているからことからもわかるように、シラーを「われわれの偉大なる霊的英雄（Unser größter Geisteshelд）」[407]と呼び、シラーに学び、シラーから大きな影響を受けた。彼は自伝の中で、「私はシラーの『人間の美的教育に関する書簡』から強烈な刺激を受けた」[408]と記し、「シラーの『人間の美的教育に関する書簡』の中には、非常に多くの実り豊かな教育思想が含まれている」[409]と述べる。さらに彼は、「シラーの『美的書簡』が、教育にほんの少ししか影響を及ぼさないのは残念である。もしこの本の影響がもっと大きかったら、教育および授業実践における芸術の位置づけに関して、数多くの事柄が明らかになっていたに違いない」[410]と述べ、「私たちが健全な教授法を見出そうとするのでしたら、シラーの美的教育のための書簡から学ばなければなりません」[411]と述べる。さらに、「今日の高校の教師は全員、『美的書簡』を買うべきである」[412]とまで言及する。

『人間の美的教育に関する書簡』によると、人間は形式を素材化し、素材を形式化する二重の対立した要求を持っている。つまり人間には二つの対立する衝動、すなわち時間の中で変化する限定された「感性的な衝動」と、永遠不変の法則を求める「形式的な衝動」がある。「感性的な衝動」とは自分の内から湧き上がる力であり、「形式的な衝動」とは「感性的な衝動」に秩序を与え、論理づけ、整えていく力すなわち外から形づくろうとする力である。「感性的な衝動」は、いつもこの外からの力を受けていなければならない。感性的な衝動の対象は生命であり、形式的な衝動の対象は形態である。「感性的な衝動」と「形式的な衝動」――いわば人間は、この両極のせめぎあいの中にいるのである。

演劇において「感性的な衝動」は登場人物の怒り、悲しみ、喜び、希望などの感情であり、意志である。「形式的な衝動」はそれらを視覚化、聴覚化および様式化した身ぶりであり、色調、光、舞台装置などである。人間の衝動のこうした二つのあり様は演劇において、次のようにとらえられる。「舞台は人間の内面性(Innerlichkeit)に寄与する。人間のこの内的なもの(das Innere)は、目に見えるように、聞こえるように表現される」[413]。これは言い換えると、活発に活動しているエネルギーに、何らかの形を与えるということである。

シラーによれば、この対立する二つの衝動は、互いに他の活動を基礎づけながら限定し、他の活動によって自らも最高の能力を発揮するために、「遊戯衝動」という第三の衝動を求めるという。シラーの見解によれば、遊戯衝動は、感性的な衝動と形式的な衝動を宥和させる(versöhnen)。この第三の衝動が、理性を感性に、感性を理性に近づけて調和させる。それによって感性と思考、素材と形式が両立することができ、そのような宥和から芸術が生まれるという。遊戯する人間は、芸術に完全に身を捧げる。そのような人間だけが、「完全な意味での人間」であるという[414]。シラーはこの遊戯衝動を芸術の基盤とし、芸術の中に「遊び（Spiel）」の本質を見出した。彼は、『人間の美的教育に関する書簡』の中で、「人間は遊んでいるときにのみ全くの人間なのだ。（中略）そして、人間であるときにのみ、人間は遊ぶことができる」[415]と述べるが、彼によれば、人間が通常は決して達成できないものが、遊びの中では実現可能になるという[416]。

シラーの「人間の美的教育」の目的は、人間における理性面と感性面の活動の円満な調和である。シラーにあっては、こうした完全な人間性を励起する、主観と客観すなわち、知性と感性の力を最も調和的に発動せしめる機縁となるのが芸術である、と考えられた[417]。シラーは「総合芸術」である演劇を、「活動を渇望する精神に無限の世界を開き、一つだけの精神力のみを過度に緊張させることなく、すべての精神力に栄養を与え、悟性と心情の教育を最も高貴な娯楽と合一させるもの」[418]とみなす。彼のこうした見方は、彼の作品に反映されることとなる。シュタイナーもまた、人間の全体的調和的発展を、教育や演劇教育の究極的な目的とする見方に立って、演劇をはじめさまざまな教育実践によってそれを具体化したが、シラーの思想は、そうしたシュタイナーの人間観、演劇観の形成に大きな影響を与えたと言えよう。こうしてシュタイナーは、シラーの、芸術としての演劇の人間形成的な意義と役割に関する思想に、多くを学んだのである。

シラーの人間観や演劇観に言及したシュタイナーの姿勢は、この学校でシラーの作品が取り上げられることに反映されている。シラーは数多くの戯曲を残した。『ヴァレンシュタイン』、『オルレアンの少女』、『ウィリアム・テル』の三部作の史劇は彼の代表的な作品であるが、これらは第８学年のクラス劇でしばしば取り上げられる。中でも、ジャンヌ・ダルクの伝説に題材をとった『オルレアンの少女』や『ウィリアム・テル』、『群盗』

などはたびたび上演される作品である。ヴァルドルフ学校の教師は、これらシラーの作品を「真の演劇（Echte Drama）」[419]と呼ぶ。

シラーの演劇作品の特徴は、純粋な理想を抱き、その情熱に燃える者が、現実、社会、政治の巨大な諸力の中で苦悩し、葛藤しながらどのように生きたかが描かれていることにある。ヴァルドルフ学校のこの教師によれば、「真の演劇」とは、このように「演劇的な特徴を持ったもの」[420]すなわち劇的な起伏、展開を持つ作品である。この教師によれば、この時期の子どもたちはこうした作品への欲求を持つ、あるいはこれらの作品を「要求する（überfordern）」[421]。そして彼らの欲求は、「彼らが持つ固有の魂の劇文学（Eigene Seelendramatik）」[422]との言葉で表現される。これらの作品は単に「古典」であるがゆえに、ヴァルドルフ学校で取り上げられるのではない。以下、これらの作品が、第８学年で頻繁に取り上げられる理由と意義についてそれぞれ述べよう。

②生き方の「理想像」および「英雄」としての『ウィリアム・テル』

ドイツ古典劇の代表作の一つである『ウィリアム・テル』は、オーストリアの圧政に対するスイス諸州の独立の戦いを、テルという個性の強い英雄を中心に描いた歴史的民衆劇で、人権抑圧に抵抗するデモクラシーの劇である。権力の座を利用して民衆を苦しめる代官ゲスラーによって行われる残酷な抑圧と闘うスイスの民衆を描いており、テルをはじめとする民衆は圧力による支配に対抗するために、団結して圧政に立ち向かう。ゲスラーは棒に自分の帽子をかけ、「皇帝と思って敬礼しろ」と命じる。しかしテルと息子はこの帽子に礼をしなかったので捕まった。ゲスラーは「子どもの頭にのっけたリンゴを見事射抜いたら、命は助けてやる」と言う。助命を願ってもゲスラーは許さない。弓の名手テルは、息子に励まされ、見事リンゴを射落とす。いわば自分

第8学年クラス劇：F. シラー作『ウィリアム・テル』

第8学年クラス劇：F. シラー作『ウィリアム・テル』

の息子の命をかけた闘いをテルは克服し、この状況を自らの手中に収めてこの窮地を切り抜け、民衆は自由を手に入れる。

ヴァルドルフ学校では、「自由をテーマにしたもの（Freiheits-Thematik）は、中級学年からたびたび取り組んできたもの」[423]である。ゲーテはシラーを評して、「シラーの全作品を自由の理念がつらぬいている」[424]と述べるが、シラーの目指した自由とは、世の権力に対する外的な自由のみならず、内的な道義的性格を持った自由である[425]。彼によれば、人間は、善や自由への要請を生まれながら持っている。それに従って善を、それにともなう利益のためにではなく、善そのもののために行う。これが人間の真の自己決定であり、そこに自由があることを自覚する[426]。これが内的な道義的性格を持った自由であり、それゆえシラーは、私たちが人間の自由を求めるとき、そこに人間の道徳への要求（Forderung nach Moral）を見てとるのである[427]。「自由であること、自己自身によって規定されていること、内から規定されていること、これらはみな同じ一つのことです」[428]。

自由の獲得を描いたこの革命的な歴史的民衆劇は、同時に自由と独立を象徴する人物、テルの英雄物語でもある。こうした「英雄」の生き方や生涯を描いた作品は、第８学年のクラス劇でしばしば取り上げられるが、その理由をシュタイナーは次のように述べる。

「この年頃の少年は、ひとつの強い欲求を持っております。自分の英雄を持ち、そして自らもオリンポスへの道を切り開こうという欲求です。ですから少年たちに生き生きとした理想を与えなければなりません。それは歴史上の人物であっても、神話の中の神であっても物語の主人公であってもいいのですが、先生は教室で子どもたちとこのような英雄的形姿について話し合い、子どもたちが、それぞれ心に抱いているような人物像について話し合うようにします」[429]。

シュタイナーによれば、子どもは思春期以降、自分の将来の生き方について大きな関心を示し、自己を将来の生き方・夢・理想とのかかわりで見つめ、考えようとする欲求が増大する。より具体的に言えば、理想の生き方、つまり自分にとって最も良いと思われる将来の生き方や自分と現実、理想、将来の職業等々について考え、それらを探求しようとするが、これは思春期の子どもの特性でもあり、成長の面から見てきわめて大切な欲求である。作品の中で描かれる状況に身を置き、振る舞い、登場人物と一体化して行為し、愛し、悩む……登場人物に没入し、彼らの言葉が自分のセリフになることで、また自分の心と体でその状況を追体験することによって、子どもは、人生を踏み出すための大きな力を受け取る。子どもが「英雄」の役を演じ、また「英雄」の生き方と向き合うことは、そうした欲求を満たし、未来への憧れを育み伸ばす上できわめて大きな力を発揮する。「英雄」の生き様は、思春期の子どもが自分の生き方を考える上で、大きな指標、道しるべとなる。

③自由と正義の象徴としての『群盗』

シラーのデビュー作『群盗』の主人公カールは、シュトルム・ウント・ドラング（一七七〇年代から始まった、世俗的な道徳や因習を否定し、悟性に対して感情、外的に規制された形式に対して内発的根源的な生命力を原動力とする「疾風怒濤」の精神）の申し子のような存在で、高貴な心を持った理想主義者であるとともに、圧迫や貧困に苦しむ者の味方である。弟フランツは、それとまったく対照的に狡猾で嫉妬心に満ちていて、父と兄とを離反させる。父からはしりぞけられ、社会からは閉め出されて、カールは盗賊団の首領となり、神の名において復讐者、そして正義のための判官であろうとする。しかし彼の部下たちの残虐を抑えきることはできない。やがて望郷の心にかられて、郷里のフランケンに徒党とともに帰ってくると、父がフランツによって塔に幽閉されているのを見つけて救い出す。父と子は互いにそれと知らずに再会し、父は自分が誤解によって義絶したカールをなつかしんでいるのであるが、そのカールが現に自分の目の前にいて、それが盗賊であることを知ったとき、驚愕して死んでしまう。フランツは自殺によって滅びる。彼は盗賊として行ってきた数々の非行を悔み、世界の道義的秩序を回復するために、徒党と袂を分かち、自首しておのれを犠牲としてささげようと決意する[430]。

『群盗』は権力闘争の劇であり、正義と不正による支配を問いかける劇である[431]。世の偽善に反抗して自由を叫ぶ若い盗賊団のさまは、まさに思春期の真っ只中にある第８学年（一三、一四歳）の子どもの本性および欲求とも重なる。自立の芽生え、それにともなう将来に対する夢、希望、不安、現実世界の多くの不合理に対する反抗、そして英雄や偉大な人物へのあこがれ……すでに述べたように、こうした特徴を持つ思春期・青年期をシュタイナーは、「魂の中の嵐」[432]と呼んだ。第８学年の子どもたちは、まさにこうした「嵐」の入口に立っている。しかしこの嵐は思春期の子どもたちにとっては避けて通ることのできない道であり、この道を通ってこそ子どもは真に成長できる。このことについてシュタイナーは次のように述べる。

「少年、少女の生活がすさみ、他人に無作法な態度をとるときにも、基本的には眼に見えぬ理想の存在（Übersinnliches ideales Sein）や高次の目的（Höhere Zweckidee）を好んでいるのです。人生は何か崇高な目的のために存在しているに違いない、という想いが、子どもたちの心の奥深くに生きています」[433]。

彼が「理想（Ideal）への愛好が、ちょうどこの年頃に現れるのです」[434]と述べるように、この時期の子どもの自由と正義への欲求の背後にあるのは、人間の持つ高貴さ、気高さすなわち理想への欲求である。このことをシュタイナーは、次のように述べる。「まさにこの時期（思春期、筆者注）には〈理想〉が必要なのです。……意志と結びついた理想が必要なのです。それを確かな骨組みにして、子どもたちのアストラル体は成長していくのです」[435]。彼によれば、「理想」を持つことは、「生きることに着手し始めた」[436]この時期の子どもにとって、社会との結びつきを深めるために不可欠なものである。

「私たちは、自分自身が社会にどう向き合っているかを問わなければならない。……社会と一定の関係を保てるように配慮することが、その準備なのです。社会との関係は、今取り上げている年齢（思春期、筆者注）の少年、少女の場合、理想を特別大事にすることによって示されます。それは目に見えない内なる世界への愛好として現れます。……そして子どもがこの理想と正しく結びつくことができるかどうかは、学校教育全体の根本問題なのです」[437]。

圧政に対する反抗や人間の持つ高貴さ、理想や真理、正義の追求、情熱的革命や社会悪との激突、自由の獲得をテーマにしたシラーの作品は、それゆえしばしばクラス劇の作品として取り上げられるのである。

④内的変革、自己実現を遂げる過程を描いた『オルレアンの少女』

『オルレアンの少女』は、宗教的体験にまで高められた道義的使命感の遂行をテーマとしたものである。オルレアンの少女とは、百年戦争の末期に活躍したフランスの愛国的少女ジャンヌ・ダルク（ヨハンナ：独語）のことである。英仏百年戦争の真っ只中、一五世紀初頭のフランスの片田舎に生まれた一少女（ヨハンナ）が、神の啓示を受け、祖国フランスの解放のために指揮を取る。しかしヨハンナは、こともあろうに敵将ライオネルに「愛」を感じ、その命を助けてしまう。ヨハンナは、激しい罪の意識と深い悔恨とに苛まれる。こうしたヨハンナの内面の変化は、「神的な（göttlich）」と「人間的な（menschlich）」という対立概念で説明される[438]。しかし、やがて決然と自分の本来の使命を思う心に立ち返ったヨハンナは、祖国に勝利をもたらし、戦場において死ぬ。神を信ずる敬虔な心の持ち主が、一転、飛躍し戦争に身を投げ出すプロセス、その「心の大飛躍」および「回心」を迎えていくヨハンナの内面劇、すなわち内的自己変革を描いたものであり、烈しいこの世の情欲に打ち勝って、気高い行為を行いえた稀有な人間像が鮮やかに浮かび上がってくる。生死をかけた戦いに赴くヨハンナは、次のように言い残す。

「ごきげんよう、山々よ、いとしい牧場よ
気持ちよく静かな谷よ、ごぎげんよう！
ヨハンナがそなたたちの上を歩くことはもうありません。
ヨハンナはそなたたちに永遠のお別れをいいます。
私が水をあげた草地よ！　私が植えた木々よ、
元気に萌えつづけておくれ！
ごきげんよう、岩屋よ、冷たい泉よ！

こだまよ！　この谷のやさしい声よ、
そなたはよく私の歌に応えかけてくれた。
ヨハンナは行きます。そしてもう決して帰ってきません」[439]。

『オルレアンの少女』をはじめとするシラーの作品は「詩劇」とも呼ばれ、セリフの気品の高さと流麗さ、躍動性と衝撃力の見事さが大きな特徴である。数奇な運命を辿ったヨハンナの気高さと気品、人間としての尊厳がこの時期の子どもに与える影響について、シュタイナーは次のような言葉で述べる。「授業中に、子どもが宗教的、道徳的な感情を持つことができるように、自然や芸術を美的に体験できるように配慮するのです。このことは特に一三歳、一四歳、一五歳のころに重要なのです」[440]。シュタイナーによれば、人間は本来道徳的な要求（Moralische Forderung）を持って発達する[441]が、とりわけ彼はこの時期の子どものうちに、宗教的、道徳的な感情が力強く発達しようとしていることを見てとる。シュタイナーによると、思春期の子どもを支える重要な立脚点の一つは「道徳的な視点」であり、子どもは道徳的な視点で生き方をとらえ、思考するという。

道徳的な視点とは具体的には、勇気、粘り強さ、自分を自分の力で鍛えていく自己教育の姿、他者への信頼、自分の課題と使命に対する確信、責任感や義務感、口先ではなく確固として行う実行力などを言う。『オルレアンの少女』は、戦場に赴き、深い悔恨と罪意識に苦しんだヨハンナが、内的に覚醒し、内的変革を遂げ、自己実現を遂げる過程を追ったドラマ[442]である。

ところでシュタイナーによれば、第二次性徴が著しいこの時期、男子と女子とでは変化が異なる。

「この年齢に達する以前から、すでに私たちは男子と女子の違いを顧慮しなければなりません。女子の場合の道徳感情は、美的なもの (das Ästhetische) に向かうように教育されなければなりません。特に善なるもの (das Gute) や宗教的なもの (das Religiöse) に、女性が美的な喜びを見出すことができるように教育されなければなりません。……ですから世界の聖なる側面や優れた人物の美しい言行を表現している作品をたくさん見せて、想像力を刺激しなければなりません」[443]。

『オルレアンの少女』では、ヨハンナは「人間を超越した境地 (Hoch über dem Menschlichen)」[444]に立つ人物として描かれ、「人間を超えたもの (etwas Überpersönliches)」[445]すなわち「崇高」、「運命」、「宿命」といったことが描かれている。シュタイナーによれば、『オルレアンの少女』において、シラーはより深く人間の魂に向かって進んでいった[446]という。彼によればシラーは、いかにして人間の中に人間を超えた偉大なる運命 (Große überpersönliche Schicksal) が入り込んでいるかを、明らかにしようと模索したのである[447]。

この時期の男子に関して、シュタイナーは次のように言及する。

「男子の場合、宗教的、道徳的なもの (das Ethische) の中に働く力の方に、より心を向けさせることが大切です。……少年の場合は、宗教的、美的なもの (das Schöne) を勇敢さ (Beherzheit) と結びつけ、そこから発する力の感情 (Kraftgefühl) に心を向けさせるのです。……力の感情を、善と美と宗教的なものとに結びつけなければならないのです」[448]。

ところで、この時期の子どもには生活態度に大きな変化が現れる。それは、子どもを危険な道へと誘い破滅・堕落へとつき落とす変化の出現、つまり大人をまねて行う喫煙、器物を破壊し、他人に暴力を振るう暴力的行為、不純異性交遊等々の出現のことである。思春期・青年期に現れるこのような生活態度は、今日においても重大な青少年問題として、教師をはじめ多くの人々が取り組んでいる問題であるが、シュタイナーもこの時期の教育を論ずるに際してこの問題を重視する。彼によれば、「美的感情（Schönheitsempfindung）を働かせられない子ども、世界を美的に把握することを学ばなかった子どもは、この年齢になると、感覚的刺激を求めたり、性に執着するようになったりする」[449]。また彼は、「世界を美的に把握する力」が十分に育っていないならば、好色、セックスの道へと傾きやすい、と述べる。彼によれば、青少年に危険な道を歩ませないようにするには、青少年のうちに、芸術的な本性・美的な感覚を十分にめざまし育成することである。シラーは、「美に対する感情を育てれば、道徳の強化に役立つ」[450]と述べる。このことをシュタイナーは次のようなかたちで言及する。

「自然における崇高と美（das Erhabene und Schöne）が感じ取れるような美的感覚（Ästhetischer Sinn）を発達させること以上に、エロティシズムを正しい範囲内におさえておくための、よい手段はありません。……美を感じ取ること、美的な態度で世界に向き合うことは、エロス衝動をふさわしい範囲内にとどめることなのです」[451]。

もちろん、崇高なものや美しいものを美的に感じ、美的に把握できる感覚を十分に成長させることは、思春期の子どもの宗教的、道徳的感情の育成への欲求を満たし、あるいはこの時期特有の危険な変化を回避させるためだけではない。思春期は自意識・自我が目立って成長し、自己を強く意識して、自己を将来の生き方・理想とのかかわりで見つめ考え始める時期でもあるが、シュタイナーは宗教的、道徳的感情とこうした自我との結びつきについても言及する。

「子どもの中に道徳的、宗教的な感情（Moralische, religiöse Empfindung）を育てていたことが、この時期になると、非常に重要な意味をもつようになります。道徳的、宗教的な感情は、アストラル体と自我に対して、常に力づけになってくれます。宗教的、道徳的な感情があまり発達していませんと、アストラル体と自我が弱くなります。……このことは特にこの年齢の子どもに顕著に見られるのです」[452]。

以上、ヴァルドルフ学校の第８学年の修了演劇公演で、しばしば取り上げられるシラーの作品とその理由、意義について述べた。シラーの演劇作品の特徴は、時代や社会の虚飾や空虚に対する怒りが根底に流れ、それと戦おうとする高貴な精神にある。そして彼の作品を貫いているものは、何よりもそうした葛藤を経て、人間が真と善と美へ到達しようと努力する自由[453]である。シュタイナーは、「シラーは、いわば道徳的な世界観の信奉者である（Anhänger der moralischen Weltanschauung）」[454]とし、「シラーは、いかにして道徳的な要求にふさわしい、世界の関係を反映できるかということを念頭に置いて、自分の作品を構築した」[455]と述べる。シラーにとって、世界は「道徳的秩序の表現（Ausdruck der moralischen Ordnung）」[456]であり、彼の作品を貫く道徳・啓蒙的色彩は、思春期の子どもの霊性、すなわち善なるものの追求、理想や真理の探究および人間の魂を真理や善へと向かわせる力、崇高なものへと向かわせる力の発達に寄与し、彼らの宗教的、道徳的欲求を満たし、これらの感情の育成に大きく寄与する。それゆえ、第8学年で、しばしば彼の作品が取り上げられるのである。かのトーマス・マンは晩年、シラーの死後一五〇年記念論文『シラー試論』の中で、少年期にシラーの『ドン・カルロス』に触れたときのことについて次のように記す。「『ドン・カルロス』――この誇らしげな詩によって点火された、一五歳の私の言葉への最初の熱狂を、どうして私は忘れることができるでしょうか」[457]。『ドン・カルロス』の気品と流麗さ、躍動性と衝撃力に富んだ詩句は、少年トーマス・マンの心を熱狂させたのである。

5　演劇の教育的意義

「クラス劇」とは、クラスの一人一人の子どもが、他の子どもと協力し協同して、担任の指導のもとに全員で一つの劇を作り上げ、それを舞台で上演することである。上演までの過程では、クラスの子どもの保護者も、演劇のための衣装作りというかたちで協力する。それゆえクラス劇は、国語、算数、地理、歴史、化学等の学習とは異なる教育的意義をいくつも持つ。

第二章で述べたように、児童期の演劇教育の目標の一つは、子ども・人間の全体的・調和的発達である。シュタイナーにあっては、この全体的・調和的発達は、二つのことを意味する。すなわち身体、魂および霊の全体的・調和的発達であり、その二は、魂の中の思考、感情および意志の全体的・調和的発達である[458]。こうした目標を最も実現できるのが演劇であるがゆえに、ヴァルドルフ学校では演劇が重視され、盛んに行われる。

ヴァルドルフ学校での演劇の教育的な意義については、すでに触れた、演劇教育の盛んなイギリスおよびアメリカにおける、代表的な演劇教育者C・クック（Cauldwell Cook）、B・ウェイ（Brian Way）、G・B・シックスなどが明らかにする教育的意義と共通する点も多い。その教育的意義に大きく次の二つを挙げることができる。

第一に、演劇を通じて「子ども同士の関係性」[459]が育成され、同時に「社会的な態度の育成」[460]がなされるという見方である。シックスによれば、演劇は、子どもの成長や発展、自己表現を助長するだけにとどまらず、グループ活動をする中で、互いに尊重し合うこと、お互いに協力することなどを通して、他人との協調精神を養う[461]。

第二に、とりわけウェイの見解の中で強調されるように、子どもの全人格的な発達に寄与するということである。ウェイは、人格を「身体」「感情」「知性」などを含む七つの諸相に分類し、これらの資質が、演劇によって調和的に発達することを提唱した[462]。彼はこうした調和的な発達を、「全人格的な発達」すなわち人格の完全な発達ととらえ、演劇を通して全人格的な発達をうながすことができると考えた。このウェイの見解は、一面的な発達ではなく、「全体的・調和的な」発達を重視するシュタイナーの見方と類似していると見てよいだろう。ウェイの言う「感情」は、シュタイナーの「魂」に、またウェイの「知性」は、シュタイナーの「霊」に近いものと思われるからである。

演劇を子どもの全人格的な発達をうながすものとしてとらえる見方は、日本の演劇教育の先駆けとなった、小原國芳（一八八七－一九七七）の代表的な著書『学校劇論』の中にも見られる。彼は、演劇を「全人教育の一環としての芸術教育」ととらえているのである。このように、演劇が本質的に持つ人間形成に作用する側面、すなわち教育的な側面は、「演劇では、人物一人一人の自主性、主体性、協力的態度や創意工夫など、人格形成に必要な要素が自然に養われる」と『朝日新聞』でも取り上げられたように[463]、日本の公立学校でも掲げられている。

ヴァルドルフ学校では、演劇が持つ教育的な意義について、人智学的人間観の見地からより深く考察される。

それらは大きく次の四つ、すなわち（1）クラス共同体の形成と子どもの社会的能力の育成への寄与、（2）道徳性の形成、（3）自我の発達への寄与、（4）知的能力（知力・思考力）の成長・発達への寄与、に分けることができる。以下それぞれ詳しく考察したい。

（1）クラス共同体の形成と子どもの社会的能力の育成への寄与

ヴァルドルフ学校の各学年のクラスは、同年齢の子ども三〇人程度から成る集団であるが、共同体（Gemeinschaft）としてとらえられ、しばしば「クラス共同体（Klassengemeinschaft）」の名で呼ばれる[464]。この共同体では、競争は一切排除される。信頼と尊敬に値する権威者（担任）のもとで子どもたちは、喜びと楽しさに支えられて学習活動を行う。その共同体は、子どものうちにお互いに耳を傾け合い、お互いに理解し合う態度や他者を思いやり、許容する態度を育て、その中で子ども全員を一緒に成長へと導く学級集団である。子どもはこのクラス共同体の一員として、ともに学び、ともに成長していく。それは、高学年になり、個々の違いが際立ってきたとしても根底にあり続ける[465]という。こうした共同体の育成については、「すべての新教育運動は、共同体を強めることを課題としている」[466]とあるように、ヴァルドルフ学校以外の学校、とりわけ田園教育舎・オーデンヴァルト校でも重視される。

オーデンヴァルト校では、都市から離れた田園や山地に設けられた寄宿舎での共同生活を通じて、特色ある教育が行われ、さまざまな年齢層の生徒が混在して「自由学校共同体（Freie Schulgemeinde）」を形成している。オーデンヴァルト校を設立したP・ゲヘープによれば、「自由学校共同体」とは、一方で生徒の自由な自己発達を重視し、他方で生徒と教師を含む学校の全構成員が、学校全体に対して共同責任を担うことを目指す場である[467]。ここでは、共同体生活の中で、生徒が社会的な意識を獲得することが重視される。

すでに述べた田園教育舎系列の「海辺の学校」の設立者であるM・ルゼルケは、こうした共同体の中から演劇が生まれると見て次のように言及する。「あらゆる演劇は、共同体の生活から生まれるのであって、青年演劇の教育舞台は、必然的に青年の生活の場に属しているのである」[468]。「〈素人演劇〉は、〈共同体思想〉と〈民主主義的な意志〉の典型的土壌の中で生まれた、最も独自で創造的な教育実践の成果を凝縮したフォルムであった」[469]。また彼は、「学校生活から生まれる上演の共同体的性格」と述べ、演劇そのものが共同体の側面を有しているとともに、演劇が共同体を生き生きとした発展に導くととらえ、演劇が共同体の形成に大きな役割を果たす、と見たのである。

このように学校を一つの共同体ととらえ、その発展に演劇が役割を果たすと見る見方は、ヴァルドルフ学校特有のものではない。しかし、クラスを共同体としてとらえ、このクラス共同体を演劇によって形成していくという見方は、ヴァルドルフ学校特有のものである。「クラス劇にはクラスという共同体のつながりを深める力がある」[470]とエラーが述べるように、演劇は、クラス共同体を強固にする教育活動とみなされる。このことについて、グラースベックは次のように述べる。「演劇活動において最も素晴らしいことの一つは、やはり上演に向けて高まっていく共同体感情です。共同体感情とは演劇を作り上げていく過程でお互いが心を開き、一体となり、それによって、各々自分の能力が広がり、高まっていくことを意味します。これはクラス演劇の称賛に値する成果です」[471]。皆で一つの舞台を作り上げていくためには、上演に向けての練習や準備の過程において、クラス全員の団結や連帯（Solidarität）、結束が必要とされ、生じてくる。よく見られる、孤立したり、孤独を抱え込む思春期の子どもも、自分は全体を構成する一員であると感じ、自分が不可欠なものであると自覚し、共同責任を引き受けるという体験は演劇においてこそ、最も強く行われるという[472]。「今日の思春期の子どもたちは、かなり深刻に人生から疎外されています。そういう子どもたちを演劇は、ふたたび社会的連帯の中に連れ戻してくれます」[473]。

ところで、ヴァルドルフ学校の特徴は、共同体が生徒と教師のみならず、クラス共同体を「子どもと教師と親から成る共同体」[474]としてとらえられていることにある。この三者が一体となるクラス共同体をどのようにして作り上げていくかは、ヴァルドルフ学校の大きな課題の一つであるが、この大きな課題の実現に力を発揮するのが、クラス劇である。たとえば、クラス劇の衣装作りでは、多くの場合、母親たちも協力する。「当然のことだが、衣装には常に母親たちや同僚の助けが必要である」[475]。「多くの母親たちは、劇で必要とされる衣装の製作や準備、配慮を快くやってくれる」[476]。エラーは、生徒、教師、保護者が一体となって作り上げるクラス劇の、この実現への寄与の重要性を、「子どもと教師と親から成る共同体を強める各学年のことのほか重要な出来事は、クラス劇のための練習であり、その上演である」[477]との言葉で力説する。

次に示す作文には、本格的な演劇の上演が子どもの中に、どれほどの興奮を残すものかをうかがわせると同時に、演劇が子どもたち同士を結びつけ、クラス全員が一致団結して演劇に取り組み、それらがいかに子どもの心に大きな影響を与えているかが鮮やかに描かれている。

「ねえ、きみ！　うるさがられるかもしれないけど、どうしても、今のぼくのこの夢中な気持ちを、しゃべらせてほしい。この数週間、ぼくたちは、童話劇『ハーメルンの笛吹き男』にずっと取り組み続けてきたんだ。なんだ、童話劇くらいで、ときみはバカにするかもしれない。でもそれは、童話なんてもの以上の、大がかりな上演だったんだよ。先生たちもぼくたちも、全力を注がなければできない劇だった。……みんなで力をあわせてやるという体験、これはほんとうに体験してみた者にしかわからない。それは、〈特別なできごと(etwas Besonderes)〉だ！　この仕事をしながら、はじめて本当に見えてくるものが、いろいろあった。登場人物がどんな努力をし、出番で舞台にあがる直前、どれほど真剣に、気持ちをひきしめるか。そして、また、先生は目に見えないところで、どんなに気をくばって全部の仕事を軌道にのせているか。まずいところをすばやく見てとり、それをこっそり直してくれるか……こんなことが、ぼくには次から次に見えてきたのだ」[478]。

同じこの劇で、主役の一人を演じた子どもは、次のように記している。

「ハーメルンの笛吹き男、ぼくたちの童話劇！　ぼくたちの劇場！　無我夢中の練習！　……そして、ついに、ついに待っていたそのときがきた。劇は成功したのだ。最高のできばえだったのだ。みんなでお互いの成功を祈りあっていた。ひとりひとりが、セリフをしゃべっているあいだ、ぼくはずっと、その仲間の不安を自分の心にも感じとっていた。そして、ぼく自身が、舞台にあがるときには、そのたびに胸がドキドキして、冷や汗をかいた。でも、全部終わって舞台に立ったときには、みんなと成功の笑顔をかわしあいながら、ぼくたちに送られてくる拍手を、しみじみと味わっていた。舞台のうえでのぼくたちは、市民や役人や、そのほかいろいろな外見で登場していたけど、心のなかでは、みんなひとつに結ばれていた。友情のきずな (Ein Band der Freundschaft) が、ぼくたちをしっかり結んでいたのだ。ときにはセリフを思い出せないことがあって、役人や洗濯女の役の者が、困った顔で、プロンプターにセリフをつけてくれるよう小声で頼む場面もあったが、そんなときこそ、ぼくたちの一体感がよびおこされた」[479]。

この生徒の手記から読み取れるのは、クラス劇が、普段の学校生活では味わえないクラスメートとの深いかかわり、人間的なつながりを可能にする、ということである。生徒の手記によれば、生徒たちが、お互いに助け合って演劇を作り上げることの中で身をもって学びとるのは、お互いが「しっかりと結びついている（zusammenhalten）」[480]ということである。生徒は、上演までの過程および上演の中で、その結びつきの大切さと素晴らしさを実感として体得する。これは、言い換えると、共同体の形成の大切さと素晴らしさを、明確に意識するということである。子どもは、演劇を作り上げ、上演することを通してクラスが「通常のクラス」[481]ではなく、「固い絆で結ばれた一つの社会（Riesen- Freundschaftkreis）」[482]に高まるのを実感し意識する。「演劇は、クラスの中の困難な状況を克服したり、クラス共同体が分解した場合には、再びその共同体を結びつけることを助ける」[483]。ヴァルドルフ学校において重視されているクラス共同体の結束を高めるために、演劇は大きな役割を果たしている。

「練習では、子どもたちは一週間も経つと、少しずつ進むことを体験できます。前に何もなかったもの、つまりただ書いてあるだけのテキストが突然動き出して、生き生きと活動を始め、そしてこれがどんどん自分たちのものになることを実感できるのです。そうすると、クラスの中に強い連帯感が発生します。第８学年の終わり頃には、これが子どもたちをもう一度強く結びつけてくれます。学年が終わると、いろいろと別れもあります。転校する人もいて、何かが完成した一つの区切りの時期でもあります。この時期に、皆はもう一度共同的で大きなことを体験するのです」[484]。

シュタイナーは、「私達は、とりわけ教育についての包括的な真理を、ギリシャの教育理想から学ぶことができるのであります」[485]と述べ、古代ギリシャの人間観や教育方法から大きな影響を受けた。古代ギリシャでは、哲学、芸術、演劇がギリシャ精神の頂点をなす三大創造とされるが、中でも演劇は教育的価値を認められ、国家の保護下に置かれた[486]。異民族との絶え間ない戦争下にあって、自分たちが身を置くポリス（古代ギリシャの独立都市国家）を維持するために、演劇は、他者との関係や価値観を摺り合わせ、共有しながら一つのものを創造していく、すなわち共同体を形成する重要な一端を担っていたと考えられている。つまり、古代ギリシャにおける演劇の理念が、ヴァルドルフ学校の演劇活動においても反映されているのである。

クラス共同体の形成は、その共同体の中で生きる子どもの社会的能力の発達をうながす。シュタイナーは多大な影響を受けた、ゲーテの演劇小説『ヴィルヘルム・マイスターの修行時代』における主人公が、さまざまな演劇体験を通じて経験する自己発展の過程に言及して、「人間がこの社会的かかわりの中で成長することによって、いかに固有の人格を発揮していくかが見てとれる」[487]と述べ、この過程が「社会的なかかわり」を意味することを見てとり、その大切さを看取する。このことについて、グラースベックは次のように言及する。「社会全体の中で、誰もが自分に合った場所を見つけ、自分が皆のために役に立つようにしますが、それは生徒一人一人も自分で実感しなければなりません」[488]。これは、社会的学習（Soziales Lernen）、社会的能力（Sozialer Kompetenz）[489]という言葉で言い換えられる。このことに関して、アメリカのヴァルドルフ学校教師であるA・M・

ピティスは、次のように述べる。「演劇はまず第一に、ある社会的な芸術であり、一つのクラス内での個人と共同体という対極性の間で、ある健康的な均衡を作り出す課題を背負っている」[490]。

言うまでもなく、人間が生き成長するとは、集団社会（共同体）の中で生き成長することである。そのために必要なことは、人間が集団社会の一員であることを自覚し、完全な共同責任を引き受けることのできる社会的能力を持つことであるが、演劇を作り上げ、上演する中で子どもたちは、集団の一員として生きる大切さと素晴らしさを体験し意識するとともに、その能力を身につけることができる。

たとえば、役を演じるにあたっては、他人に感情移入する中で、のちに社会的生活を豊かにすることのできる能力を早い段階で磨くことができるという[491]。さらに、一つの演劇を成功させるためには、役を演じるだけではなく、それぞれの子どもが舞台装置や照明、音響など責任を持ってかかわり、舞台上でも舞台裏でも皆がともに協力して活動しなければならない。グループの中で責任を持って仕事をすること（音響や照明といったスタッフワークを意味するものと思われる、筆者注）、状況を見渡しそこから学ぶこと、習得したことを全体の中に位置づけること、積極的に批評を行い発言し、そして批評を受け取ること、クラスメートの能力を認め尊重すること、交渉すること、断念すること、仕事を分けること、そして自己の内面での騒乱を一つの演劇の中で体験すること[492]など、演劇は子どもが集団社会（共同体）の中で生き成長する力を育む。これは、ヴァルドルフ教育研究者B・ピーチュマンも述べるように、「社会的な能力の獲得に向けてのプロジェクト」[493]である。グラーフはこれに関連して次のように述べている。

「やはり上演より大切なのは練習ですね。練習の時に、社会的な問題もたくさん表面に出てくるからです。練習している間は、互いに触れ合うことが多く、クラスにとってよい社会的経験になります。ですから、もめごとや喧嘩があり、ナーバスになったりする四週間や六週間の期間が、社会的な経験をする一番大切な期間なのです」[494]。

グラースベックも次のように述べている。

「演劇に取り組むことによって、子どもたちの中でもいろいろなことが起こります。普段あまり付き合っていなかった人とも話し合わなければなりません。何となく自分の道を歩みながら、八年もの間、一緒にいたのにあまり気にとめなかった人が突然、全然違うふうに見えてくる。社会的な面で、変化がたくさんあります」[495]。

「演劇が本来の目的であるというよりは、むしろ社会的な感覚を子どもたちに教えるものとして、演劇教育をとらえています。子どもたちが互いに他の子どもたちから学び合う、他の子どもたちと一緒に社会的に何かをするということは、クラス全体にとっては大変なことです。クラス全員が力を合わせ、公演をうまく成し遂げるということに大きな価値が置かれているのです」[496]。

そしてシュタイナーは次のように述べている。

「正しい仕方で、子どもの本来の要求に応じられるように、こころもからだも健康な状態で社会に出ていけるように、そして、社会をも自分自身をも前進させることができる何かを身につけて社会に出ていけるように、教育できなければなりません。その意味で、個人と社会両方の要求に応えうる教育をすることが私たちの努めでなければなりません」[497]。

シュタイナーによれば、この教育を可能にするのが演劇である。

(2) 道徳性の形成

「一人はすべての人のために、すべての人は一人のために――私たちのクラス劇」。これは、ウィーン・マウアーのヴァルドルフ学校の第８学年生が、クラス劇の上演終了後に、この学校の月報 “*Moment*” に寄せた手記の表題である。この表題に、クラス劇の教育的な意義の一つが示されている。それは、端的に言えば、自分の利己的欲望に支配されることなく、互いに助け合いながら生きるという愛の実践を行う力、つまり道徳性の形成である。演劇の教育的意義の一つはこの形成にある。シュタイナーによると、七歳頃から一四歳頃までの時期で最も強く成長しようとするのは、感謝と愛と義務の道徳性のうちの「愛」である[498]。この愛は、自発的に他人のために手助けする力のことであるが、「クラス劇」は、この愛の力を育むことに貢献する。

子どもたちが演劇を作り上げる過程で、このような道徳性をいかにしっかりと習得していくか、それは、子ども自身の生の言葉に接すればわかる。前述の “*Moment*” の手記で、ある生徒は「私たちは、ともに成長し、お互いに助け合った」[499]と書き、他の生徒は「私たちはお互いによく助け合った。それでクラス共同体は、演劇を作り上げる中で、本当に成長した」[500]と記す。また別の子どもは、「私は多くのことを学んだ。もし三二人の生徒と数人の教師が助け合わなかったら、劇を作り上げることはできなかっただろう。〝すべての人は一人のために、一人はすべての人のために〟」[501]と記すのであった。また、ウィーン・マウアーのヴァルドルフ学校卒業生A・コナスは、ヴァルドルフ学校での演劇活動を振り返って次のように述べている。

「クラス劇はクラスの結束を引き起こしました。クラス劇は私に、他人とともに何かを作り上げるとはどういうことか、という感情を発達させることに役立っています。つまりクラス全員がともに活動し、互いに助け合わねばならないからです。クラス劇は自分ととりわけクラスメートをも、新しい仕方で知ることのできる共同作業なのです」[502]。

「皆と一緒に劇を作っていると感じることができて嬉しかったです」[503]、「皆で一つのもの（劇）を作っているんだと感じさせてくれました」[504]、「劇の練習が集中的になると、少しずつ皆の一員という感覚や、皆もそれぞれに悩み、努力しているんだということが分かり、支え合っているというのも感じられました」[505]。クラス劇は、まさしく道徳性が単なる言葉ではなく、実際の行為によって育成される教育活動の一つなのである。シュタイナーによれば、ヴァルドルフ学校の教師たちの達成すべき最高の課題は、子どもの道徳性の形成にある[506]。

もとよりクラス劇を作り上げるには、台本の読み合わせ、演技、大道具や小道具の製作、衣装や舞台の準備、音楽、照明その他あらゆることについて、担任と子どもの間で、また子ども同士の間で相互援助が必要とされ、子どもたち自身が実際に援助し合う。相手役の練習に粘り強く付き合う、大道具で言えばある子どもはのこぎり、別の子どもは釘打ち、また別の子どもはペンキで色塗り……といったように役割分担し、協力して作業を進める。衣装が未完成のクラスメートがいれば、縫い物の作業を手伝う。助け合い、協力し合う日々の積み重ねがなければ、上演は成功しない。一つの演劇を成功させるためには、演じるだけでなく、各々が舞台装置や照明、音響など責任を持って仕事をこなし、舞台上でも舞台裏でも皆が協力し合って、心を一つにしなければならない。

このように、他人を愛し、互いに助け合い協力し合う力すなわち道徳性の育成には、シュタイナーによれば、教師の存在が大きな意味を持っている。子どもの発達段階から見ると、愛の力、つまり他人を助け、他人の成長のために尽くして生きる力の育成に決定的な役割を果たすのは、シュタイナーによれば、子どもが信頼し尊敬してつき従っていける権威者すなわち教師である。他人を愛するという愛の力は、子どもが児童期に権威者を得て、権威者とじかに触れ合い、権威者のもとで学び成長するとき、健全に育つ。子どもたちは、演劇上演を指導し、自分たちを導いた教師に対する尊敬と信頼の念、そして感謝の気持ちを、教師一人一人（担任教師、家庭科の教師、音楽の教師など）の名前を挙げて書き記している。「一面ではこれは、私たちのクラス担任だったアッペル先生とともに行う最後のプロジェクトだった」[507]。「私はこのクラスの一員でよかった、このような〝素晴らしい〟教師（"Toller" Lehrer）のもとでやれてうれしかった」[508]。ヴァルドルフ学校の教師によると、目的に向かった芸術的な練習は、生徒間同士の関係と同様、教師と個々の生徒との間の関係をも新しくし、活気づけ強める[509]。

このように、クラス劇での子どもと教師の関係は、子どものうちに教師への愛を一段と深め強いものにする。シュタイナーは次のように述べる。「内的に生徒との道徳的関係（Moralisches Verhältnis）を築くことが重要です」[510]。子どもが教師の喜ぶことを進んで行い、教師の困難を進んで助け、総じて教師のために行為するというほど深く愛するようになったとき、シュタイナーはそこに、後にすべての他者に開かれていく「普遍的な人間愛」の萌芽を見るのである。これは子どもの道徳性の成長ばかりでなく、宗教性の成長に寄与する力となるがゆえに、きわめて重要である。シュタイナーによれば、児童期の子どもの宗教性、すなわち「神の存在の感知」が、子どもが教師への愛を深めることの中で行われる[511]ものだからである。それゆえ、彼は次のように言う。「一四歳、一五歳から一八歳の時期は、教師と生徒の基本的道徳関係が入念に築かれねばならない」[512]。

（3）自我の発達への寄与

第二章ですでに述べたように、人間はいかなる者であれ、自分の生き方を、真理や善を探究し、この実現を目指す生き方として構築することを願い欲する。意識魂を中心に置く生き方は、そうした生き方であるが、シュタイナーによれば、この意識魂で注目しなくてはならないのは、一人一人が、自分のうちにある「私」を意識する力である[513]。つまり意識魂の働きには、「自我」を「意識」する作用がある。人智学的人間観によると、一三歳、一四歳以降の思春期に入ると、「私」や「自我」と呼ばれる個の形成にとって重要な力が、最もめざましく成長する。彼によると、子どもは「自分」を以前よりもはるかに強く意識し、他人と違うかけがえのない「私」というものを表現しようとする。自我の力によって自分を明瞭に意識し始めた子どもは、演じること、すなわち「自分」から離れ、役の人物に自分を重ね合わせることによって、逆に自分自身や自分の行為、現実の自分と理想の自分のあり方、生き方などについて思いをめぐらせ、自分と他人との関係、そして自分を取り巻くあらゆるものごとにも意識を向け、理解を深めるようになるという。とりわけ思春期の子どもに対しては、演劇はこのような点で極めて有効である。演劇は、自意識を目覚まし高め、自己を見つめることへと子どもを導くことに寄与するのである。

（４）知的能力（知力・思考力）の成長・発達への寄与

シュタイナーによれば、事物を因果関係で理解する力の成長とともに、子どもは以前よりもずっと事物を知的に理解しようとするが、ここで注目すべきことは、その力の成長とともに、子どものうちに自己と広大な宇宙・世界への関心、および知的な探究欲が大きくなるということである。子どもは、一三歳、一四歳、一五歳……と年齢の経過の中で、自分の将来の理想的な生き方、理想の社会、道徳・宗教的なもの、政治、経済、科学、文学、芸術その他さまざまな分野に関心を持ち、それらを知的に探究しようとする。シュタイナーによれば、この関心と探究が際立ったかたちになるのは、第二次性徴以後、つまり一四歳以後二一歳頃までの思春期・青年期である[514]。しかし、一三歳～一四歳の時期にも、すでにその関心と探究は、いわば助走のかたちで徐々に大きくなり活動的になる。T・リヒターは、その時期を「青年期の入り口」と呼んで、子どもの成長段階における重要な時期と見る[515]。

シュタイナーによると、一三歳、一四歳、一五歳頃の教育の目標の一つはこうした思考力や判断力、すなわち子どもの知的な能力を育成することである。思春期の子どもは知的な力を伸ばしたい、高めたいという欲求を持って生きるが、こうした欲求は、シュタイナーにあっては、同時に教育の目標につながる。彼によれば、子どもの欲求を満たすことが、教育の目標になるからである。すでに述べたように、「僕たちは今、シェイクスピアの『ジュリアス・シーザー』を読んでいるのですが、この『ジュリアス・シーザー』を上演したいのです」[516]との、少年の言葉に示される演劇への欲求は、単に演技をすることへの欲求にとどまらない。シュタイナーによれば、一二歳頃以降の子どもの演劇への欲求は、増大する知的な欲求と一体となって現れてくるものである。シュタイナーは言う。「知的なもの（Intellektualität）を発達させるために、若き本性が、子どもの全存在をかけて演劇を求めているのです」[517]。この少年の例で言えば、少年は、伸びの勢いが増し始めた知的な力をさらに一段と発達させるために、『ジュリアス・シーザー』を演じたいと願ったのである。

シュタイナーによれば、子どもは、その年齢を過ぎる頃になると、偉大な人物への憧れを持つようになり、その人物を、歴史的状況、気質、性格、生き方その他の視点で知的に理解しようとする[518]。ストーリーが進むにつれて、その役がどのように発展しているか、あるいは、自分が演じる人物の典型的な特徴が、台本のどの部分にどう現れているか、などが挙げられよう。これは、この時期の子どもの特徴である、「原因（Ursache）」と「結果（Wirkung）」の関係を、思考によって知的に理解する力[519]の現れでもある。こうしたことについて、シュタイナーは具体的に次のように言及する。

「たとえば演劇においては、劇が何幕かに分かれていること、劇の構成、いかに葛藤が生じ、いかに解決へと導かれるかに注意を向けさせます。……私たちは子どもに、劇のなかで私たちの感情がいかに緊張し、同情と恐怖に貫かれるかを示します。そうして、いかに私たちが恐怖と同情に対して、感情の均衡を保つことを学ぶかを示します」[520]。

言うまでもなく、シーザーをよりよく演じるためには、彼の性格、感情の変化、考え方、生き方、他の人物との関係その他を十分に認識しておかなくてはならない。シュタイナーによると、思春期に訪れる大きな変化の一つに、「知ること（Kennen）」から、この「認識すること（Erkennen）」への移行が挙げられる[521]。「以前は、彼らは物事を見つめて知識を獲得したが、今や彼らは判断を下したいと思い、認識を獲得したいと望んでいます」[522]。それゆえシュタイナーは、「子どもが、知識から認識へと移行できるように顧慮する必要があります」[523]と述べる。

舞台で演じるにあたって必要とされるのは、単なる知識を獲得するのみではなく、自分が演じる人物についておよびその人物の感情の変化、その場面の状況、ある出来事が起こりえた背景、他の人物との関係などを「認識」することである。自己と外界との関係を「認識」するとは、頭、心、身体全体で理解し、子どもの内面に真に浸透し息づくものにすることである。その認識のためには子どもは、実際に思考力を使用し、活動させなくてはならない。『ジュリアス・シーザー』を演じるにあたっては、思考の内容を、具体的に言葉と動作に表すことを求められる。

このように思考力を実際的に使用し活動させること、および思考内容を具体的に表現することによって、子どもの知的な力の発達は促進される。シュタイナーは言う。「子どもが性的に成熟し、知識が認識へと移行すべきとき、知力が目覚めます」[524]。劇中で起こる事件や状況、そしてさまざまな登場人物の生き方に向き合うことによって子どもは、人間とは何か、愛とは何かといった問いを発し、さらに文学、歴史、政治、社会、自然、芸術、宗教、その他広範な領域を意味する広大な宇宙・世界に強い関心を持ち、その背後や奥にある本質や法則を、意欲的に思考するようになる。

シュタイナーの言う知的な力には、独立した判断力も含まれる。シュタイナーが「思春期になると、個人的な判断力が現われます」[525]と述べるように、思春期から青年期にかけて、自立的な判断力の発達が始まる。子どものこうした発達を考慮して、最終的には教師が主導権、決定権を持つものの、たとえば子どもも台本を決める際に自分の意見を述べたり、小道具を製作したり、教師は子どもがやりたい役の希望を考慮したりする。これはこの時期の子どもに関して「教師の提案を自ら判断する」[526]とのシュタイナーの見方や、彼の次のような言葉に基づいている。「この年齢において開花する判断能力（Urteilsfähigkeit）は、世界のあらゆる領域に向けられねばなりません」[527]あるいは、「単に知的な判断能力ではなく、あらゆる方向に向けられる包括的な判断能力が、性的に成熟したのちに発展します」[528]。「この時期の人間は、想像的存在であり判断者である」[529]。

もとより、能力は、これが実際に使用され活動することによって成長する、というのが能力の成長の原則であるが、演劇は、まさにこの原則に従って、知的な力の成長を保証する教育活動であると言える。子どもの「知ること」から「認識すること」への欲求を満たすために、演劇は思春期の子どもにとって大きな意味を持つ教育活動である。このように、演劇への欲求の底には、世界を知的に探求しようとする思春期の子どもの本性的な欲求、すなわち知的な力の発達への欲求が働いており、子どもはこの欲求を満たそうとして演劇を行おうとするのである。

結　章　演劇を指導できる教師の育成
――ヴァルドルフ教員養成大学における演劇教育――

ヴァルドルフ学校における演劇活動を支えるのは、演劇を適切に指導できるこの学校の教師の存在である。それゆえ、ヴァルドルフ学校にとって演劇を指導できる教師の育成はきわめて重要である。まえがきで述べたように、わが国でも、演劇教育を行う教師の欠如が大きな問題となっており、演劇を適切に指導できる教師の養成が急務となっている。ヴァルドルフ学校の教師の養成は、シュタイナーによる人智学的教育学に基づく独自のヴァルドルフ教員養成大学で行われ、そこでは演劇教育にも力が注がれる。この教員養成大学で重視されている「演劇」、ならびにヴァルドルフ学校での演劇実践を支える教師の育成が、どのようにして行われるのかを明らかにすることをもって、本書の結びとしたい。

第一章ですでに述べたように、ヴァルドルフ学校では、演劇の指導は外部の演劇指導者によって行われるのではなく、この学校のクラス担任によって行われる。つまりこの学校では、演劇を指導するためには担任教師であることが必要であり、クラス担任としての資質、能力および力量がまず何より求められる。言い換えれば、クラス担任としての資質、力量を持っていなければ演劇を指導することはできず、それゆえ担任教師を十分に務めることが演劇指導の前提であり、必須条件である。

本章では、次の二つのことを明らかにしたい。一つは、ヴァルドルフ教員養成大学における教員養成についての概要、すなわちヴァルドルフ教員養成大学のコース、目指される教師像、とりわけ八年間一貫担任を全うできる教師、およびその育成のための教育課程について概観することである。その理由は前述のように、クラス担任であることが演劇指導の前提となっているからである。もう一つは、ヴァルドルフ教員養成大学において行われる「演劇」がどのようなものであるか、演劇の目的、位置づけ、形態等を解明することである。

第一節　ヴァルドルフ教員養成大学の概要

すでに述べてきたように、ヴァルドルフ学校では、独自の教育課程、独自の教育方法を用いた一二年間の一貫教育が行われており、中でも八年間一貫担任制はこの学校の大きな特徴の一つである。教師が一つの学級を持ち上がりの形で八年間一貫して担任することは、容易なことではない。もし担任の教師がたえず子どもに眼を注いで、子どもを深く多面的に把握し、子どもの本性に即し個性を考慮した授業を展開しなければ、八年間一貫担任は、子どもの成長にプラスに働くどころかマイナスに働き、その本来の成長を阻害するものとなるだろう。教師の資質・能力が十分でなければ、とくにヴァルドルフ学校の場合、それは致命的な欠陥となる。また、客観性を尊重するテストがないために、教師の主観性、恣意性が強く表れることになり、その際に教師の資質、能力に問題があるのならば、子どもに対する適切な指導は望めなくなる[1]。

ヴァルドルフ教育では、そうした問題が生じないように、教師の養成に対してとりわけ大きな力が注がれている。その顕著な表れは、シュタイナーによる人智学的教育学に基づく、独自のヴァルドルフ教員養成大学の存在である。そこでは、実践の基盤となる理論として、シュタイナーの世界観、社会観、人間観、教育観が教授され、さらには彼の考え方に基づいた芸術や体育などが行われている。また、その上で、長期間の教育実習が課されている。

ヴァルドルフ学校と教員養成はきわめて密接に結びついており、切り離して考えることはできない。「ヴァルドルフ教育の発展と相互のネットワークにとって決定的な意味を持つのが、教員の養成です」[2]。教員養成大学による教師養成が適切に行われてきたがゆえに、他の多くのドイツ改革教育運動の実践が姿を消したのとは対照的に、ヴァルドルフ学校は今日まで発展を遂げてきたと言われている[3]。たとえば今井重孝は、第二次世界大戦後も、フリー・スクール運動などさまざまな教育実践が展開されたが、一つの理念に基づいた独自の学校が世界各国に約一、〇〇〇校というスケールで広まったというのは類例がない、と指摘し、その原因の一つに、ヴァルドルフ学校が独自の教員養成制度を持っていることを挙げるのである[4]。

1　教員養成のコース

最初のヴァルドルフ学校は一九一九年、シュタイナーによってドイツ・シュトットガルトに設立された。この新しい学校の設立の準備に向けて、最初の人智学講義がシュタイナーによって行われた。これがヴァルドルフ学校の教員養成の始まりであり、その後一九二六年、シュトットガルトにヴァルドルフ教員養成大学の前身である、ヴァルドルフ教員養成セミナーが創設された[5]。ヴァルドルフ教員養成大学は今日、ドイツだけで全日制の教員養成大学が一一校、定時制が二一校、世界三三カ国には約一〇〇校が存在する（二〇一〇年現在）[6]。

ヴァルドルフ教員養成コースには二つの種類がある。一つは全日制コースであり、もう一つは定時制および社会人のためのコースである。全日制コースをさらに詳細に見ると、クラス担任養成コース（第1～8学年）、専科（外国語、音楽、家庭科、体育等）担当教師養成コース、上級学年（第9～12学年）における専科担当教師養成コース[7]に分かれる。入学資格がそれぞれ定められており、その入学資格によって修業年限も異なっている。たとえばシュトットガルトの教員養成大学では、次の四つ、すなわち①一年養成コース、②一年半養成コース、③二年養成コース、③四年養成コースに大別できる[8]。一年コースは、すでに大学等の教員養成の課程を修了し教員資格を持っている者、音楽、美術、演劇など専門科目の資格を持っている者、教科に該当する学問を大学で専攻し学士ないしは修士の称号を得ている人などが、その基礎の上にヴァルドルフ教育学を学び、ヴァルドルフ学校の教師になる資格を得るためのコースである。これはリンデンベルクによる、「ヴァルドルフ学校の教員養成は、その多くが、普通の公立学校教師養成の上に補足教育を加える形をとっている」[9]との言及に当てはまる。それに対して二年コースは、そのような資格の既得者でなく、資格取得のための途上にある者でも入学できる。なお、四年コースはわが国のシステムで言えば、高卒が入学資格で、一年半コースはヴァルドルフ学校の上級学年を教える教師の養成である。このように入学以前の学歴、資格の有無によってどのコースに入学するかが決まる[10]。他の国のヴァルドルフ教員養成大学には、三年コースを加えているところもある。

これらさまざまなコースでは、授業素材（教材）を各々の年齢段階に相応させて作り上げることを学ぶ。クラス担任養成の重点は、各々の年齢段階における子どもの発達についての基本的な学びと、さまざまな授業領域の専門的、方法的基礎を獲得することにある。また、専科教員の養成の目的は、専門的な能力を獲得するというよりはむしろ、それまでに（ヴァルドルフ教員養成大学入学以前に大学等で、筆者注）獲得した専門知識を活性化させ、応用させることにある[11]。

2　教員養成大学で目指される教師像

ヴァルドルフ学校の教育を担う教師の養成は、シュタイナーの教師観に基づいて行われる。彼の教師観の根底にあるのは、子どもとは何か、人間とは何かという認識である。

「ヴァルドルフ学校の教育方法は、何よりもまず人間についての基本的な認識を獲得しなければならない、という原理から出発します。……セミナー（ヴァルドルフ教員養成セミナー、筆者注）でヴァルドルフ学校教師にまず伝えられたものは、基本的な人間についての認識だったのであり、……と申しますのも、人間存在がいかなるものかを理解して初めて私たちは、いかに教育すべきかということを知り得るからであります」[12]。

すでに述べてきたように、シュタイナーは子ども・人間を身体、魂、および霊の三つから成る存在ととらえ、年齢の経過とともに変化するこの三つの結合関係から導き出される三つの時期、すなわち幼児期（〇～七歳）、児童期（七～一四歳）および思春期・青年期（一四～二一歳）の本性の特徴を教育の方法原則に据える。

ヴァルドルフ教員養成大学では、こうしたシュタイナーの子ども・人間についての認識を深めた上で、シュタイナーが目指す教師像や、ヴァルドルフ学校における「教師のあり方」の問題が提起される。教師が子どもの教育で最も根本的なこととして考えなければならないのは、教師自身であり教師自身の人格である。世界で初めて設立された当時のヴァルドルフ学校の教師を務め、ヴァルドルフ教育運動の代表者として、ヨーロッパ各地で精力的な講演活動を展開したK・ハイデブラントは、次のように言及する。「教員養成の課題は、教師になる人間を科学的―知的な硬化から解放し、創造的で自由な人間にすることです」[13]。シュタイナーによると、教育の方法の根源的なものとして重視されなくてはならない教師とは、二つの資質、すなわち権威および芸術性を具備した教師のことを言う。まず権威者としての教師について述べよう。

すでに述べたように、シュタイナーによれば、子どもは自分のそばに権威者を置き、この権威者に従うことによって、自己を発達させせようとする本性を持つ。「七歳までの子どもは、徹頭徹尾、模倣する存在でありますが、七歳、すなわち歯牙交代期からは、とりわけもっとも広い意味において自然な感情に基づく権威によって示される事柄に従って、固有の内面を形成しようとする存在となるのであります」[14]。第四章第一節ですでに述べたように、教師の権威は、教師が深く豊かな精神を持つことによって生じる。深く豊かな精神を持つとは、端的に言えば、子ども・人間を適切に見る眼を持つことであり、子ども・人間の本性を深く認識することである。より具体的に言えば、子ども一人一人のうちにとりわけ神的な「霊」および「魂」を認識し、それらに畏敬の念(Ehrfurcht)を払うことである。こうした認識を持って子どもの前に立つとき、教師のうちに自ずと権威が生じる。

ヴァルドルフ学校の教師に求められる第二の資質は、芸術性である。ヴァルドルフ学校では、絵画や音楽、演劇など芸術活動が頻繁に行われる。水彩画やデッサン、クラス劇やコーラス、オーケストラはもちろんのこと、エポック授業においても、たとえば歴史の時間では、生徒はノートいっぱいにコロンブスの船の絵を描く。担任教師はそのお手本として、黒板にコロンブスの乗った船の絵を描く。さらに『コロンブス』というクラス劇を上演する。当然、担任教師には絵を描いたり、クラス劇の指導を行う力量が求められる。ヴァルドルフ学校の教師は、国語、算数、理科をはじめとするすべての授業を、絵画・造形的、音楽的、演劇的なものを存分に取り入れて展開することができなければならない。ヴァルドルフ学校元教師で元イギリス人智学協会会長のA・C・ハーウッドは、このことに関して次のように言及する。

「担任は芸術家にもなろうとしなくてはならない。というのも、自然や科学や歴史についての授業をしているとき、絵や彫塑を必要とするような事態が必ず生じるし、簡単な劇を創作して上演することも必要になってくるからである。芸術活動は子どもが実際の授業で経験する事柄から生じなければならず、子どもは決して、〈芸術〉は特別な先生について習う特別な科目だと感じてはならない」[15]。

ヴァルドルフ学校元教師G・チャイルズも次のように述べる。「すべての教師は水彩画、素描（またはデッサン）、粘土細工、音楽、演劇、話し方、そして歌、オイリュトミーという分野で、さまざまな種類の芸術の訓練を受けるべきなのです」[16]。ところで芸術に浸された授業の背景には、第四章第一節で述べたように、この時期の子どもが芸術的なものに対する無意識的な欲求を持つ、とのシュタイナーの見方がある。ヴァルドルフ学校の教師に求められるものは、こうした子どもの本性および子どもの「内的欲求」を深く認識することである。さらに、芸術そのものに対する愛や、芸術的なものに対する「感激力（Begeisterungsfähigkeit）」、そしてとりわけ教師自身が、その内面において芸術性を帯びていることが重視される[17]。このような芸術性を具備した教師をシュタイナーは「教育芸術家（Erziehungskünstler）」と呼ぶのである。このようにヴァルドルフ学校で求められる教師像の中心となるのは、権威者として、そして教育芸術家としての力量を備えた教師である。

さらに特筆すべきは、この学校の特徴の一つである八年間一貫担任制ゆえに、子どもの発達段階に対する深い認識を持ち、八年間という長期にわたって、子どもを指導できる力量を身につけなくてはならないことである。「八年間というクラス担任の期間についての問題は、担任の先生の力量にかかっています。それは、成長する自分の生徒たちの発達段階とともに、自分の授業の展開の仕方をも発展させ、変化させ、生徒との深いつながりを保つことができるかどうかにかかっています」[18]。クラス担任は、国語、算数、理科、郷土学、歴史や神話、天文学、鉱物学、絵画、音楽、演劇、農業やパン作りに至るまでさまざまな分野の授業を行うことができなければならない。このことの意味をエラーは次のように述べる。「担任の先生がたくさんの分野の授業をすることによって、すべての分野を関連づけることができます。地理、歴史、天文学、鉱物学、植物学といったさまざまな授業は、すべてつながっているのです」[19]。

こうした多岐にわたる分野と取り組むことは、決して容易なことではない。しかし、エラーが述べるように教師は決して完成され、完結した存在ではない。教師自身が一人の人間として、絶えざる「自己教育(Selbsterziehung)」を行うことにより、柔軟に考え、変化し続ける能力を持ち、豊かな精神性を具備することが大切である。このことをシュタイナーは、「教師はたゆまぬ自己教育の努力とともに、世界の法則や人間存在についての包括的な見方をできるだけ持たなければならない」[20]と述べる。絶え間なく生涯にわたって学び続けることが教師の条件であり、教師になる者は内的に発展しなければならない[21]と言う。

以上、ヴァルドルフ学校で求められる教師像、すなわち①子ども・人間についての基本的な認識を持っていること、②権威および芸術性を具備していること、③子どもの発達段階に対する深い認識を持ち、八年間という長期にわたって子どもを指導できる力、および自己教育力を身につけていること、について述べた。こうした力量を持った教師を育成することがヴァルドルフ教員養成大学の目的である。ではこの目的を実現するために、実際ヴァルドルフ教員養成大学ではどのようなカリキュラムおよび教育内容が展開されているのだろうか。

3　ヴァルドルフ教員養成大学の教育課程

ヴァルドルフ教員養成大学のカリキュラムは、次の四領域に分けることができる[22]。

A　人智学的立場による人間学、教育学の基礎的研究（人間学、植物学、音楽論、宇宙論など）――思考的、認識的活動が中心となり、その能力を練ることが目指される。

B　各教科領域の内容の研究（ドイツ文学、歴史、文化史、神話学、幾何など）――Aに同じ。クラス担任養成コースにおいては具体的に以下のことを習得しなければならない。エポック授業すなわち国語（ドイツ語）、理数科目（数学、物理、化学、博物学など）、社会科（歴史、地理）に加え、最低一つの副専攻（英語、フランス語、ロシア語、音楽、手仕事、手工業（工芸）、庭仕事、体育、オイリュトミーあるいは第9～12学年における実践的な芸術教科）と芸術科目である。

C　教育方法、教授法についての学習（文字の書き方・読み方の指導、算数の指導、文法の指導、方法論一般すなわちエポック授業の科目の配列の仕方、教材研究、ノートの作成、保護者との関係など）――教育実習が大きな役割を果たす。

D　芸術活動を通した体験学習――絵画（水彩画）、彫刻、音楽、言語造型、オイリュトミーが全養成期間を通じて行われる。集中講義、あるいは発表・上演のかたちで演劇が行われる。

学習内容の観点から区分された四領域は、さらにどのような能力の陶冶を目指すのかという観点から、三つの分野に分類される[23]。これは教育課程の三分野（第一分野＝A、B、第二分野＝D、第三分野＝C）と名付けられている[24]。シュトットガルトのヴァルドルフ教員養成大学の発足は一九二八年であるが、このような教育課程の編成の仕方、すなわち三分野四領域が取られるようになったのは、戦時中のナチスによる中断ののち、一九四五年にヴァルドルフ学校とヴァルドルフ教員養成大学が再建されたときに始まる。当初は戦前一九三〇年代の経験を整理し、望ましいヴァルドルフ教員養成大学のあり方を模索していたのだが、その中からこのような編成が次第に形を整えてきた[25]。教員養成大学では、この三分野をバランスよく考慮したカリキュラムが組まれている。とりわけ、教育実習と芸術活動が重視されている点が特徴である。

第一分野――人智学的立場による人間学、教育学の基礎的研究および各教科領域の内容の研究を行う。各々の年齢段階における子どもの発達についての基本的な学習と、授業でとり扱う教材、教科の内容について学問的に正しい豊かな知識の獲得に努め、さまざまな授業領域の方法的基礎を習得する。

第二分野――この分野は教育芸術（Erziehungskunst）[26]の担い手である教師の養成を目指し、一人一人の教師の教育芸術家としての力量を高める上で中軸的役割を担っている。第二分野の教育課程によって学生が体験するのは、オイリュトミー、言語造型、音楽、絵画、造形芸術等の教科において、芸術体験を自ら行うこと、すなわち芸術的感性を働かせ芸術活動がもたらす感動や感激を豊かに体験することである。そしてそれにより教育芸術を展開できる土台を培うことである。

第三分野――教育方法、教授法についての学習を通して、学校における教育の実際、教師の実務についての実際的、技術的能力を向上させることを目指す。

これら三つの分野について、時間割の配分比率で見ると、第一分野：七、第二分野：八、第三分野：五となり、第二分野の比重が高い。このように第二分野が重視されるのは、この分野の教育課程がヴァルドルフ教員養成の要であるからである。シュタイナーによれば、芸術活動は感情を潤し、意志の力を呼び覚ます。また、生命に活力をもたらすとされる。それゆえ履修過程において、さまざまな芸術活動に積極的に取り組むことが推奨される。ハイデブラントは次のように述べる。「シュタイナー学校の教員養成の本質的な部分は、芸術作業なのです。芸術行為なしに教師になることはできません。絵を描き、スケッチをし、彫塑、音楽、オイリュトミー、言葉の造型、体操をおこないます」[27]。彼女によれば、芸術活動は単に芸術作品の創作にとどまらない。それは、自分のものにした知識を芸術的に構築し、子どもの直観力に適ったものに発展させる力をも育む[28]こと、すなわち「すべての授業を通して芸術的要素を浸透させる」[29]ことである。

具体的には、たとえばウィーンの教員養成所（Lehrerseminar der Goetheanistischen Studienstätte）の三年コースでは、以下のかたちで三年間の教育内容が示されている[30]。

一年目（1. Studienjahr）

人智学的人間学、ヴァルドルフ教育学の基本、シュタイナーによる認識理論の習得

一学期（1. Trimester）

・ヴァルドルフ教育学の基礎と目的について

・明暗デッサンとゲーテ的芸術方法の習得

・シュタイナーによる著作『自由の哲学（*Philosophie der Freiheit*）』、『思考の実際的訓練（*Die praktische Ausbildung des Denkens*）』から重要部分の読解

・ヴァルドルフ学校での臨時聴講Ⅰ（一週間）

二学期（2. Trimester）

・三つの領域（身体、魂、霊）から成る人間についての認識

・水彩画とゲーテ的色彩観の習得

・シュタイナーによる著作『神智学（*Theosophie*）』をテキストにして学ぶ

・教育学ゼミナールで、子どもは三つの領域（身体、魂、霊）から成る存在であることの観察訓練および認識訓練

・ヴァルドルフ学校での臨時聴講Ⅱ（一週間）

三学期（3. Trimester）

・人間の発達について

・フォルメンと造形について

・シュタイナーによる著作『霊学の観点からの子どもの教育（*Die Erziehung des Kindes vom Gesichtspunkt der Geisteswissenschaft*）』をテキストにして学ぶ

・教育学ゼミナールにおける気質の学びと実際的な認識訓練
・ヴァルドルフ学校での臨時聴講Ⅲ（一週間）

二年目（2. Studienjahr）

一学期（1. Trimester）

・シュタイナーによる著作『教育の基礎としての一般人間学（*Allgemeine Menschenkunde als Grundlage der Pädagogik*）』をテキストにして学ぶ
・シュタイナーによる著作『教育芸術1――方法論と教授法（*Erziehungskunst Methodisch-Didaktisches*）』をテキストにして学ぶ
・シュタイナーによる著作『教育芸術2――演習とカリキュラム（*Erziehungskunst Seminarbesprechungen und Lehrplanvorträge*）』をテキストにして学ぶ
・教育学的観点に基づいた絵画（第1学年から第8学年のための絵画の授業カリキュラム）について
・黒板絵と文字について
・教育学の歴史、現代の教育学の課題

二学期（2. Trimester）

・シュタイナーによる著作『教育の基礎としての一般人間学』をテキストにして学ぶ
・シュタイナーによる著作『教育芸術1――方法論と教授法』をテキストにして学ぶ
・教育学的な観点に基づいたデッサン（フォルメンから始まって遠近法などへ）

・黒板絵と文字について
・ピアジェによる知的発達についてなどの発達心理学
・実習I：ヴァルドルフ学校での三週間の教育実習

三学期（3. Trimester）
・シュタイナーによる著作『教育の基礎としての一般人間学』をテキストにして学ぶ
・シュタイナーによる著作『教育芸術1――方法論と教授法』をテキストにして学ぶ
・教育学的な観点に基づいた造形芸術
・物語る中での教育学的な訓練
・実習II：ヴァルドルフ学校での三週間の教育実習
※オイリュトミー、言語造型、音楽の教授法、楽器演奏、コーラスは日常的に行われているか、あるいはエポック授業のかたちをとって全養成期間を通じて行われる

三年目（3. Studienjahr）
実習年：クラス担任のための専門領域の履修
一学期（1. Trimester）
各教科の方法論および教授法の習得：
・国語（ドイツ語）、算数、幾何学、郷土学、歴史、地理、物理、化学、博物学など
・専門科目の方法論と教授法の習得：外国語（英語、フランス語、ロシア語）、家庭科、木工、庭仕事、音楽、

体育の専門知識や能力に応じての学習

二学期（2. Trimester）

・実習Ⅲ：一つのクラスでの一二週間の教育実習、ある一つの科目を実際に教えなければならない

三学期（3. Trimester）

・演劇作品の学びと上演

・人間学、教育方法、そして芸術についての卒業制作を行う。これらは公の展示や研究報告、提出をともなう。その後、クラス担任ないし専科教員資格を得る

これまで、ドイツの一般の大学では、教員養成における「理論と実践」の関連が、ドイツ二段階教員養成制度[31]をめぐる問題としてクローズアップされてきた。理論的・学問的養成は総合大学（第一段階）で、他方、実際に即しての職業実践的養成（第二段階）は大学の外で、という方式のもとで教員養成の実践的領域を完全に大学での理論的養成から分離している点に、ドイツ二段階教員養成制度の基本的な特徴が認められる[32]。つまり、高度なアカデミックな基準に基づく教育学の講義は大学が提供し、教員の実践的養成は、通常、大学の管轄外で、いわゆる学校実践ゼミナールや実習学校で行われることになっている。こうした考え方の背後には、学術的大学としての総合大学にまつわる「純粋」学問の場という伝統的な見解を指摘することができる[33]。

しかし、多くの州で実施された調査の結果によると、理論は、さまざまな実践的な訓練および方法、たとえば、効果的な学習形態のデモンストレーション、授業状況のシミュレーション、指導スタイルの練習、自分の行動についての構造的かつ明白なフィードバックなどと密接に結びつけられている場合に、初めて有意義なも

のとなりうる[34]。たしかに、新しい方法論を自分の頭で考え、評価し、そして新しい教授プランを実態に即して解釈するというような主体的・創造的営為が期待される場合には、理論および学問と実践が切り離された実践的教育は、決して十分なものとはなりえないだろう。こうした状況を考慮するとき、理論と実践の結合は教員養成分野において、本格的に取り組まれるべき課題であると言える。

こうした一般の大学における教員養成における課題を克服しているのが、ヴァルドルフ教員養成大学である。人智学的立場による人間学、教育学の学問的および理論的研究と、それらに基づいた教育方法、教授法についての研究・習得に加え、さまざまな芸術的活動および実習とが相互に不可分の関係で結びついている。学問的に導かれ、また理論的に方向づけられた実践を促進すること、すなわち「理論と実践の相互性」は、ヴァルドルフ教員養成大学において本質的なものであり、ドイツの一般の教員養成と大きく異なる特徴でもある。

第二節　ヴァルドルフ教員養成大学における演劇教育

1　演劇の目的

ヴァルドルフ教員養成大学で演劇が重視されている理由として、大きく二つが挙げられる。第一に、教師が将来ヴァルドルフ学校で適切な演劇指導を行う能力を身につけるためである。第二に、演劇が教師自身の人間形成に大きく寄与するものとして重視されているからである。まず、第一の理由について述べよう。

すでに述べてきたように、ヴァルドルフ学校で重視されている演劇・クラス劇を指導し支えるのは、教師の力に拠るところが大きい。とりわけ低・中学年では、担任教師が台本を選び（または執筆・脚色し）、演出を行い、毎日の練習の指導に至るまで一切を引き受ける。演劇において教師が大きな役割を果たすという見方は、一般の学校における演劇教育と共通する点も多い。一般に演劇を指導する教師は、演劇の専門知識すなわち演出、舞台装置、照明、音響、衣装などに精通し、かつこれらに対する造詣が深いことが要求される。たとえばドイツの演劇教育者P・アムトマンは次のように主張する。

「今日の教師は演劇の前提を知っておかなくてはならない。配役、上演場所、演出課題……などである。教師は発達に即した内容や演技形態を知らなければならず、演劇指導者としての自らの課題を知らなければならない。どの程度まで自分自身がともに演じなければならないか、あるいはその衝動を押さえることができるか、いつ助けが必要でその境目はどこか、いつ訂正を決断し、どの程度まで生徒たちの自由に任せるか、あるいはいつ、重視されているすべての課題にその芝居を結びつけなければならないか——。授業素材において演技の手がかりがどこで与えられるかを知らなければならない」[35]。

G・B・シックスは、指導者の資質と態度が演劇活動の成否を左右すると主張し、すぐれた指導者の特徴として、演劇活動の実践や概念に関する専門的な知識を有していることを条件に挙げる[36]。また、B・ウェイは、指導者は演劇教育を行う上での最も大切な要因であり、子どもに対する十分な理解、興味を持っている人でなければならないと考えている[37]。彼は、指導者がまず人間の基本的な側面を知ることが不可欠であり、「人格の諸相」に対する深い理解を持つことが必要であることを強調する[38]。これはシュタイナーの見方、すなわち教師が子ども・人間本性について深い認識を持って実践を行わなければならない、との見方にきわめて類似している。

演劇を指導する教師は、アムトマンによれば「教育的責任と芸術的責任との緊張領域」[39]にあり、演劇の専門知識と同時に、確固とした教育理論に基づいて、子どもの個性や発達段階を重視する教育学的な専門性をも併せ持つことが必要不可欠である。演劇の専門的知識・技能と教育学的な専門性の両方を併せ持って演劇の指導を行うとは、具体的には、子どもの発達段階に応じた作品を選ぶこと（悲劇か喜劇作品か。メルヘン・物語、歴史劇、古典作品か現代劇かなど）、子どもの個性や発達段階に応じた配役形態（一人一役か数人で一役を演じるかなど）をとること、準備・練習に際して適切な方法（作品・配役決定は教師主導か生徒主導かなど）をとることなどを意味する。しかし実際には、演劇の専門知識と教育学的な視点の両方を持ち合わせた教師は少ない。適切に演劇を指導できる教師の不足は、一般の公立・私立学校でも大きな問題となっており、それらを克服するために教師のための演劇教育の重要性が叫ばれている。それを示すかのように、たとえば、ドイツ・シュトゥットガルトの一般の新聞紙上の、演劇について取り上げた記事の中で次のように記されている。「私たちは究極のところ、演劇を指導できる教師を養成しなくてはならないのである」[40]。

ヴァルドルフ教員養成大学では、適切に演劇を指導できる教師を育成するため、演劇が必須科目となっている。学生自らが演劇を体験することによって、演劇が人間形成に働きかける力を実感することがまず大切にされる。そしてそうした力を、どのようにして各々の発達段階にある子どもの中に生じさせることができるのかを学び、実際に演劇を指導する能力を養うことが、ヴァルドルフ教員養成大学における「演劇」の目的である。

第二の理由としては、演劇が教師自身の人間形成に大きく寄与するものとして重視されていることが挙げられる。以下の文章は、ウィーン・マウアーのヴァルドルフ教員養成所を卒業し、現在、日本のＮＰＯ法人京田辺シュタイナー学校の担任教師を務める津田義子が、当時の教員養成所での演劇活動を振り返り、演劇がいかに自身の人間形成に影響を与えるかを記したものである。

「演劇を創り上げていくには皆の力が一つにならなければならない。気持ちがばらばらのままではいくら練習してもいい舞台にはならないように感じます。皆で一つのことに取り組み、ぶつかり合うこと、そのことが自分自身にも向き合うことを教えてくれると思う。ヴァルドルフ学校のカリキュラムで演劇が主要な位置を占めるのは、それが人とぶつかりつながり、自分を見つめる、まさに内面の教育であるからだろうし、これからクラス担任として、八年間を通して一つのクラスを創り上げていく担任になる者にとっても、人と一つのものを創り上げていくこと、あるいはその過程で葛藤やぶつかり合い、それを越えていくことはとても大きな経験になると思う。教員になる者は、まず子どもたちが体験する演劇を自分自身で体験しなければならないのだと思います。教師になる者が、人と本気でぶつかり、自分の内面をも見つめるということや、一つのものへと皆で向かうことの喜びなど、自らもそのような体験をすることは、後々子どもと演劇をつくる場面ではもちろんですが、様々な人と出会い、時にはぶつかりながらも一つのクラスを創っていかなければならない者にとって、いい経験になるのだろうと思います。そのような意味で、ヴァルドルフ学校の教員になる者だけでなく、教師になる者にとって本気で演劇に取り組むことはとても大切な経験になると思います。きれい事だけではすまない人とのぶつかり合いとその苦しさを乗り越えて、一つのことをやり遂げるという経験は、社会のあらゆる場面の凝縮のようで、自分のあり方を見つめるという意味においても学ぶことがたくさんありました。

そして実際に子どもたちと演劇を作る場面では、まず自分の〈照れ〉を乗り越えるために、自分が演劇を経験していたことは大きな助けになりました。教師が照れずにどっしりと舞台に向かっていないと子どもたちの〈照れ〉は消えないし、超えられないですから。シュタイナー学校では毎年教員がクリスマス劇を上演する。そうやって教員が舞台に立つあるいは舞台を創る経験を続けることで、例えば演技など考えただけで照れてしまうというような者も、少しずつ演劇というものに慣れ、自分の性格を乗り越えて演劇指導のようなこともできるようになるのだと思います。人と出会い、深く知り合い、ともに活動する喜び、そのことを演劇は教えてくれているように思います」[41]。

この担任教師の言葉は、ヴァルドルフ教員養成大学での演劇教育が、ヴァルドルフ学校でクラス劇を指導するための具体的かつ実践的な演劇指導の方法を身につける場であると同時に、教師自身が演劇を実際に経験することによって、自分の内面と向き合うことの意味を持っていることを示している。自己の内面と向き合うということは、言い換えると、教壇に立つ教師の立ち振る舞いや、言葉に対する意識をも高めるということである。このことをシュムッツは次のように述べる。「重要なのは言葉と身振りの鍛錬です。これを教師は生徒の前で一日中実践します。言語造型と身ぶりは話すことや動作に意識的になることを意味し、そしてそのことによって意識して使う（立ち振る舞う）可能性が生じます。すなわち自己統制です」[42]。さらにシュムッツは次のように述べる。「芸術活動（オイリュトミー、言語造型、造形芸術、音楽、絵画）の主な目的は、芸術的なプロセスを繰り返し踏むことであり、自分自身の魂の活動、思考、感情、そして意志の観察と結びついています。習熟の過程は自己認識の一部です」[43]。これは、将来ヴァルドルフ学校において個々の生徒の魂の発達過程を観察するために、教師自身が自らにおける魂的なものをしっかりと観察できる能力を持っているべきであるというシュタイナーの考えに基づいている。

2　演劇の位置づけ

ヴァルドルフ教員養成大学における演劇の位置づけは、前節3で述べたD領域すなわち芸術活動の領域にとどまらない。教授法の授業の中でも、作品選び、練習の進行そしてクラス劇の教育的意味などの問いについての話し合いが行われる。また、外国語教育についての授業の中でも、英語劇、フランス語劇などの題材が扱われ、外国語劇の教育的意義などが論じられることもある。このように演劇は、芸術活動の領域のみならず、BおよびC領域すなわち教育内容や教授法の領域にもまたがって行われる。

3　形態およびカリキュラム

教員養成大学における演劇の学びは大きく三つに分けることができる。一つは、「演劇（Schauspielkunst, Theater）」の授業の中での学びであり、二つ目は、言語に関する授業および言語造型との関連で行われる演劇の学習である。三つ目は、集中的な演劇実習および卒業公演である。以下それぞれについて述べよう。

（1）「演劇」の授業の中での演劇教育

たとえばシュトットガルトの教員養成大学では、一年目に約三週間にわたって集中的に「演劇」の授業が行われる[44]。この授業は、即興演技（Improvisation）、道化（Clowning）、言語造型（Sprachgestaltung）、シェイクスピア演劇(Shakespeare-Theater)という四つの要素から成る。イギリスのヴァルドルフ教員養成大学であるエマソン教員養成大学では、「演劇」の授業は一年に二週間ずつ三回行われる。そこでは、シュタイナーの演劇観、演劇論についての授業やシェイクスピア関連の授業も多い。たとえば、ロンドンのグローブ座でシェイクスピア劇を鑑賞するとともに、そのシェイクスピア劇の印象的な場面を演じる練習や独白を練習する。

シェイクスピアが頻繁に取り上げられるのは、すでに述べたように、ヴァルドルフ学校ではクラス劇の演目として、シェイクスピア劇がたびたび上演され、シェイクスピア劇を指導できる力が求められるからである。

「演劇」の授業では、シェイクスピア演劇に加えて、即興演劇や言語造型についても学び、子どもとともに行う演劇活動の教育的意味を明らかにする。たとえば、二〇〇三年および二〇〇四年のマンハイムのヴァルドルフ教員養成大学のカリキュラム(二年コース)では、次のような「演劇」の教育内容が示されている[45]。

二年目対象:(二〇〇三年九月二九日〜一一月一四日、毎日二時限目)

〈演劇——ある演劇作品(Theaterstück)の学習〉:「芸術」領域の選択必修科目

履修の前提:言語造型を履修していること。授業時間外の練習の可能性あり。

・作品選定や演出、配役の際の教育学的観点は、ある演劇作品を実際演出する中で養われる。セリフや舞台上での動き、振り付けと並んで、舞台美術(Bühnengestaltung)、衣装(Kostüm)、仮面(Maske)、照明(Licht)など、一つの演劇作品を舞台化するためのすべての重要な要素を学ぶ。公開上演をともなう。

二年目対象:(二〇〇三年一一月一七日〜二〇〇四年二月六日、毎日二時限目)

〈オーバーウーファーの楽園劇（Oberuferes Paradeisspiel）の学習〉：中級・上級向け「芸術」領域の選択必修科目

・セリフ、歌、場面描写

・シュタイナーの著作『オーバーウーファー劇（*Die Oberuferer Spiele*）』をテキストに用いる。公開上演をともなう。

※クリスマスの時期になると、多くのヴァルドルフ学校で、このオーバーウーファーのクリスマス劇（キリストの誕生と羊飼いの物語）[46]が演じられる。

二年目対象：（二〇〇三年一一月一七日～二〇〇四年二月六日、毎日二時限目）

〈オーバーウーファーのクリスマス劇（Oberuferes Christgeburtspiel）の学習〉：芸術領域の選択必修科目

・場面描写のための歌、セリフ、動き

・シュタイナーの著作『オーバーウーファー劇』をテキストに用いる。公開上演をともなう。

マンハイムのヴァルドルフ教員養成大学の演劇教育講座では、演劇作品が演出され、子どもの演劇活動の教育的な意味を学ぶ。第8学年の演劇についての基本的な要素を学び、作品選びの基準や多彩な作品について話し合うと同時に、練習過程や、言葉と身体、音楽、舞台装置製作、衣装製作、仮面、照明、パンフレットやポスター製作などを通して、一つの演出にともなう多彩な分野を学ぶ。講座のまとめとともに、昼間あるいは夜間の練習が行われ、また週末には集中した練習や作業が行われる。これは、将来ヴァルドルフ学校で演劇を教えるための重要な経験とされている[47]。

（2）言語および言語造型との関連で行われる演劇教育

ヴァルドルフ教員養成大学では、演劇の授業と言葉の授業が密接に結びついている。このことは、シュタイナーの著作である『朗唱と朗読芸術（*Kunst der Rezitazion und Deklamation*）』および、シュタイナーが彼の舞台芸術活動の頂点をなすものとして一九二四年、プロの俳優たちを前にして行った講義『言語造型と演劇芸術（*Sprachgestaltung und Dramatische Kunst*）』からも見てとることができる。第三章で述べた言語造型は、ヴァルドルフ教員養成大学で最も重視される科目の一つであり、言葉の要素すなわち音声、リズム、文章の形態、韻文、様式などを学ぶ。

ヤフケは、言語および言語造型との関連で行われる演劇の学びを次のように述べる。

「ドイツのヴァルドルフ教員養成大学では、未来のクラス担任が、下級・中級学年の劇や第8学年のクラス劇を習得できるように、とりわけ言語造型家による言語芸術的な訓練が行われる。言語造型の中で演劇プロジェクトが行われ、この演劇プロジェクトの中で、場面描写、言葉の訓練、衣装、舞台美術、舞台化粧など実際的な課題に取り組む。さらに、舞台空間の原理やイメージ構成について話し合い検討する」[48]。

さらに、シュムッツも次のように述べる。

「演劇に取り組むことは、言語造型における練習過程の一部です。言語造型コースの枠の中で、演劇的なシーンも練習します。言葉と身ぶりの結びつきを練習します。練習の成果は月例祭（一年に四回）で舞台で上演されます。そこでは舞台作品の一部（一〇〜一五分）、あるいは学生が自分たちで発展させた場面が上演されます」[49]。

演劇と言葉は密接な関係にあり、演劇を通じて、セリフのみならずその根本となる声を楽器のように使って話す能力や呼吸の訓練を行う。言語造型は物語る訓練でもある。メルヘン、寓話、伝説、物語などがヴァルドルフ学校の授業でも扱われるが、こうしたさまざまな物語の様式をより詳細に学び、自由自在に語れるようにする。このことをエラーは次のように述べる。「生徒のために聴き取りやすく、はっきりした話し方をするだけでなく、そのときの雰囲気や情緒が上手に表現できるよう、子音や母音を意識して話すと同時に間の取り方にも気を配り、単調にならないよう、美しく感情をこめて響きのある芸術的な話し方を作り上げていく」[50]。たとえばヴァルドルフ教員養成大学講師H・シラーは、自分の声の音量がどれくらいのものであるか、どのような表現をこの声にこめることができるかということに着目すべきだが、これらは普段話している中ではまったく見過ごされている[51]、と指摘する。彼はこのことを次のような言葉で述べる。「呼吸と意志とが連動することによって、言葉の意味内容に表現が与えられ、整えられる。こうすることによって、音と内容の両方を体験し、言葉を用いる時、自分自身に対してより慎重に、より自覚的になる」[52]。

ヴァルドルフ教員養成大学で、言語造型や言語との関係で演劇が重視される理由は、シュタイナーが演劇およびすべての教育活動において、言葉の持つ力に着目し、教師がこれをどのように扱うかということを重視するからに他ならない。

「教師になる者はとりわけ次の能力が重要である。それは、自分の言葉を意識して扱う能力である。というのは、言葉によって教師は授業を生徒に理解させ、教育的に働きかけるからである。言語造型はこうした理由から教員養成で必須の学習領域に属する。言葉の訓練（Erzählübung）を通して、未来の教師はこの能力を身につけ発展させるのである」[53]。

（3）舞台実習、卒業公演

前述の（1）、および（2）で学んだことの集大成の場が、三カ月から半年をかけて、全員で一つの作品作りに取り組む卒業公演である。演劇の講師や言語造型の講師が指導を行い、学生全員が舞台に立つとともに、分担して音楽、大道具製作、衣装製作、照明、パンフレットやポスター作成などを行い、これらを通して一つの舞台作りに必要な多彩な領域を学ぶ。そして一時間半から二時間程度の上演が行われる。

作品の選定や配役は学生や講師が提案し、講師と学生との話し合いのもとに決められる。ヴァルドルフ学校の第8学年の修了演劇では、古典作品を取り上げることが多いということもあり、ヴァルドルフ教員養成大学でも、シェイクスピアの『真夏の夜の夢』、イプセンの『ペール・ギュント』などの古典作品を上演する場合が多い。作品そして配役が決まると毎日練習が行われる。通常の授業と並行して、放課後あるいは夜間の練習が行われ、週末には集中した練習や作業が行われる。たとえばウィーン・マウアーのヴァルドルフ教員養成所では、卒業制作・卒業論文と卒業演劇が必須のカリキュラムとなっている[54]。学生は、最終学年の四月～六月末の三カ月に卒業制作に取り組むが、同時に卒業演劇の練習が始まる。この卒業公演は、他の科目すなわち人智学的人間学などの講義の聴講・理解、水彩画や彫刻などの芸術活動、実習と同等の価値を持つ。

卒業公演のほかにも学生自身が季節行事などの際に、共同体形成を深めるものとして、コーラスやオーケストラ活動と並んで演劇活動（Theaterprojekt）を行ったり、クリスマスの前に学生たちがキリスト降誕劇を上演することもある。すでに述べたように、一つの演劇作品そのものを上演するほかにも、言語造型の授業で行われる小場面（舞台作品の一部：一〇～一五分）の練習の成果を月例祭で発表する機会もある。「小場面を練習すること、そして（月例祭で）公的に演じることは教育課程に属しています」[55]。これらは、将来ヴァルドルフ学校で演劇を教えるための重要な経験となる[56]。

あとがき

私は、思春期という多感な時期を、芸術の都ウィーンにあるヴァルドルフ学校で過ごした。一九九〇年から一九九一年にかけての一年間である。当時一三歳の私が在籍した第七学年では、クラス劇『コロンブス』を上演した。私の友人カトリーヌは、主役であるコロンブスを任され、やる気と自信であふれていた。毎日のように楽器演奏の練習、そして空き時間や放課後を使って立ち稽古があり、その繰り返しの日々に、演劇には地道な努力が求められることを痛感した。それだけに上演の日を迎え、クラスメート全員が観客の前に立ち、拍手喝采を浴びて上演を終えたときの達成感と爽快感は、格別だった。互いに助け合い、全員が団結してつくりあげたクラス劇だった。上演が終わった六月のある日、あるクラスメートの呼びかけでその子の家に全員が集まり、皆でクラス劇の成功を祝った。互いの健闘をたたえあい、クラス全員が一体となった瞬間だった。

その感動が忘れられず、私は日本に帰国後、高校の演劇部で活動し、そしてそれと並行して広島市民ミュージカルグループに所属し、ミュージカル公演に参加した。大学進学後は学業のかたわら、大学の演劇部で演劇活動を行い、そしてドイツ、スイス、オーストリアを訪れる機会を得た。人智学の活動・運動の拠点であるスイス・ドルナッハにあるゲーテアヌムでは、『神秘劇』を観劇するとともに言語造型ワークショップに参加し、舞台芸術の伝統と奥深さを感じた。さらに一般の劇場で、さまざまな名作を観劇する機会に恵まれた。スイス・インターラーケンの村で観た、毎年夏に行われる野外劇『ウィリアム・テル』はことさら印象深い。スイス国民の自由と独立を象徴する伝説の英雄ウィリアム・テルにちなんだこの作品は、村をあげての創作劇として上演され、地元の子どもからお年寄りまで総勢一〇〇人余りが出演する。満天の星空の下、山すその斜面を利用した舞台では、照明の役割も果たす松明の炎が煌々と灯される。舞台装置でもある木々がざわめけばそれは自然の音響効果となり、本物の牛や馬が舞台を横切る。手作りの温かみと自然が織り成す素朴な味わい深さに、演劇創造の原点を見た気がした。

大人になって再び訪れたウィーンでは、国立オペラ座でホーフマンスタールによるオペラ『薔薇の騎士』、市民オペラ座でヨハン・シュトラウスのオペレッタ『こうもり』、ブルク劇場で『ウィーンの森の物語』などを観劇した。世界中に広まり絶賛されているミュージカル『エリザベート』は、ウィーンで創作され、一九九二年にこの地で初演されたオリジナル・ミュージカルである。

こうして古典の名作から現代劇に至るまで、多彩な舞台を観たことは、私にとってかけがえのない時間となった。いずれも日本とは比べものにならないほど格安の料金で、一流の演劇やオペラ、ミュージカルを鑑賞できるのが最大の魅力である。客席は常に満員で、子どもや青少年も数多く見かけた。幼少の頃より一流の舞台芸術に触れ、大人になった彼らが文化や芸術を支える観客や担い手となる、そんな豊かで成熟した芸術文化の土壌を目の当たりにした。

帰国後、大学4年に進級すると、私は卒論でブレヒトの作品を取り上げた。演劇が人間形成、そして社会変革に大きな役割を果たすことを学び、あらためて演劇が人間に働きかける力に魅了された。私は演劇と教育、演劇と人間形成についての研究をより深め追求したいとの思いに駆られ、大学院に進学を決意した。大阪大学大学院人間科学研究科教育人間学研究室での研究生活の中で、演劇と教育に関するテーマで研究対象をさぐっていくと、自ずと私自身が経験したヴァルドルフ学校の演劇教育に辿りついた。自分が体験したクラス劇は何だったのか、そしてそのねらいや教育的意義はどういったものなのか、歴史を紐解いていくような感覚で、確かめたくなった。しかし意外にも、ヴァルドルフ学校の演劇教育に関する先行研究や資料は見当たらない。ヴァルドルフ学校で演劇が盛んに行われているにもかかわらず、研究領域としてはまだ未開拓の分野であることを同時に知った。このことは私の探究心を燃え立たせ、ヴァルドルフ学校の演劇教育研究の道へと歩ませずにはおかなかった。

私にとって演劇教育研究は、単に文献による理論研究にとどまらない。二〇〇四年から二〇〇五年にかけて、私は、兵庫県尼崎市の公立中学校の演劇部の指導にたずさわった。思春期真っ只中の演劇部の生徒たちと演劇を作り上げる過程で、さまざまな壁にぶつかった。その解決の糸口やヒントの多くは、シュタイナーによる演劇に関する教育理論にあった。そこで実感したのは、彼の理論の適切さと妥当性、そしてその理論が普遍性を持つものであることであった。

私がヴァルドルフ学校の演劇教育に取り組み、これに確信を得て演劇教育研究の道を歩むことになったのは、全国でも唯一の公立の演劇学校である、兵庫県立尼崎青少年創造劇場「ピッコロシアター」付属ピッコロ演劇学校での四年間にわたる実践的な学びによるところが大きい。私は、大学院における研究生活と平行して、この学校の本科に一年、そして研究科に三年在籍し、演技基礎、劇表現、舞踊、歌唱等の演劇基礎訓練から作品発表、卒業公演まで一貫して実践的に学び、ヴァルドルフ学校の演劇教育のみならず、演劇および演劇教育全般の包括的かつ普遍的、実践的視野を養った。ピッコロ演劇学校は「演劇を通して人間形成を」との理念のもと、演劇を通して若者たちの全人教育を目指し、あわせて演劇を教育や地域の文化活動に生かすためのリーダー育成や人材育成をも視野に入れた高度な演劇講座、すなわち社会教育、生涯教育の一環として位置づけられている学校である。ここで出会った劇作家・演出家・大阪芸術大学教授・兵庫県立ピッコロ劇団元劇団代表であった故秋浜悟史先生による教え、さらにその後入団した、兵庫県立ピッコロ劇団での演劇活動が、私の演劇教育研究の大きな原動力となっている。

現在私は、兵庫県立ピッコロ劇団でプロの俳優として、また演劇指導者としてさまざまな実践の場で研鑽の日々を積み重ねている。兵庫県内の小学校をまわり、体育館に舞台を組んで、子どもに観劇の機会を与える小学校公演をはじめ、小・中学生対象の演劇ワークショップや、ピッコロ演劇学校における講師を務める中で学ぶことは多い。たとえば、ピッコロ演劇学校の一年間の課程を経て、卒業公演を終えた演劇学校生たちは、見違えるように変化し巣立ってゆく。そこに見てとれるのは、まさにシュタイナーが見出した「演劇が持つ教育的な力」である。

演劇が持つ教育的な力に着目して、演劇を学校教育に取り入れているのは、もちろんヴァルドルフ学校だけではない。第一章でも触れたように、ドイツの他の学校に目を向けると、演劇を学校独自の特色に掲げる公立・私立学校は少なくない。ヴァルドルフ学校でクラス劇が本格的に定着したのは戦後のことであるが、田園教育舎の中には、すでに戦前の一九二〇年代より演劇に着目し、演劇を取り入れた教育実践を行っている学校もあり、興味深い。

また、演劇が学校教育に導入された歴史をさかのぼると、ルターが青少年の演劇について言及していることからもわかるように、キリスト教や教会とのかかわりが強いことがわかる。ドイツのみならずオランダや北欧、演劇教育の先進国であるイギリス、アメリカ等においても、多彩な演劇教育実践が行われている。こうした世界各国での演劇教育の現状や歴史にも目を向けながら、日本の演劇教育の発展に寄与できるような研究を進めたい。

本書は、自由ヴァルドルフ学校の演劇教育の中でも、1学年から8学年の演劇教育に焦点を当てて、論じ明らかにしたが、9学年から12学年における演劇教育について論及することはできなかった。演劇は思春期以降にことさら大きな役割を果たす、とのシュタイナーの見方に示されるように、9学年以降の演劇活動は、教師の手を離れて自主的に、より活発に行われる。とりわけ12学年における卒業演劇公演は、卒業論文と並んで、一二年間にわたるヴァルドルフ学校での学校生活を締めくくる一大イベントである。こうした9学年以降の演劇教育の解明については今後の課題としたい。

演劇教育研究の道を進む中で多くの方々にお世話になった。とりわけ、大阪大学大学院人間科学研究科教育人間学研究室の藤川信夫先生からは、常に暖かい指導と助言、励ましを受けた。深く感謝したい。また、私が在学したウィーン・マウアーのヴァルドルフ学校のクラスメートであるヴェロニカ・コナス (Veronika Konas) やカトリーヌ・シュティフト (Catherine Stift)、そしてその他多くのクラスメートたちから、ヴァルドルフ学校での演劇活動についての多くの貴重な証言をいただいた。クラス劇についてのインタビューや、聞き取り調査に協力してくださった私の担任教師アッペル先生 (Margarette Apel)、英語教師グラーフ先生 (Elfriede Graf)、ウィーン・マウアーのヴァルドルフ学校の演劇教育を牽引しているリヒター先生 (Tobias Richter)、ヴァルドルフ学校の授業を見せていただいたり、演劇活動に関する質問にいつも快く答えてくださったショーバー先生（Brigitte Schober）、8学年のクラス劇の練習の見学を快諾してくださったシェーナウのヴァルドルフ学校教師グラースベック先生（Christian Grasböck）、その他多くの先生にお世話になった。クラスメートたち、そしてこれらの諸先生方の証言や実践は、シュタイナーの教育理論を実証し、本書に厚みと深みと説得力を与えてくれた。心からお礼を申し上げたい。とりわけウィーン・マウアーのヴァルドルフ学校の創設者の一人である故ゲルゲリー博士（Dr. Elisabeth Gergely）には、私が一三歳のときから二〇年以上にわたって常に気にかけていただいた。演劇教育に関する資料や文献を送っていただいたり、シェーナウのヴァルドルフ学校を紹介していただき、そこでのクラス劇の練習を見学する手はずを整えていただいた。常に私の研究に手を差し伸べ、特別な配慮と期待とともにいつもあたたかく見守ってくださった。本書をたずさえてお会いできる日を心待ちにしていたが、それを待たずして昨年亡くなられた。残念でならない。心より哀悼の意を表したい。

カール・フルザ氏（Karl Hruza）からは、ウィーン・マウアーのヴァルドルフ学校のクラス劇を撮影した貴重な写真を数多く提供していただいた。スイス在住の有本のぞみさんからは、スイスのヴァルドルフ学校の演劇教育の資料や、公立学校の演劇教育についても資料や文献をいただいた。ＮＰＯ法人京田辺シュタイナー学校の教師、津田義子さんには、自らが体験した、ウィーンのヴァルドルフ教員養成所での演劇についての学びや、その意義について証言していただいた。オーデンヴァルト校のヘーフリッヒ先生（Dirk Höflich）には、オーデンヴァルト校の演劇教育についての私の質問に快く答えていただき、他の田園教育舎の演劇活動についての資料やＣＤなども提供していただいた。厚くお礼を申し上げたい。そして父、広瀬俊雄、母、広瀬牧子からは、常に鋭く新鮮な問題提起と有益な示唆、暖かい助力を受けた。両親の理解、支えなくしてはここまで至らなかった。心から感謝したい。

二〇一一年二月

広瀬綾子

Untersuchung über Theorie und Praxis der Dramenerziehung
Theaterspiel in der Freie Waldorfschule

Von
Ayako HIROSE

Kurze Einleitung:

Zu vielen Bereichen der Waldorfpädagogik, wie z.B. ihren philosophischen Grundlagen, ihrer Geschichte und Methodik, liegen heute bereits genaue und aufschlussreiche Untersuchungen vor. Auch die Anthroposophie als Grundlage dieser Pädagogik, ihr Einfluss auf die Gestaltung des Unterrichts und auf das Verhalten des Lehrers sowie die Temperamenterziehung und der Religions- und Fremdsprachenunterricht in der Waldorfschule sind gut erforscht. Was immer noch fehlt, ist eine grundlegende Arbeit über die Bedeutung des Theaterspielens als pädagogisches Hilfsmittel in diesem Erziehungskonzept.

Dieses Buch befasst sich deshalb mit den Eigentümlichkeiten der Theorie und Praxis der Dramenerziehung in der Waldorfschule auf der Grundlage der Menschenanschauung Rudolf Steiners, wobei insbesondere die Dramenerziehung der 1. bis 8. Klasse theoretisch, systematisch und konkret ins Auge gefasst werden soll. Man sagt, die Kunstarbeit sei der Dreh- und Angelpunkt der Erziehung in der Waldorfschule, Musik, Malen, Werken, Eurythmie etc. stehen im Mittelpunkt ihres Lehrplans. Da das Theaterspiel als „Gesamtkunst" die verschiedensten künstlerischen Elemente zusammenfasst, wird darauf ein besonders großes Gewicht gelegt. Dennoch gibt es bislang nur unzureichende Untersuchungen über das Theaterspiel in der Waldorfschule, die zumeist lediglich Dokumentationen oder Praxisberichte über einzelne Beispiele des Klassenspiels von Lehrerinnen und Lehrern sind und daher sozusagen fragmentarisch bleiben.

Für die vorliegende Arbeit ziehe ich meine eigenen Erfahrungen als Schülerin der 7. Klasse an der Rudolf-Steiner-Schule Wien-Mauer von 1990-91, Die *Rudolf Steiner Gesamtausgabe*, die *Erziehungskunst* sowie weitere Sekundärliteratur heran, stütze mich aber insbesondere auf Feldforschungen an der Rudolf-Steiner-Schule Wien-Mauer und auf Umfragen unter ehemaligen Schülern und Schülerinnen.

Das erste Kapitel gibt eine allgemeine Übersicht über die Dramenerziehung in der Unter- und Mittelstufe an öffentlichen und privaten Schulen in Deutschland. Dabei werden der gegenwärtige Zustand und die Aufgaben dieser Dramenerziehung mit den Eigentümlichkeiten und Eigenarten der Dramenerziehung an der Waldorfschule verglichen, und darüber hinaus die Geschichte ihrer Entstehung und Entfaltung dargestellt. Steiner selbst hat zwar Vieles über das Theater im Allgemeinen geschrieben, aber kaum etwas zur Dramenerziehung verfasst. Die Dramenerziehung in der Waldorfschule beruht auf den Theorien Steiners sowie auf den Erweiterungen, Ergänzungen durch seine Nachfolger. Auch die persönliche Theaterarbeit Steiners wird berücksichtigt.

Im zweiten Kapitel wird die anthroposophische Menschenanschauung Steiners als Grundlage der Dramenerziehung und das Verhältnis zwischen Anthroposophie und Theaterspiel im Einzelnen erörtert.

Das dritte Kapitel beschäftigt sich mit der Sprachtheorie Steiners. Er behauptete, dass der Sprache eine erzieherische Kraft innewohne, da sie die Fähigkeit besitze, die Seelenvermögen wie z.B. den Willen, das Gefühl und die Phantasie des Sprechenden anzuregen und zu befeuern. Deshalb ist die Sprache für das Theater- und Klassenspiel nicht nur als kommunikatives Mittel, sondern auch vom pädagogischen Standpunkt aus betrachtet von besonderer Wichtigkeit.

Im vierten Kapitel wird dann die Dramenerziehung in der 1. bis 8. Klasse an der Waldorfschule in theoretischer, systematischer und praktischer Hinsicht untersucht. Konkret bedeutet das die Darstellung der Ziele des Klassenspiels in Rücksicht auf die jeweilige Entwicklungsstufe der Kinder, ihrer Methodik und Form sowie ihrer pädagogischen Bedeutung für die verschiedenen Altersgruppen. Es werden die Gründe für das große Gewicht beleuchtet, das die Waldorfpädagogik auf das Klassenspiel legt, und seine Position im Lehrplan, das Verhältnis von Klassenspiel und anderen Fächern, die aufgeführten Stücke, die Rollenverteilung, die Proben, Bühnenbilder, Musik und Kostüme sowie die Beziehung von Lehrern und Schülern in der Dramenerziehung beschrieben. Zudem wird der Beitrag des Klassenspiels zur Bildung und Entwicklung der Denk- und Urteilskraft der Kinder, zur Entwicklung der Moralität und zur Bildung der sozialen Fähigkeiten sowie der Klassengemeinschaft herausgestellt.

Das fünfte Kapitel behandelt die notwendige Ausbildung des Klassenlehrers,

der das Klassenspiel leiten soll. Die Möglichkeiten des Klassenspiels hängen nämlich sehr von den Befähigungen dessen, der es leitet, ab. Deshalb ist die dramenpädagogische Ausbildung des Klassenlehrers von kaum zu überschätzender Wichtigkeit. Die Lehrer der Waldorfschulen erhalten diese Ausbildung am Lehrerseminar im Rahmen der anthroposophischen Pädagogik. Theater und Sprachgestaltung sind dort Pflichtfächer, die die zukünftigen Lehrer in die Lage versetzen sollen, später Klassenspiele leiten zu können und darüber hinaus zu ihrer eigenen Menschenbildung und Metamorphose beitragen sollen. Dabei ist es wichtig, dass der Student selbst Erfahrungen mit dem Theaterspiel und dem Auftritt vor einem Publikum sammelt. Erst so kann er wirklich begreifen, welche Kraft das Theaterspiel für die Menschenbildung hat. Daher wird in diesem letzten Teil der Arbeit näher auf den Fachbereich Theater im Lehrplan des Waldorf-Lehrerseminars eingegangen.

Im Jahre 2009 habe ich in einer Dissertation die Ergebnisse meiner Forschungen über die Dramenerziehung an den Waldorfschulen unter dem Titel „Untersuchung über die ‚Dramenerziehung' an der Waldorfschule" vorgelegt und wurde dafür an der Universität Osaka zum „Doktor der Humanwissenschaften" promoviert. Das vorliegende Buch ist eine überarbeitete, verbesserte und ergänzte Fassung meiner Doktorarbeit. Es wurde im Jahre 2010 mit staatlicher Unterstützung von der Japanischen Gesellschaft zur Förderung der Wissenschaften auf Japanisch herausgegeben.

Inhaltsverzeichnis:

Drittes Kapitel:

Viertes Kapitel:

索　引

<あ行>

<か行>

<さ行>

<た行>

<な行>

<は行>

＜ま行＞

＜や行＞

＜ら行＞

引用・参考文献一覧

I　シュタイナー全集（Rudolf Steiner Gesamtausgabe）

シュタイナー作品のほぼ全部を収めたこの全集は、スイスのドルナッハ（Dornach）にあるルドルフ・シュタイナー出版社（Rudolf Steiner Verlag）より刊行されているものであるが、本書では、これをGA（Gesamtausgabe）ならびにTB（Taschenbuchausgabe）の略号をもって示す。なおこの略号の数字はこれらの全集の巻数を示す。

Gesamtausgabe:

R. Steiner, *Die Geheimwissenschaft im Umriß,* 1977 (GA13).

R. Steiner, *Mein Lebensgang*, 1982 (GA28).

R. Steiner, *Gesammelte Aufsätze zur Dramaturgie*, 2004 (GA29).

R. Steiner, *Der Goetheanumgedanke inmitten der Kulturkrisis der Gegenwart,* 1961 (GA36).

R. Steiner, *Bühnenbearbeitungen*, (GA43).

R. Steiner, *Entwürfe, Fragmente und Paralipomena zu den vier Mysteriendramen*, 1985 (GA44).

R. Steiner, *Über Philosophie, Geschichte und Literatur,* 1983 (GA51).

R. Steiner, *Ursprung und Ziel des Menschen*, 1981 (GA53).

R. Steiner, *Wege und Ziele des geistigen Menschen*, 1973 (GA125).

R. Steiner, *Die Verantwortung des Menschen für die Weltentwicklung*, 1989 (GA203).

R. Steiner, *Alte und neue Einweihungsmethoden*, 1967 (GA210).

R. Steiner, *Die Konstitution der Allgemeinen Anthroposophische Gesellschaft und der Freien Hochschule für Geisteswissenschaft,* 1987 (GA260a).

R. Steiner, *Kunst und Kunsterkenntnis,* 1985 (GA271).

R. Steiner, *Ansprachen zu den Weihnachtspielen aus altem Volkstum,* 1987 (GA274).

R. Steiner, *Eurythmie. Die Offenbarung der sprechenden Seele,* 1980 (GA277).

R. Steiner, *Eurythmie als sichtbare Sprache (Laut-Eurythmie-Kurs),* 1979 (GA279).

R. Steiner, *Die Kunst der Rezitation und Deklamation,* 1987 (GA281).

R. Steiner, *Sprachgestaltung und Dramatische Kunst,* 1981 (GA282).

R. Steiner, *Allgemeine Menschenkunde als Grundlage der Pädagogik*, 1960 (GA293).

R. Steiner, *Erziehungskunst. Seminarbesprechungen und Lehrplanvorträge,* 1977 (GA295).

R. Steiner, *Die Erziehungsfrage als soziale Frage,* 1991 (GA296).

R. Steiner, *Rudolf Steiner in der Waldorfschule,* 1980 (GA298).

R. Steiner, *Konferenzen mit den Lehrern der Freien Waldorfschule 1919 bis 1924 Band I*, 1975 (GA300a).

R. Steiner, *Konferenzen mit den Lehrern der Freien Waldorfschule 1919 bis 1924 Band II,* 1975 (GA300b).

R. Steiner, *Konferenzen mit den Lehrern der Freien Waldorfschule 1919 bis 1924 Band III,* 1975 (GA300c).
R. Steiner, *Erziehung und Unterricht aus Menschenerkenntnis*, 1993 (GA302a).
R. Steiner, *Erziehungs-und Unterrichtsmethoden auf Anthroposophischer Grundlage*, 1979 (GA304).
R. Steiner, *Anthroposophische Menschenkunde und Pädagogik*, 1979 (GA304a).
R. Steiner, *Die pädagogische Praxis vom Gesichtspunkte geisteswissenschaftlicher Menschenerkenntnis. Die Erziehung des Kindes und jüngeren Menschen,* 1989 (GA306).
R. Steiner, *Gegenwärtiges Geistesleben und Erziehung,* 1986 (GA307).
R. Steiner, *Anthroposophische Pädagogik und ihre Voraussetzungen,* 1981 (GA309).
R. Steiner, *Zur Dreigliederung des sozialen Organismus,* 1962.
R. Steiner, *Die religiöse und sittliche Erziehung im Lichte der Antroposophie,* 1966.
R. Steiner, *Die Erziehung des Kindes vom Gesichtspunkte der Geisteswissenschaft,* 1978.
R. Steiner, *Die pädagogische Grundlage und Zielsetzung der Waldorfschule,* Drei Aufsätze, Einzelausgabe, 1978.

Taschenbuchausgabe:
R. Steiner, *Die geistig-seelischen Grundkräfte der Erziehungskunst. Spirituelle Werte in Erziehung und sozialem Leben*, 1990 (TB604).
R. Steiner, *Erziehungskunst. Methodisch- Didaktisches,* 2005 (TB618).
R. Steiner, *Die gesunde Entwicklung des Leiblich-Physischen als Grundlage der freien Entfaltung des Seelisch-Geistigen,* 2001 (TB648).
R. Steiner, *Menschenerkenntnis und Unterrichtsgestaltung*, 1996 (TB657).
R. Steiner, *Die Methodik des Lehrens und die Lebensbedingungen des Erziehens,* 2004 (TB658).
R. Steiner, *Die Kunst des Erziehens aus dem Erfassen der Menschenwesenheit,* 2000 (TB674).
R. Steiner, *Methodik und Wesen der Sprachgestaltung,* 1990 (TB676).
R. Steiner, *Die Erneuerung der pädagogisch- didaktischen Kunst durch Geisteswissenschaft,* 1993 (TB708).
R. Steiner, *Der pädagogische Wert der Menschenerkenntnis und der Kulturwelt der Pädagogik,* 2000 (TB749).

II　シュタイナー全集の邦訳

R. シュタイナー、伊藤勉・中村康二訳『シュタイナー自伝 I 』ぱる出版、2001年（GA28）。
R. シュタイナー、伊藤勉・中村康二訳『シュタイナー自伝 II 』ぱる出版、2001年（GA28）。
R. シュタイナー、佐々木正昭訳『現代の教育はどうあるべきか』人智学出版社、1985年（GA307）。
R. シュタイナー、高橋巖訳『教育芸術1　方法論と教授法』筑摩書房、1989年（TB618）。
R. シュタイナー、高橋巖訳『教育芸術2　演習とカリキュラム』筑摩書房、1989年

(GA295)。
R. シュタイナー、　高橋巖訳『教育の基礎としての一般人間学』筑摩書房、1989年（GA293)。
R. シュタイナー、　高橋巖訳『十四歳からのシュタイナー教育』筑摩書房、1997年（TB657)。
R. シュタイナー、　高橋巖訳『神智学』筑摩書房、2000年。
R. シュタイナー、　高橋巖訳『神秘学概論』ちくま学芸文庫、2001年（GA13)。
R. シュタイナー、　西川隆範訳『あたまを育てる　からだを育てる』アルテ、2002年。
R. シュタイナー、　西川隆範訳『泉の不思議―四つのメルヘン』イザラ書房、1993年。
R. シュタイナー、　西川隆範訳『色と形と音の瞑想』風濤社、2001年。
R. シュタイナー、　西川隆範訳『教育の方法』アルテ、2004年（TB658, GA302a)。
R. シュタイナー、　西川隆範訳『子どもの健全な成長』アルテ、2004年（TB648)。
R. シュタイナー、　西川隆範訳『シュタイナー教育の実践』イザラ書房、1994年（GA306)。
R. シュタイナー、　西川隆範編訳『シュタイナー芸術と美学』平河出版社、1987年。
R. シュタイナー、　西川隆範訳『精神科学による教育の改新』アルテ、2005年（TB708)。
R. シュタイナー、　西川隆範訳『人間理解からの教育』筑摩書房、1999年（TB674)。
R. シュタイナー、　新田義之訳『教育と芸術』人智学出版社、1986年。
R. シュタイナー、　新田義之訳『教育の根底を支える精神的心意的な諸力』人智学出版社、1981年（TB604)。
R. シュタイナー、　新田義之訳『神秘劇Ⅰ』人智学出版社、1982年。
R. シュタイナー、　新田義之訳「神秘劇第一部＜認識の関門＞の理解のために」『教育と芸術』人智学出版社、1986年。
R. シュタイナー、　松浦賢訳『霊学の観点からの子どもの教育』イザラ書房、1999年。

Ⅲ　ヴァルドルフ教育、ヴァルドルフ学校の演劇教育に関する主な研究書、論文、資料、パンフレット、その他

1　欧　文

Bund der Freien Waldorfschulen e.V., Stuttgart [Hrsg.], *Erziehungskunst*, Hef2-8 und 10, 1962.

Bund der Freien Waldorfschulen e.V., Stuttgart [Hrsg.], *Erziehungskunst*, 58. Jg., Heft10, 1994.

Bund der Freien Waldorfschulen e.V., Stuttgart [Hrsg.], *Erziehungskunst*, Mai, 2000.

R. Burckhardt/ H. Colsman, *Kostüm und Farben*, Pädagogische Forschungsstelle beim der Freien Waldorfschulen, 2005.

Hildegard und Jochen Bußmann [Hrsg.], *Unser Kind geht auf die Waldorfschule*, Rowohlt Taschenbuch Verlag, Hamburg, 1998.

F. Carlgren, *Erziehung zur Freiheit,* Verlag Freies Geistesleben, Stuttgart, 1972.

A. Denjean, Klassenspiele aus Schulperspektive. In: Bund der Freien Waldorfschulen e.V.,

Stuttgart [Hrsg.], *Erziehungskunst,* 58. Jg., Heft10, 1994, S. 1217-1219.

A. Denjean, *Die Praxis des Fremdsprachenunterrichts an der Waldorfschule*, Verlag Freies Geistesleben, Stuttgart, 2000.

Die Freie Pädagogische Vereinigung Bern [Hrsg.],*Waldorfpädagogik in öffentlichen Schulen*, Herderbücherei, Freiburg, 1976.

E. Dühnfort/ E. M. Kranich, *Der Anfangsunterricht im Schreiben und Lesen in seiner Bedeutung für das Lernen und die Entwicklung des Kindes,* Verlag Freies Geistesleben, Stuttgart, 1996.

I. Duwan, *Sprachgeataltung und Schauspielkunst,* Verlag am Goetheanum, Dornach/ Schweiz, 1990.

H. Eller, *Der Klassenlehrer an der Waldorfschule*, Verlag Freies Geistesleben, Stuttgart, 1998.

Freie Hochschule für anthroposophische Pädagogik, *Kommentiertes Vorlesungsverzeichnis für das Studienjahr* 2003/ 2004, Manheim.

Freie Hochschule Stuttgart Seminar für Waldorfpädagogik, *Die Lehrerbildung,* Stuttgart, 1997.

Freie Hochschule Stuttgart Seminar für Waldorfpädagogik, *Studienbegleiter für den Studiengang 2005 / 2006.*

C. Göpfert [Hrsg.], *Jugend und Literatur,* Verlag Freies Geistesleben, Stuttgart, 1993.

W. Greiner, *Die Mysterienwelt des Dramas,* Philosophisch-Anthroposophischer Verlag, Dornach/ Schweiz, 1981.

W. Greiner, *Bühnenkunst am Goetheanum,* Verlag am Goetheanum, Dornach/ Schweiz, 1988.

O. Hansmann [Hrsg.], Pro und Contra *Waldorfpädagogik,* Verlag Dr. Johannes Königshausen + Dr.Thomas Neumann, Würzburg, 1987.

B. Heck, Dramatische Arbeit und menschliche Entwicklung. In: Bund der Freien Waldorfschulen e.V., Stuttgart [Hrsg.], *Erziehungskunst,* 58. Jg., Heft10, 1994, S. 948-951.

A. Hellmich/ P. Teigeler, *Montessori-, Freinet-, Waldorfpädagogik,* Belz Verlag, Weinheim und Basel, 1992.

F. Hiebel, *Das Drama des Dramas,* Verlag am Goetheanum, Dornach/ Schweiz, 1984.

A. Hünig, *Klassenspiele für die Jahrgangsstufen 1 bis 6*, Pädagogische Forschungsstelle beim der Freien Waldorfschulen, Stuttgart, 2000.

K. Kehrwieder, Die Rolle Dramatischen in der Waldorfpädagogik. In: Bund der Freien Waldorfschulen e.V., Stuttgart [Hrsg.], *Erziehungskunst,* 58. Jg., Heft10, 1994, S. 962-972.

T. M. Keller, Kleine szenische Spiele in den unteren Klassen. In: Bund der Freien Waldorfschulen e.V., Stuttgart [Hrsg.], *Erziehungskunst,* 58. Jg., Heft10, 1994, S. 973-984.

J. Kiersch, *Freie Lehrerbildung Zum Entwurf Rudolf Steiners,* Verlag Freies Geistesleben, Stuttgart, 1978.

J. Kiersch, *Die Waldorfpädagogik—eine Einführung in die Pädagogik Rudolf Steiners,* Stuttgart, 1979.

J. Kiersch/ K. Prange, Eine Kontroverse über die Waldorf-Pädagogik. In: *Zeitschrift für Pädagogik,* 32. Jg., Heft 4, 1986.

J. Kiersch, *Fragen an die Waldorfschule,* Flensburger Hefte Verlag, Flensburg, 1991.

G. Kniebe [Hrsg.], *Aus der Unterrichtspraxis an Waldorf-/Rudolf Steiner Schulen,* Verlag am Goetheanum, Dornach/ Schweiz, 1996.

S. Leber [Hrsg.], *Waldorfschule heute,* Verlag Freies Geistesleben, Stuttgart, 2000.

Lehrerkollegium und Schulverein der Rudolf Steiner Schule Birseck [Hrsg.], *Schifer,* Herbst, Basel, 2007.

Lehrerseminar der Goetheanistischen Studienstätte, *Ausbildung zum Waldorflehrer,* Wien, 1990.

Ch. Lindenberg, *Waldorfschulen,* Rowohlt Taschenbuch Verlag, Hamburg, 1998.

C. Lohmann, Unterricht und Schauspiel in der Oberstufe. In: Bund der Freien Waldorfschulen e.V., Stuttgart [Hrsg.], *Erziehungskunst,* 58. Jg., Heft10, 1994, S. 985-993.

M. Mackensen, Autorität und Hülle-Zum Theaterspiel in der 8. Klasse. In: Bund der Freien Waldorfschulen e.V., Stuttgart [Hrsg.], *Erziehungskunst,* 2000, März, S. 303-305.

R. Marks, Schülertheater. In: Bund der Freien Waldorfschulen e.V., Stuttgart [Hrsg.], *Erziehungskunst,* 1994, S. 922-934.

H. W. Masukowitz, Fremdsprachige Klassenspiel. In: Bund der Freien Waldorfschulen e.V., Stuttgart [Hrsg.], *Erziehungskunst,* 58. Jg., Heft10, 1994, S. 997-998.

R. Meyer, *Rudolf Steiner,* 4. Auflage, Stuttgart, 1978.

H. Neuffer [Hrsg.], *Zum Unterricht des Klassenlehrers an der Waldorfschule,* Verlag Freies Geistsleben, Stuttgart, 1997.

K. Neuschutz, *Das Puppenbuch,* Verlag Freies Geistesleben, Stuttgart, 1982.

B. Pietschmann, Theaterspiel in der 8. Klasse. In: Bund der Freien Waldorfschulen e.V., Stuttgart [Hrsg.], *Erziehungskunst,* 2000, S. 532-537.

K. Prange, *Erziehung zur Anthroposophie,* Verlag Julius Klinkhardt, Regensburg, 1985.

F. Rest, *Waldorfpädagogik,* Matthias-Grünewald Verlag, Mainz, 1992.

T. Richter, Von der Theaterarbeit an einer Waldorfschule. In: Helmut Neuffer [Hrsg.], *Zum Unterricht des Klassenlehrers an der Waldorfschule,* Verlag Freies Geistesleben, Stuttgart, 1997.

T. Richter [Hrsg.], *Pädagogischer Auftrag und Unterrichtsziele einer freien Waldorfschule,* Pädagogische Forschungsstelle beim der Freien Waldorfschulen, Stuttgart, 1995.

Marielle Seitz/ Ursula Hallwachs, *Montessori oder Waldorf?,* Kösel Verlag, München, 1996.

G. Scherer/ F. J. Krämer/ F. J. Wehnes, *Anthroposophie und Waldorfpädagogik,* Verlag Thomas Plöger Annweiler, 1987.

H. Schiller, Die Ausbildung zum Waldorflehrer, Geschichte, Inhalte und Strukturen. In: F. Bohnsack und S. Leber [Hrsg.], *Alternative Konzepte für die Lehrerbildung Band 1,* Verlag Julius Klinkhardt, 2000, S. 45-124.

H. Schirmer, *Bildekräfte der Dichtung,* Verlag Freies Geistetleben, Stuttgart, 1993.

J. Speck [Hrsg.], *Geschichte der Pädagogik des. 20. Jh.,* Bd. 2, Kohlhammer Verlag, Stuttgart, 1978.

Rudolf Steiner-Schule Wien-Mauer 12. Klassen-Spiel: Interview mit Dr. Elmer Dick. In: *Moment* (Monatsschrift von und für Eltern, Lehrer, Schüler und Freunde der Rudolf Steiner-Schule Wien-Mauer, Freie Waldorfschule), April, 2001.

Rudolf Steiner-Schule Wien-Mauer, *Moment* (Monatsschrift von und für Eltern, Lehrer, Schüler und Freunde der Rudolf Steiner-Schule Wien-Mauer, Freie Waldorfschule), Juni, 2001.

Rudolf Steiner-Schule Wien-Mauer, *Moment* (Monatsschrift von und für Eltern, Lehrer, Schüler

und Freunde der Rudolf Steiner-Schule Wien-Mauer, Freie Waldorfschule), Februar, 2006.

Rudolf Steiner-Schule Wien-Mauer, *Moment*（Monatsschrift von und für Eltern, Lehrer, Schüler und Freunde der Rudolf Steiner-Schule Wien-Mauer, Freie Waldorfschule), Februar, 2007.

Rudolf Steiner-Schule Wien-Mauer, *Moment*（Monatsschrift von und für Eltern, Lehrer, Schüler und Freunde der Rudolf Steiner-Schule Wien-Mauer, Freie Waldorfschule), Mai, 2007.

M. Tittmann, *Deutsche Sprachlehre der Volksschulzeit,* Verlag Freies Geistesleben, Stuttgart, 1988.

M. Tittmann, *Szenen und Spiele für den Unterricht,* Pädagogische Forschungsstelle beim der Freien Waldorfschulen, Stuttgart, 1997.

A. Templeton, *Aus dem Englischunterricht der Miffelsfufe.* Manuskript der pädagogischen Forschungsstelle beim Bund der Freien Waldorfschulen, Stuttgart, 1997.

M. Tittmann, *Szenen und Spiele für den Unterricht Band 2,* Pädagogische Forschungsstelle beim der Freien Waldorfschulen, Stuttgart, 2001.

H. Ullrich, Erziehung als Kult, Anmerkungen über die postmoderne Wiederentdeckung des Mythos und über die Waldorfpädagogik als Neo-Mythologie. In: *Vierteljahrsschrift für wissenschaftliche Pädagogik*, vol. 65, 2/ 1989.

E. Weißert, Spielmöglichkeiten für das Schülertheater. In: Bund der Freien Waldorfschulen e.V., Stuttgart [Hrsg.], *Erziehungskunst,* Hefte 2-8 und 10, 1962.

L. Wigger, Einleitung-Erziehungswissenschaft und Waldorfpädagogik: ein notwendiger Dialog. In: *Pädagogische Rundschau*, 38. Jg., Heft 4, 1984.

W. Wildeman, Achtklass-Spiel. In: Bund der Freien Waldorfschulen e.V., Stuttgart [Hrsg.], *Erziehungskunst,* 2000, Februar, S. 457.

H. Zimmermann, *Grammatik: Spiel von Form und Bewegung,* 1997.

ヴァルドルフ学校のクラス劇で上演される作品および台本

Rudolf Steiner-Schulverein, 1238 Wien Endresstrasse 100 [Hrsg.], T. Richter, *Aus der Naturkunde und dem Rechnen*—zwei Spiele für das 1. Schuljahr—, 1987.

Rudolf Steiner-Schulverein, 1238 Wien Endresstrasse 100 [Hrsg.], T. Richter, *Ein Weihnachtsspiel*—Spiel für das 2. Schuljahr—, 1987.

Rudolf Steiner-Schulverein, 1238 Wien Endresstrasse 100 [Hrsg.], T. Richter, *Franziskus*—Spiel für das 2. Schuljahr—, 1987.

Rudolf Steiner-Schulverein, 1238 Wien Endresstrasse 100 [Hrsg.], T. Richter, *Hiob*—Spiel für das 3. Schuljahr—, 1987.

Rudolf Steiner-Schulverein, 1238 Wien Endresstrasse 100 [Hrsg.], T. Richter, *Wieland der Schmied*—Spiele für das 4. Schuljahr—, 1987.

Rudolf Steiner-Schulverein, 1238 Wien Endresstrasse 100 [Hrsg.], T. Richter, *Parzival*—Spiel für das 5. Schuljahr—, 1987.

Rudolf Steiner-Schulverein, 1238 Wien Endresstrasse 100 [Hrsg.], T. Richter, *Der achtgliedrige Pfad*—Spiel aus der indischen Geschichte für das 5. Schuljahr—, 1987.

Rudolf Steiner-Schulverein, 1238 Wien Endresstrasse 100 [Hrsg.], T. Richter, *Die Gründung*

Roms—Spiel für das 6. Schuljahr—, 1987.

Rudolf Steiner-Schulverein, 1238 Wien Endresstrasse 100 [Hrsg.], T. Richter, *Theseus*—Spiel für das 8. Schuljahr—, 1987.

J. Möckel, *Christoph Columbus,* 1991.

Rudolf Steiner-Schulverein, 1238 Wien Endresstrasse 100 [Hrsg.], T. Richter, *Tobias und der Fisch*—Spiel für das 3. Schuljahr—, 1992.

Rudolf Steiner-Schulverein, 1238 Wien Endresstrasse 100 [Hrsg.], T. Richter, *Krabat*—Spiel für die 8. Schulstufe—, 1996.

Rudolf Steiner-Schulverein, 1238 Wien Endresstrasse 100 [Hrsg.], T. Richter, *Die Heinzelmännchen von Köln*—Spiel für die 3. Schulstufe—, 1998.

2 邦 文

池内耕作「シュタイナー教育を支える教師観」(広瀬俊雄・秦理絵子編著『未来を拓くシュタイナー教育』ミネルヴァ書房、2006年、所収)。

H. エラー著、鳥山雅代訳『人間を育てる』トランスビュー、2003年。

F. カールグレン著、高橋弘子訳『ルドルフ・シュタイナーと人智学』創林社、1985年。

F. カールグレン著、国際ヴァルドルフ学校連盟編、高橋巖・高橋弘子訳『自由への教育』ルドルフ・シュタイナー研究所、1992年。

河津雄介『シュタイナー学校の教師教育』学事出版、1995年。

W. クグラー著、久松重文訳『シュタイナー危機の時代を生きる』晩成書房、1987年。

R. ケリード著、佐々木正人訳『シュタイナー教育の創造性』小学館、1990年。

子安美知子『魂の発見―シュタイナー学校の芸術教育』音楽之友社、1981年。

子安美知子『ミュンヘンの中学生』朝日新聞社、1984年。

A. P. シェパード著、中村正明訳『シュタイナーの思想と生涯』青土社、1998年。

シュタイナー教育・友の会 (ドイツ・ベルリン) 編『世界のシュタイナー学校はいま……』平凡社、2005年。

高橋巖『若きシュタイナーとその時代』平河出版社、2001年。

田野尚美「R. シュタイナーの発達論における基底」関西学院大学人文学会編『人文論究』1985年。

G. チャイルズ著、渡辺穣司訳『シュタイナー教育―その理論と実践―』イザラ書房、1997年。

新田義之編『ルドルフ・シュタイナー研究』第3号、人智学研究会、1979年。

NPO法人京田辺シュタイナー学校編著『小学生と思春期のためのシュタイナー教育』学習研究社、2006年。

A. C. ハーウッド著、中村正明訳『シュタイナー教育と子供』青土社、2005年。

J. バーデヴィーン著、笠利和彦訳『シュタイナー教育―その実態と背景―』グロリヤ出版、1990年。

K. ハイデブラント著、西川隆範訳『子どもの体と心の成長』イザラ書房、2002年。

広瀬綾子「シュタイナー幼稚園における演劇の理論と実践」『大阪大学教育学年報』

大阪大学大学院人間科学研究科教育学系 第8号、2003年。

広瀬綾子「自由ヴァルドルフ学校の演劇教育」『教育学研究』第72巻第3号、日本教育学会、2005年。
A. Hirose/ Ch. Jaffke, Drama Erziehung an der Waldorfschule als Beitrag zur Reform der Drama Erziehung der japanischen Schule『大阪大学教育学年報』大阪大学大学院人間科学研究科教育学系 第11号、2006年。
広瀬綾子「R. シュタイナーの言語観と自由ヴァルドルフ学校の教育」『キリスト教教育論集』第14号、日本キリスト教教育学会、2006年。

広瀬綾子「シュタイナー学校における教育活動としての演劇」(広瀬俊雄・秦理絵子編著『未来を拓くシュタイナー教育』ミネルヴァ書房、2006年、所収)。

広瀬綾子「自由ヴァルドルフ学校の演劇教育を支える教師の養成」『教員養成学研究』第3号、弘前大学教育学部教員養成学研究開発センター、2007年。

広瀬綾子「ルドルフ・シュタイナーとシェイクスピア劇—ヴァルドルフ学校の演劇教育とのかかわりにおいて—」(平野正久編著『教育人間学の展開』北樹出版、2009年、所収)。

広瀬綾子「自由ヴァルドルフ学校の演劇教育の基礎としての人智学的人間観」『大阪大学大学院人間科学研究科紀要』第36号、2010年。

広瀬綾子「幼児・児童の成長を支える『お話』の教育—シュタイナー幼稚園・学校における語り聞かせの教育を中心に—」(共著)『同志社女子大学学術研究年報』第61巻、2010年。

広瀬俊雄『シュタイナーの人間観と教育方法』ミネルヴァ書房、1988年。

広瀬俊雄『ウィーンの自由な教育』勁草書房、1994年。

広瀬俊雄『生きる力を育てる』共同通信社、1999年。

広瀬俊雄「20世紀の古典・ルドルフ・シュタイナー、世界に広がる教育の夢」『朝日新聞』、1999年1月22日付け学芸欄紹介記事。

広瀬俊雄『教育力としての言語』勁草書房、2002年。
T. Hirose/ H. U. Schmutz, Lehrerbildung in der Waldorfpädagogik—Ein Beitrag zur Erneuerung der Lehrerbildung『同志社女子大学 学術研究年報』第55巻、2004年。
広瀬牧子『気質でわかる子どもの心』共同通信社、2006年。
J. ヘムレーベン、河西善治編著、川合増太郎・定方明夫訳『シュタイナー入門』ぱる出版、2001年。
ベルン自由教育連盟編、子安美知子監訳『授業からの脱皮』晩成書房、1980年。
Ch. ヤフケ「シュタイナー学校の演劇教育」(日本演劇教育連盟編『世界の演劇教育に学ぶ—演劇教育実践シリーズ⑱—』晩成書房、1988年、所収)。
M. ユーネマン・F. ヴァイトマン著、鈴木一博訳『シュタイナー学校の芸術教育』晩成書房、1988年。
吉田敦彦・今井重孝編著『いのちに根ざす日本のシュタイナー教育』せせらぎ出版、2001年。

吉田武男「私学の自由とユニークな私学教育」(天野正治・結城忠・別府昭郎編『ドイ

ツの教育』東信堂、1998年、所収)。
Ch. リンデンベルク著、新田義之・新田貴代訳『自由ヴァルドルフ学校』明治図書、1977年。

Ⅳ その他の文献、研究書、論文、資料、パンフレットなど

1 欧 文

P. Amtmann, *Das Schulspiel,* Manz Verlag, München, 1968.

Arbeitsgemeinschaft Freier Schulen [Hrsg.], *Handbuch Freie Schulen*, Rowohlt Taschenbuch Verlag, Hamburg, 1997.

G. Ebert, *Improvisation und Schauspielkunst*, Henschel Verlag, Berlin, 1999.

H. Eichelberger [Hrsg.], *Lebendige Reformpädagogik,* Studien Verlag, Innsbruck, 1997.

K. Eid/ M. Langer/ H. Ruprecht, *Grundlagen des Kunstunterrichts,* Verlag Ferdinand Schöningh, Freiburg, 1994.

I. Flemming, *Theater ohne Rollenbuch*, Matthias Grünewald-Verlag, Mainz, 1994.

Freie und Hansestadt Hamburg Behörde für Bildung und Sport [Hrsg.], *Rahmenplan darstellendes Spiel, Bildungsplan Grundschule,* Hamburg, 2003.

M. Göhlich/ E. Liebau, *Schultheater-Theorie und Praxis-,* Waxmann Verlag, Münster, 2004.

D. Haarmann [Hrsg.], *Grundschule, Band 2 Fachdidaktik: Inhalte und Bereiche grundlegender Bildung,* Beltz Verlag, Weinheim und Basel, 2000.

H. Heckelmann, *Schultheater und Reformpädagogik*, Narr Francke Attempto Verlag, Tübingen, 2005.

W. Hehlmann, *Wörterbuch der Pädagogik,* Alfred Kröner Verlag, Stuttgart, 1971.

M. Heinzelmann, *Wir spielen Theater,* Fachstelle Theaterpädagogik am Pestalozzianum, Zürich, 1998.

Hessisches Kultusministerium [Hrsg.], *Lehrplan Deutsch,* Bildungsgang Realschule, Jahrgangsstufen 5 bis 10, Hessen, 2008.

Hessisches Kultusministerium [Hrsg.], *Lehrplan Kunst*, Bildungsgang Realschule, Jahrgangsstufen 5 bis 10, Hessen, 2008.

Hessisches Kultusministerium [Hrsg.], *Lehrplan Musik,* Bildungsgang Realschule, Jahrgangasstufen 5 bis 10, Hessen, 2008.

Hessisches Kultusministerium [Hrsg.], *Lehrplan Musik,* Gymnasialer Bildungsgang, Jahrgangasstufen 5 bis 13, Hessen, 2008.

Hessisches Kultusministerium [Hrsg.], *Rahmenplan Grundschule*, Hessen, 2008.

Hessisches Kultusministerium [Hrsg.], Rahmenplan Gymnasiale Oberstufe, *Darstellendes Spiel,* Hessen, 2008.

Hessisches Kultusministerium [Hrsg.], Rahmenplan Gymnasiale Oberstufe, *Deutsch*, Hessen, 2008.

W. Horney/ J. P. Ruppert/ W. Schultze [Hrsg.], *Pädagogisches Lexikon,* Bertelsmann Fachverlag,

1970.
I. Kaiser, Bilder, Diagramme-und ein Theatervorhang, *Praxis Schule* 5-10, Heft 3/2004.
Körber-Stiftung und der Bundesarbeitsgemeinschaft für das Darstellende Spiel [Hrsg.], *Theater in der Schule,* Körber-Stiftung, Hamburg, 2003.
A. Kulessa, *Odenwaldschule,* 1999.
R. Lehmann, *Die Theaterwerkstatt des Landschulheims am Solling,* Verlag Jörg Mitzkat, 2003.
M. Luther, *Das neue Testament in der deutschen Übersetzung*, 1989.
J. Marlis/ R. Bernd/ S. Eckard, *Geschichte(n) der Theaterpädagogik,* 1993.
F. Rellstab, *Handbuch Theaterspielen, Band 3: Theorien des Theaterspielens,* Verlag Stutz Druck, Wädenswil, 2000.
F. Rellstab, *Handbuch Theaterspielen, Band 4: Theaterpädagogik,* Verlag Stutz Druck, Wädenswil, 2000.
H. Röhrs, *Die Reformpädagogik-Ursprung und Verlauf in Europa*, Schroedel Schulbuchverlag, Hannover, 1983.
H. Rombach [Hrsg.], *Lexikon der Pädagogik,* Neue Ausgabe, 4 Band, 1970.
W. Schäfer, *Der Weg zum schöpferischen Theater in der Odenwaldschule,* 1956.
H. Schaub/K. G. Zenke, *Wörterbuch Pädagogik,* Deutscher Taschenbuch Verlag, München, 2000.
W. Scheibe, *Die Reformpädagogische Bewegung 1900-1932,* Beltz Verlag, Weinheim und Basel, 1969.
H. Scheuerl [Hrsg.], *Klassiker der Pädagogik, Zweiter Band,* Verlag C. H. Beck, München, 1979.
F. Schiller, *Sämtliche Werke, Säkularausgabe,* Stuttgart 1904/05, Bd. 11.
E. Spranger, *Psychologie und Menschenbildung,* W. Eisenmann [Hrsg.], Verlag Max Niemeyer, 1974.
E. Tselikas, Dramapädagogik im Sprachunterricht, Orell Füssli Verlag, Zürich, 1999.
Volksschule und Allgemeine Sonderschule [Hrsg.], *Lehrplan der Volksschule,* Wien, 2000.
J. Weinz, *Theaterpädagogik und Schauspielkunst-Ästhetische und psychosoziale Erfahrung durch Rollenarbeit,* Afra Verlag, 1999.

2 邦 文

天野正治・結城忠・別府昭朗編著『ドイツの教育』東信堂、1998年。
B. ウェイ著、岡田陽・高橋美智訳『ドラマによる表現教育』玉川大学出版部、1977年。
梅澤知之・栗林澄夫他編著『仮面と遊戯―フリードリヒ・シラーの世界』鳥影社、2001年。

Ch. ヴルフ編、藤川信夫監訳『歴史的人間学事典』第1巻、勉誠出版、2008年。

Ch. ヴルフ編、藤川信夫監訳『歴史的人間学事典』第2巻、勉誠出版、2005年。

遠藤孝夫『管理から自律へ―戦後ドイツの学校改革―』勁草書房、2004年。

岡本定男「マルティン・ルゼルケの視座と実践［下］―ドイツ改革教育運動の副奏曲―」『奈良教育大学紀要』第49巻第1号、2000年。

金子晴勇『ルターとドイツ神秘主義』創文社、2000年。

金田民夫『シラーの芸術論』理想社、1968年。

カント著、渋谷治美訳『カント全集15　人間学』岩波書店、2003年。

楠見千鶴子『ギリシャ神話物語』講談社、2001年。

K. ケーニッヒ著、そのだとしこ訳『子どもが三つになるまで』葦書房、1992年。

M. コーバリス著、大久保街亜訳『言語は身振りから進化した―進化心理学が探る言語の起源―』勁草書房、2009年。

佐藤三郎編『世界の教育改革』東信堂、1999年。

シアタープランニングネットワーク編著「ドラマ教育―倫理と展開」NPO法人シアタープランニングネットワーク、2008年。

W. シェイクスピア、福田恆存訳『ジュリアス・シーザー』新潮文庫、1997年。

W. シェイクスピア、小田島雄志訳『ハムレット』白水社、2002年。

W. シェイクスピア、福田恆存訳『ハムレット』新潮文庫、2010年。

W. シェイクスピア、中野好夫訳『ロミオとジュリエット』新潮社、2004年。

J. シェーファー著、船尾日出志・船尾恭代監訳『教育者シラー』学文社、2007年。

G. B. シックス著、岡田陽・高橋孝一訳『子供のための創造教育』玉川大学出版部、1973年。

F. シラー著、浜田正秀訳『美的教育』玉川大学出版部、1984年。

F. シラー著、石原達二訳『美学芸術論集』冨山房百科文庫、1993年。

F. シラー著、濱川祥枝訳『ヴァレンシュタイン』岩波書店、2003年、385頁。

須崎朝子「クリエイティブ・ドラマにおける演劇教育観について」『広島大学教育学部紀要』第一部、第49号、2000年。

竹内通夫・加藤仁実『ピアジェの発達理論と幼児教育』あるむ、1999年。

出口典雄監修『シェイクスピア作品ガイド37』成美堂出版、2002年。

手塚富雄・神品芳夫『ドイツ文学案内』岩波書店、1997年。

土橋寶「シュプランガーの老年論」『鳥取大学地域科学部紀要』第3巻、2000年。

冨田博之『演劇教育』国土社、1993年。

内藤克彦『シラーの美的教養思想』三修社、1999年。

永野藤夫『世界の演劇文化史』原書房、2001年。

中山夏織「TPNドラマ教育ライブラリー　ドラマ・イン・エデュケーション―ドラマ教育を探る12章」NPO法人シアタープランニングネットワーク、2007年。

H. ノール著、平野正久・大久保智・山本雅弘訳『ドイツの新教育運動』明治図書、1987年。

NPO法人京田辺シュタイナー学校、学校報「Planets. 51」2006年10月号。

藤川信夫「ドイツにおける美的人間形成の展開」135-153頁参照（佐藤学・今井康雄編『子どもたちの想像力を育む』東京大学出版会、2003年、所収）。

J. ベーメ著、福島正彦訳『キリストへの道』松籟社、1991年。

O. F. ボルノー著、森田孝訳『言語と教育』川島書店、1969年。

増渕幸男・森田尚人編『現代教育学の地平』南窓社、2001年。

マックス・プランク教育研究所研究者グループ著、天野正治監訳『西ドイツ教育のすべて』東信堂、1989年。

村田孝次『発達心理学史入門』培風館、1987年。

山本茂男「〈日独青少年指導者セミナー〉報告②〈演劇教育家〉と〈演劇教師〉」（社団

法人日本児童演劇協会編「児童演劇」No. 546/2006. 5. 25、所収)。
ヨルゴス・D. フルムジアーディス著、谷口勇訳『ギリシャ文化史』而立書房、1989年。
W. Z. ラカー著、西村稔訳『ドイツ青年運動』人文書院、1985年。
渡邊隆信「オーデンヴァルト校における「自由学校共同体」理念の実践化」『広島大学教育学部紀要』第一部、第44号、1995年。

注

序　章

1　別名、シュタイナー学校（Rudolf Steiner Schule）と呼ばれている。本書では以下、ヴァルドルフ学校の名称を用いる。

2　ドイツには約3000校の私立学校が存在する。その約60％は、カトリック教会および修道会、福音派教会が設立母体となる伝統的な教会系列の学校であるが、それに加えて現在17校の田園教育舎（Landerziehungsheim）やモンテッソーリ学校、自由ヴァルドルフ学校といった改革教育運動から派生した私立学校、その他の私立学校等が存在する（遠藤孝夫『管理から自律へ―戦後ドイツの学校改革―』勁草書房、2004年、11-12頁）。

3　Vgl. H. Becker, "Ich muß lernen". In: *Die Zeit,* 27. 2, 1981 (Nr. 10), D. レンツェン「独の学校教育目立つひずみ」『朝日新聞』2002年、5月28日付国際欄記事。

4　同上新聞。

5　同上新聞。

6　同上新聞参照。

7　遠藤孝夫、前掲書、33-34頁参照。ドイツの私立学校、すなわち田園教育舎、モンテッソーリ学校、キリスト教系などの学校の多くは、国や州の定めた学習指導要領に従う。つまり国の定めた学習指導要領から逸脱した、独自なカリキュラムおよび教育理論に基づく学校はきわめて少ない。このきわめて少ない学校の一つが自由ヴァルドルフ学校である。

8　シュタイナー教育・友の会（ドイツ・ベルリン）編著『世界のシュタイナー学校はいま……』平凡社、2005年、26頁。1926年、ヴァルドルフ学校の視察を念入りに行ったヴュルテンベルク州教育省の視学官ハルトリープは、同年10月、『ヴュルテンベルク州教員新聞』に、7ページにわたる詳しい報告を記載した。この中の次のような文章によって、この視察が、ヴァルドルフ教育が世間に受け入れられるための大きな一歩となったこと、また、当時の公的な学校制度の代表者が、シュタイナーの試みの多くを理解し、そこに教育全体にとっての先駆となるものを予感していたということが読み取れる。「私はかなりの数の教員たちが、少なくとも身近なところにあるヴァルドルフ学校をよく知り、交流を密にしたいと望むであろうことを確信している。この学校は短期間のうちに飛躍的な発展を遂げ、ひとたびこの学校の脈動を感じた者を、ことごとく魅了してしまうからである。（中略）私自身、ヴァルドルフ学校とその心理的、教育的基盤をなぜもっと早く知ることができなかったのか、と非常に残念でなら

ない」(*Würtembergischen Lehrerzeitung,* Nr. 9（『ヴュルテンベルク州教員新聞』第9号）付録、Stuttgart, 28. Oktober, 1926. Archiv am Goetheanum)。

9　ヴァルドルフ教育とはシュタイナーの教育理論に基づく教育を言う。

10　シュタイナー教育・友の会（ドイツ・ベルリン）編著、前掲書、26頁。

ドイツの場合：「さてここで、私がヴァルドルフ学校に取り組んできたことが、非常に大きな成果をもたらしたと申し上げてよいだろう。私は（中略）この活躍を通して、ヴュルテンベルク州新カリキュラムの「精神」に向けて、大きく一歩近づいた。人智学に通じているわけでもなく、ヴァルドルフ学校とはまるで違うやり方の授業を行ってきた60歳のベテラン教師が、このような告白をする。それは州の教育省がこの学校の今後の発展から目を離してはならない、と申し上げたのと同じことになる」(*Würtembergischen Lehrerzeitung,* a.a.O.)。

アメリカの場合：「革新的とも言うべきヴァルドルフ教育の方法は、どんな子どもに対しても豊かな教育体験を提供しうるものだ。（中略）カリフォルニアにはヴァルドルフ教育の手法を用いるチャーター・スクール（従来のカリキュラムに代わる管理・運営案を認可され、州の財源で設立・運営される公立学校）が約10校、アリゾナには3校存在している。（中略）私はヴァルドルフ教育が主張しているような何か、子どもの体、霊性、そして魂のすべてに携わるような何かが公立の学校にも必要だと心から信じています」(C. M. Lenart, Waldorf Succeeds in Public Schools, Conscious Choice (Web URL: http://www.consciouschoice.com/2000/cc1308/waldorfpublicschools1308.html), 2000.

スイスの場合：スイス・ベルン州の公立学校では、ヴァルドルフ学校の教育理念、教育方法を取り入れている学校がある。具体的には以下の通りである。

- エポック授業を状況に応じて組み込む。
- 州の教科書作成委員に、ヴァルドルフ教育の専門家を選出し、可能な限りヴァルドルフ学校の教育理念、教育方針を取り入れるようにしている。
- 子どもの成績評価に際して、低学年の子どもについては点数評価をしない（ベルン自由教育連盟編、子安美知子監訳『授業からの脱皮』晩成書房、1980年、14-15頁）。

11　舞踊、芸術的な身体運動の一種。第四章で詳述。

12　彼の業績は、「シュタイナー教育」の名で知られる教育の分野だけでなく、ゲーテ研究、人智学、社会三層化運動、芸術、建築、医療、農業、キリスト者共同体など広い分野に及んでいる。

13　シュタイナー教育・友の会（ドイツ・ベルリン）編著、前掲書、24頁。

14　同上書、同頁。

15　カリキュラムは文科省の学習指導要領に沿っていない。

16　シュタイナー教育・友の会（ドイツ・ベルリン）編著、前掲書、144頁。

17　H. Ullrich, Erziehung als Kult, Anmerkungen über die postmoderne Wiederentdeckung des Mythos und über die Waldorfpädagogik als Neo-Mythologie. In: *Vierteljahrsschrift für wissenschaftliche Pädagogik,* vol. 65, 2/1989, S. 152.

18 Vgl. E. Schulz, Das Arbeitsfeld einer Waldorfklassenlehrerin. In: O. Hansmann [Hrsg.], *Pro und Contra Waldorfpädagogik*, Verlag Johannes Königshausen + Dr. Thomas Neumann, 1987, S. 177.

19 Ch. Lindenberg, *Waldorfschulen,* Rowohlf Taschenbuch Verlag, 1975, S. 9, Ch. リンデンベルク著、新田義之・新田貴代訳『自由ヴァルドルフ学校』明治図書、1977年、13頁。

20 わが国での研究の主なものとして、①広瀬俊雄『シュタイナーの人間観と教育方法』ミネルヴァ書房、1988年、②西平直『魂のライフサイクル―ユング・ウィルバー・シュタイナー』東京大学出版会、1997年、③池内耕作「ヴァルドルフ教育を支えるR. シュタイナーの教師観」(『日本教師教育学会年報』第6号、1997年)、④衛藤吉則「ルドルフ・シュタイナーの人智学的認識論に関する一考察」(『教育哲学研究』第77号、教育哲学会、1998年)、⑤三吉谷哲「ヴァルドルフ教育における人間観のキリスト教的性格」(『キリスト教教育論集』第8号、日本キリスト教教育学会、2000年)、⑥吉田武男『シュタイナーの人間形成論』学文社、2008年、等多数。

海外での代表的な研究については、H. Eller, *Der Klassenlehrer an der Waldorfschule,* 1998 をはじめ、G. Scherer/ F. J. Krämer [Hrsg.], *Anthroposophie und Waldorfpädagogik,* 1987, O. Hansmann [Hrsg.], *Pro und Contra Waldorfpädagogik,* 1987, M. Seitz/ U. Hallwachs, *Montessori oder Waldorf?,* 1996, H. Neuffer [Hrsg.], *Zum Unterricht des Klassenlehrers an der Waldorfschule,* 1997 等多くのものがある。

21 H. Ullrich, a.a.O., S. 152.

22 たとえば、"*Zeitschrift für Pädagogik*" には1980年以降、J. Kiersch, Die Pädagogik Rudolf Steiners (Waldorf-Pädagogik). Zum gegenwärtigen Stand der Forschung (1982) を初めとする、ヴァルドルフ教育およびヴァルドルフ学校関連の3編の論文(1984年、1986年、1993年)が掲載されている。また、"*Pädagogische Rundschau*", 1984, Heft4, 38. Jahrgang にはヴァルドルフ教育学の特集が組まれ、4編の論文が掲載されている。1987年、1992年、1995年にもそれぞれ一編。他に H. Ullrich, a.a.O. など。

23 H. Schaub/ K. G. Zenke, *Wörterbuch Pädagogik,* Deutscher Taschenbuch Verlag, 2000, F. Carlgren, *Erziehung zur Freiheit,* Verlag Freies Geistesleben, 1972, Der Bund der Freien Waldorfschulen [Hrsg.], *Erziehungskunst,* 58. Jg., Heft10, 1994 など。

24 Erziehungskunst, 1994, 10月号では各学年におけるクラス劇の特集が組まれている。

25 Vgl. M. Seitz/ U. Hallwachs, a.a.O., S. 157.

26 O. Hansmann [Hrsg.], a.a.O., S. 183-184.

27 以下の巻は、本書では、Taschenbuch(ペーパーバック版:TB)を使用。括弧内は対応する巻。GA280(TB676)、294(TB618)、301(TB708)、302(TB657)、303(TB648)、305(TB604)、308(TB658)、310(TB749)、311(TB674)。

第一章

1 彼の著書の一つ『遊戯学校』は、「語学入門の劇化」であった。それは、5幕21場から成る劇的構成によって、登場人物52名に子どもを登場させる語学入門のための学校劇の脚本である。コメニウスは、この脚本をサロス・パタークの学校で生徒たちに実際に演じさせ、それを見た人に驚きと感銘を与えたという(岡本定男「マルティン・ルゼルケの視座と実践［下］―ドイツ改革教育運動の副奏曲―」『奈良教育大学紀要』第49巻第1号、2000年、112頁)。

2 岡本定男、同上論文、108頁。

3 Freie und Hansestadt Hamburg Behörde für Bildung und Sport [Hrsg.], *Rahmenplan darstellendes Spiel, Bildungsplan Grundschule,* 2003, S. 5.

4 ドイツの学校演劇についての HP: http://www.semghs.fn.bw.schule.de/theater/definitionen.html

5 ヘッセン州文部省 HP: http://www.kultusministerium.hessen.de、ノルトライン・ヴェストファレン州文部省（Ministerium für Schule und Weiterbildung des Landes Nordrhein–Westfalen） HP: http://www.schulministerium.nrw.de/BP/Schulrecht/RuL/index.html

6 Ministerium für Schule und Weiterbildung des Landes Nordrhein-Westfalen, *Lehrplan Kunst für die Grundschulen des Landes Nordrhein-Westfalen*, 2008, S. 11.

7 W. Horney, J. P. Ruppert, W. Schultze [Hrsg.], *Pädagogisches Lexikon*, Bertelsmann Fachverlag, 1970, S. 504.

8 A.a.O., S. 507.

9 Freie und Hansestadt Hamburg Behörde für Bildung und Sport [Hrsg.], a.a.O., S. 5-6.

10 Volksschule und Allgemeine Sonderschule [Hrsg.], *Lehrplan der Volksschule,* Wien, 2000, S. 191.

11 ドイツ演劇教育連盟（Bundesverband Theaterpädagogik)HP: http://www.butinfo.de/より、pdf 資料"*Jahresarbeit des Vorstandes, Aufgaben und Aktivitäten*" 2004, S. 11-12.

12 F. Rellstab, *Handbuch Theaterspielen, Band 4: Theaterpädagogik*, Verlag Stutz Druck, 2000, S. 260.

13 Hartmut v. Hentig, *Bildung,* München, 1996, S. 119.

14 W. Horney/ J. P. Ruppert/ W. Schultze [Hrsg.], a.a.O., S. 504.

15 天野正治・結城忠・別府昭朗編著『ドイツの教育』東信堂、1998年、29、30頁。

16 同上書、30頁。各州に大きな権限があり、基礎学校は4～6年間と州によって異なる。ベルリンとブランデンブルクの二州では、基礎学校は6年制である。

17 同上書、101頁。ドイツの教育制度に見られる大きな特徴の一つは、中等教育に複数の学校種が並存していることである。

18 遠藤孝夫『管理から自律へ―戦後ドイツの学校改革―』勁草書房、2004年、84頁。総合制学校の設置は、ヘッセン州、ベルリン州、ノルトライン・ヴェストファレン州といった社会民主党（SPD）の勢力の強い州では積極的に奨励されたもの

の、それ以外の州（とくにバイエルン州、バーデン・ヴュルテンベルク州など）ではきわめて消極的にしか対応されなかった。

19 Hessisches Kultusministerium [Hrsg.], *Rahmenplan Grundschule*, 2008, S. 92, 179, 278-285. ヘッセン州文部省HP: http://www.kultusministerium.hessen.de/ よりアクセス。

20 A.a.O., S. 279. ヘッセン州文部省 HP: http://www.kultusministerium.hessen.de/irj/HKM_Internet?uid=3c43019a-8cc6-1811-f3ef-ef91921321b2 よりアクセス。

21 A.a.O., S. 278. ヘッセン州文部省 HP: http://www.kultusministerium.hessen.de/ よりアクセス。

22 A.a.O., S. 278. ヘッセン州文部省 HP: http://www.kultusministerium.hessen.de/ よりアクセス。

23 ヘッセン州文部省 HP: http://www.kultusministerium.hessen.de/ よりアクセス。

24 Vgl. Hessisches Kultusministerium [Hrsg.], *Lehrplan Deutsch,* Bildungsgang Realschule, Jahrgangsstufen 5 bis 10, 2008.

25 Hessisches Kultusministerium [Hrsg.], *Lehrplan Kunst,* Bildungsgang Realschule, Jahrgangsstufen 5 bis 10, 2008, S. 6.

26 A.a.O., S. 15.

27 A.a.O., S. 10.

28 Hessisches Kultusministerium [Hrsg.], *Lehrplan Musik,* Bildungsgang Realschule, Jahrgangasstufen 5 bis 10, 2008, S. 5.

29 A.a.O., S. 9.

30 A.a.O., S. 6.

31 A.a.O., S. 21.

32 Hessisches Kultusministerium [Hrsg.], Rahmenplan Gymnasiale Oberstufe, *Darstellendes Spiel,* 2008, S. 7.

33 Hessisches Kultusministerium [Hrsg.], Rahmenplan Gymnasiale Oberstufe, *Deutsch*, 2008, S. 16.

34 取り上げられる戯曲には次のような作家および作品がある。B. ブレヒト『コーカサスの白墨の輪』『セツアンの善人』、H. ベル、F. デュレンマット、M. フリッシュ『アンドラ』、H. ヘッセ『車輪の下』、E.T.A. ホフマン、F. カフカ、H.v. クライスト、T. マン、R.M. リルケ、F. シラー『マリア・スチュアート』、シュトラウス『愛について』、C. ツックマイヤーなど（Hessisches Kultusministerium [Hrsg.], Rahmenplan Gymnasiale Oberstufe, *Darstellendes Spiel,* 2008, S. 43.）。

35 Hessisches Kultusministerium [Hrsg.], *Lehrplan Musik*, Gymnasialer Bildungsgang, Jahrgangasstufen 5 bis 13, 2008, S. 8.

36 A.a.O., S. 30.

37 Hessisches Kultusministerium [Hrsg.], Rahmenplan Gymnasiale Oberstufe, *Darstellendes Spiel*, 2008, S. 3.

38 A.a.O., S. 21.

39 Vgl. Körber-Stiftung und der Bundesarbeitsgemeinschaft für das Darstellende Spiel [Hrsg.],

Theater in der Schule, Körber-Stiftung, 2000, S. 392.

40 オーデンヴァルト校演劇担当教師D. ヘーフリッヒ（D. Höflich）による筆者宛Eメール（2005年2月8日付）。

41 ドイツの学校演劇についてのHP: http://www.semghs.fn.bw.schule.de/theater/definitionen.html

42 たとえば、ノルトライン・ヴェストファレン州にあるブリュンニングハウゼン総合制学校では、クラブ活動は、第5、6学年では必修である。

43 Vgl. Körber-Stiftung und der Bundesarbeitsgemeinschaft für das Darstellende Spiel [Hrsg.], a.a.O.

44 Vgl. Spreewald-Grundschule, *Erfahrungsberichte des Material Schultheater,* Hefte, 2004.

45 Vgl. Thema: Schulautonomie. In: *Zeitschrift für Pädagogik,* 41. Jg., Heft 1, 1995, Thema: SCHUL-AUTONOMIE. In: *Pädagogik,* 45. Jg, Heft11, 1993. 遠藤孝夫、前掲書、4–124頁参照。

46 遠藤孝夫、同上書、123頁。

47 シュプレーヴァルト小学校（Spreewald-Grundschule）HP: http://www.spreewald-grundschule.de/

48 エリカ・マン小学校（Erika-Mann-Grundschule）HP: http://www.erika-mann.de/

49 同上HP.

50 同上HP.

51 Spreewald-Grundschule, *Erfahrungsberichte des Material Schultheater,* Hefte, 2004.

52 シュプレーヴァルト小学校（Spreewald-Grundschule）HP: http://www.spreewald-grundschule.de/

53 同上HP.

54 藤川信夫「ドイツにおける美的人間形成の展開」135–153頁参照（佐藤学・今井康雄編『子どもたちの想像力を育む』東京大学出版会、2003年、所収）。

55 従来一般に、ベルリンのような大都市の基幹学校は、他の中等教育段階における学校種（実科学校およびギムナジウム）とは異なり、進学への道も資格労働者への道も閉ざされた最下位の「残り者学校」とみなされてきた。さらにフェルディナント・フライリグラート中学校の場合、ベルリン市でも最も外国人が多く居住するクロイツベルク区に位置し、生徒の7、8割をとくにトルコ人を中心とした外国人が占めるという条件が加わる。また、その多くは低所得者層や家庭崩壊の出身である。こうした条件のもとにあって、生徒たちの中には、心の拠り所を失い、通常の授業にまったく関心を示さず、暴力や自殺といった破壊的傾向を示す者も少なくなかった。藤川信夫、同上論文、135頁参照。

56 1999年の冬学期からこのプロジェクトは、ベルリン自由大学のD. レンツェン教授を中心とする研究グループとBMWの協力のもとで大胆な構造改革を行い、「社会的結合における学校（Schule im gesellschaftlichen Verband）という新たな名称のもとで再出発している。新たな構造のもとでは、すべての学年の生徒が、週14時間それぞれの関心に応じて六つの「アレーナ」と呼ばれる経験・学習コー

スのうち一つを選択することになっている。アレーナ・アトリエには彫刻家、画家、写真家、織物デザイナーが、アレーナ・演劇には俳優、ミュージシャン、そして劇場が加わる（藤川信夫、同上論文、151頁参照）。

57 同上論文、136頁参照。

58 フェルディナント・フライリグラート中学校の教師U. ヨスナー（U. Jossner）から筆者宛Eメール（2005年10月24日付）。

59 ヘレーネ・ランゲ学校（Helene-Lange-Schule）HP: http://helene-lange-schule.temp12.evision.net/

60 ヘレーネ・ランゲ学校（Helene-Lange-Schule）教師I. アーリング（Dr. I. Ahlring）による筆者宛Eメール（2005年2月9日付）。

61 ヘレーネ・ランゲ学校（Helene-Lange-Schule）HP: http://helene-lange-schule.temp12.evision.net/

62 I. Kaiser, Bilder, Diagramme-und ein Theatervorhang, *Praxis Schule,* 5-10, Heft 3/2004, S. 37-38.

63 オーデンヴァルト校（Odenwaldschule）HP: http://www.odenwaldschule. de/, Vgl. W. Schäfer, *Der Weg zum schöpferischen Theater in der Odenwaldschule*, 1956, Vgl. A. Kulessa, *Odenwaldschule*, 1999, S. 28. オーデンヴァルト校演劇担当教師D. ヘーフリッヒによる筆者宛Eメール（2004年7月4日付）。

64 オーデンヴァルト校（Odenwaldschule）HP: http://www.odenwaldschule.de/

65 同上HP.

66 同上HP.

67 同上HP.

68 R. Lehmann, a.a.O., S. 7.

69 芸術教育運動の第三の段階である演劇運動において、1924年にフランクフルトで開催された演劇集会「青少年と演劇（Jugend und Bühne）」の報告書がまとめられた。これは、青年運動との結びつきにおいて展開した素人演劇運動が、芸術教育運動の中で教育史的にとりわけ重要な意味を持つことを示している（Vgl. W. Scheibe, *Die Reformpädagogische Bewegung 1900-1932*, Beltz Verlag, Weinheim und Basel, 1969, S. 160-161）。

70 岡本定男、前掲論文、110頁。

71 メルツ学校（Merz-Schule）案内パンフレット“Merz Internat”および“Kurzinformation” 2005年、コース紹介“Musischer Nachmittag 2004/2005”, HP: http://www.merz-schule.de/ より

72 メルツ学校案内パンフレット“Merz Internat”より。

73 ハイデホーフギムナジウム（Heidehof-Gymnasium）HP: http://www.heidehofgymnasium.de/

74 ヘッセン州ヘレーネ・ランゲ学校（Helene-Lange- Schule）教師Dr. I. Ahlringによる筆者宛Eメール（2005年2月9日付）。

75 R. Burckhardt/ H. Colsman, *Kostüm und Farben*, Pädagogische Forschungsstelle beim der

Freien Waldorfschulen, 2005, S. 8.

76 山本茂男「日独青少年指導者セミナー」報告②「演劇教育家」と「演劇教師」6頁（社団法人日本児童演劇協会編『児童演劇』No.546/2006. 5. 25、所収）。

77 ドイツ演劇教育連盟（Bundesverband Theaterpädagogik） HP: http://www.butinfo.de/より、pdf 資料 "*Jahresarbeit des Vorstandes, Aufgaben und Aktivitäten*", 2004, S. 12.

78 ドイツ演劇教育連盟、同上pdf資料、同頁。ここでいう「演劇教育者」とは学校外の演劇指導者を、「演劇教師」は学校内の演劇担当教師を意味する。

79 R. Burckhardt/ H. Colsman,a.a.O., S. 8.

80 F. Rellstab, *Handbuch Theaterspielen, Band 4: Theaterpädagogik*, Verlag Stutz Druck, 2000, S. 24.

81 A.a.O., S. 25, 27.

82 A.a.O., S. 27.

83 ドイツ演劇教育連盟、前掲 pdf 資料、S. 17.

84 オーデンヴァルト校演劇担当教師 D. ヘーフリッヒによる筆者宛 E メール（2004年7月4日付）。

85 Vgl. *Badische Zeitung*, SCHUL-THEATER: Die Waldorfschule in der Wiehre spielt Szenen zur „Liebe √2000", 17. März, 2000, *Hannoversche Allgemeine Zeitung*, Waldorfschule: Teuflische Spiellust, 24. November, 1986.

86 H. Schaub, K. G. Zenke, *Wörterbuch Pädagogik*, Deutscher Taschenbuch Verlag, München, 2000, S. 590.

87 一つの教科に午前中の最初の2時間を費やし、同一の科目を約4週間にわたって毎日この時間帯に続けて子どもたちに学ばせる形式の授業（周期集中授業）。科目は国語、算数、地理、歴史などの主要な科目である。

88 M. Seitz/ U. Hallwachs, *Montessori oder Waldorf?*, Kösel Verlag, 1996, München, S. 157.

89 F. Carlgren, *Erziehung zur Freiheit*, Verlag Freies Geistesleben, 1972, S. 129, F. カールグレン著、国際ヴァルドルフ学校連盟編、高橋巌・高橋弘子訳『自由への教育』ルドルフ・シュタイナー研究所、1992年、174頁。

90 ベルン自由教育連盟編、子安美知子監訳『授業からの脱皮』晩成書房、1980年、215頁。

91 R. Burckhardt/ H. Colsman, a.a.O., S. 8.

92 K. Kehrwieder, Die Rolle Dramatischen in der Waldorfpädagogik. In: Bund der Freien Waldorfschulen e.V., Stuttgart [Hrsg.], *Erziehungskunst*, 58. Jg., Heft10, 1994, S. 962.

93 月に一度、全校生徒が学校内の大ホールに集まり、そこで各学年の生徒たちが日頃の学習成果を発表する発表会。

94 Bund der Freien Waldorfschulen e.V., Stuttgart [Hrsg.], a.a.O., S. 1033.

95 第8学年までは担任教師の指導、主導で演劇活動が行われる。

96 Vgl. B. Pietschmann, Theaterspiel in der 8. Klasse. In: Bund der Freien Waldorfschulen e.V.,Stuttgart [Hrsg.], *Erziehungskunst*, 2000, S. 534.

97 B. Pietschmann, a.a.O., S. 534-535.

98 Lehrerkollegium und Schulverein der Rudolf Steiner Schule Birseck [Hrsg.], *Schifer*, Herbst

2007, S. 21.

99 新田義之編『ルドルフ・シュタイナー研究』第3号、人智学研究会、1979年、19頁。

100 R. シュタイナー、新田義之訳『教育と芸術』人智学出版社、1986年、26頁。

101 Lehrerkollegium und Schulverein der Rudolf Steiner Schule Birseck [Hrsg.], a.a.O., S. 21.

102 Rudolf Steiner-Schule Wien-Mauer, *Moment* (Monatsschrift von und für Eltern, Lehrer, Schüler und Freunde der Rudolf Steiner-Schule Wien-Mauer, Freie Waldorfschule), Februar, 2006, S. 14.

103 T. M. Keller, Kleine szenische Spiele in den unteren Klassen. In: Bund der Freien Waldorfschulen [Hrsg.], *Erziehungskunst*, 58. Jg., Heft10, 1994, S. 984.

104 オーストリア・シェーナウのヴァルドルフ学校教師B. ショーバー（B. Schober）からのEメール（2008年7月11日付）。

105 シュプレーヴァルト小学校（Spreewald-Grundschule)HP: http://www.spreewald-grundschule.de/

106 H. Eller, *Der Klassenlehrer an der Waldorfschule,* Verlag Freies Geistesleben, 1998, S. 166.

107 Freie Pädagogische Vereinigung Bern [Hrsg.], *Waldorfpädagogik in öffentlichen Schulen*, 1976, S. 125, ベルン自由教育連盟編、子安美知子監訳、前掲書、14頁。

108 O. Hansmann [Hrsg.], *Pro und Contra Waldorfpädagogik,* Verlag Dr. Johannes Königshausen + Dr. Tomas Neumann, 1987, S. 183-184.

109 Vgl. Bund der Freien Waldorfschulen e.V., Stuttgart [Hrsg.], *Erziehungskunst,* Mai, 2000.

110 R. Burckhardt/ H. Colsman,a.a.O., S. 8.

111 A.a.O., S. 8.

112 Bund der Freien Waldorfschulen e.V., Stuttgart [Hrsg.], *Erziehungskunst*, 58. Jg., Heft10, 1994, S. 1033.

113 Vgl. Rudolf Steiner, Gesamtausgabe（以下GAと訳す）, Nr. 28, S. 353-356, W. クグラー著、久松重文訳『シュタイナー危機の時代を生きる』晩成書房、1987年、132、174頁参照。

114 I. Duwan, *Sprachgeataltung und Schauspielkunst,* Verlag am Goetheanum, 1990, S. 50.

115 たとえば、「ウィーンには二つの劇場がある。すなわち王宮劇場（Hofburgtheater）と新しいドイツ民衆劇場（Neues Deutsches Volkstheater）である。……ウィーンには、今もなお二つの劇場を毎晩満員にするための芸術に対する高い意識を持つ鑑賞者が十分にいる」。（GA. Nr. 29, S. 23.）

116 GA. Nr. 28, S. 353, R. シュタイナー、西川隆範訳『泉の不思議—四つのメルヘン』イザラ書房、1993年、49頁。

117 A.a.O., S. 356, R. シュタイナー、伊藤勉・中村康二訳『シュタイナー自伝Ⅱ』ぱる出版、2001年、139頁。

118 『神秘劇』という言葉は文学史上では、奇跡劇と並んで中世に盛んに演じられたキリスト受難劇、復活劇をさすものであるが、シュタイナーの言う『神秘劇』は秘儀の劇という意味合いを持っている。『神秘劇』は今でもゲーテアヌムでも定期的に上演され、毎年、新しい演出で公演が行われる。

119 R. シュタイナー、西川隆範訳、前掲書、49頁。1909年にはエドゥアール・シュレーの劇『ルシファーの子どもたち』の上演と連続講演『西洋の光の中の東洋』、1910年に『神秘劇』第一部「秘儀参入の門」の初演と連続講演『創世記の秘密』、1911年にシュレーの『エレシウス神聖劇』および『神秘劇』第二部「魂の試練」の初演と連続講演『宇宙の奇跡・魂の試練・霊の啓示』、1912年には『神秘劇』第三部「境域を見張る者」の初演と連続講演『秘儀参入・永遠と瞬間・霊の光と生の闇』、1913年に『神秘劇』第四部「魂の目覚め」の初演と連続講演『境域の秘密』が行われた。

120 R. シュタイナー、西川隆範訳、前掲書、39頁。

121 シュタイナーは、童話の世界を、「宇宙の古い神秘の表現」とし、地上と天界の中間にあって、地上から天界への橋渡しをする霊的な世界ととらえた。この霊的な世界へ参入する諸段階で起こることを彼は「儀式」ととらえている（同上書、39-43頁参照）。

122 J. ヘムレーベン著、河西善治編、川合増太郎・定方明夫訳『シュタイナー入門』ぱる出版、2001年、131頁。

123 R. シュタイナー、西川隆範訳、前掲書、50頁。

124 F. カールグレン著、高橋弘子訳『ルドルフ・シュタイナーと人智学』創林社、1985年、83頁。

125 R. シュタイナー、西川隆範訳、前掲書、41頁。

126 R. シュタイナー、新田義之訳『神秘劇Ⅰ』人智学出版社、1982年、195頁。

127 R. シュタイナー、西川隆範訳、前掲書、50頁。

128 R. シュタイナー、西川隆範編訳『シュタイナー芸術と美学』平河出版社、1987年、8頁。

129 W. クグラー著、久松重文訳、前掲書、138頁。

130 F. カールグレン著、高橋弘子訳、前掲書、89頁。

131 J. ヘムレーベン著、河西善治編、川合増太郎・定方明夫訳、前掲書、135頁。

132 Lehrerkollegium und Schulverein der Rudolf Steiner Schule Birseck [Hrsg.], a.a.O., S. 21.

133 A.a.O., S. 21.

134 J. Kiersch, *Die Waldorfpädagogik—eine Einführung in die Pädagogik Rudolf Steiners*, 1979, S. 31.

135 H. Schirmer, *Bildekräfte der Dichtung,* Verlag Freies Geistesleben, 1993, S. 217.

136 Vgl. K. Neuschutz, *Das Puppenbuch,* Verlag Freies Geistesleben, 1988, S. 53.

137 GA. Nr. 304, S. 197.

138 K. Kehrwieder, a.a.O., S. 962.

139 Vgl. E. Weißert, Spielmöglichkeiten für das Schülertheater. In: *Erziehungskunst*, Hefte 2-8 und 10, 1962.

140 K. Kehrwieder, a.a.O., S. 962.

141 Vgl. E. Weißert,a.a.O.

142 A. Denjean, *Die Praxis des Fremdsprachenunterrichts an der Waldorfschule,* Verlag Freies Geistesleben, 2000, S. 122.

143 F. Carlgren, a.a.O., S. 17, F. カールグレン著、国際ヴァルドルフ学校連盟編、高橋巌・高橋弘子訳、前掲書、17頁。

144 シュタイナー教育・友の会（ドイツ・ベルリン）編『世界のシュタイナー学校はいま……』平凡社、2005年、44頁。

145 シュトットガルトのヴァルドルフ教員養成大学講師 H. U. シュムッツ（H.U. Schmutz）による筆者宛 FAX より（2004年5月13日付）。

146 GA. Nr. 304, S. 197.

147 シュトットガルト教員養成大学、教員養成コースに在籍中の学生、若林伸吉氏からの筆者宛Eメール（2008年5月1日付）。

148 同上Eメール。

149 H. Neuffer [Hrsg.], *Zum Unterricht des Klassenlehrers an der Waldorfschule,* Verlag Freies Geistesleben, 1997, S. 312.「ルドルフ・シュタイナーによる第8学年の修了演劇についての記述を探しても無駄である。そこには何もない」。

150 H. Schirmer, a.a.O., S. 211.

151 K. Kehrwieder, a.a.O., S. 962.

152 A.a.O., S. 962.

153 H. Neuffer [Hrsg.] , a.a.O., S. 312.

154 GA. Nr. 295, S. 160, R. シュタイナー、高橋巌訳『教育芸術2　演習とカリキュラム』筑摩書房、1989年、214頁。

155 H. Schirmer, a.a.O., S. 211.

156 B. Heck, Dramatische Arbeit und menschliche Entwicklung. In: Bund der Freien Waldorfschulen e.V., Stuttgart [Hrsg.], *Erziehungskunst,* 58. Jg., Heft10, 1994, S. 951.

157 K. Kehrwieder, a.a.O.,S. 968.

158 A.a.O.,S. 964.

159 A.a.O.,S. 964.

160 A. Denjean, a.a.O., S. 120.

161 B. Heck, a.a.O., S. 961.

第二章

1 TB. Nr. 658, S. 59, 広瀬俊雄『シュタイナーの人間観と教育方法』ミネルヴァ書房、1988年、54頁。

2 R. Steiner, *Die pädagogische Grundlage und Zielsetzung der Waldorfschule,* Drei Aufsätze, Einzelausgabe, 1978, S. 30, 広瀬俊雄、同上書、55頁。

3 R. Steiner, *Zur Dreigliederung des sozialen Organismus,* 1962, S. 25, 新田義之編『ルドルフ・シュタイナー研究』第3号、人智学研究会、1979年、241頁。

4 R. Steiner, a.a.O., S. 26, 新田義之編、同上書、242頁。

5 GA. Nr. 307, S. 103.

6 GA. Nr. 309, S. 24.

7 J. Speck [Hrsg.], *Geschichte der Pädagogik des. 20. Jh.,* Bd. 2, Kohlhammer Verlag, 1978, S. 8-9, 広瀬俊雄、前掲書、18頁。

8 広瀬俊雄、同上書、56頁、参照。

9 新田義之編、前掲書、168頁。

10 こうした見方は、シュタイナー独自のものではない。古代キリスト教の人間観もまた、人間は体と魂と霊から成っている、との見方を示した。すなわちキリストが肉体を得てこの世の人間となるプロセスや、受胎告知に見られるような出来事を霊的なものととらえ、人間は物質的生と霊的生を繰り返しながら進化していく霊的存在である、ととらえるのである。ルターは「霊 (Geist) は人間の最高、最深、最貴の部分であり、人間はこれにより、目に見えない永遠の事物を把握することができる」(金子晴勇『ルターとドイツ神秘主義』創文社、2000年、4頁) ととらえるが、これは、シュタイナーによる霊の認識ときわめてよく似ている。

11 GA. Nr. 296, S. 69, 広瀬俊雄、前掲書、57頁。

12 TB. Nr. 658, S. 60, 広瀬俊雄、同上書、58頁。

13 TB. Nr. 674, S. 13.

14 H. Schirmer, *Bildekräfte der Dichtung,* Verlag Freies Geistesleben, 1993, S. 218.

15 TB. Nr. 618, S. 17, 広瀬俊雄、前掲書、45頁。

16 GA. Nr. 296, S. 50.

17 E. Spranger, *Psychologie und Menschenbildung,* W. Eisenmann [Hrsg.], Verlag Max Niemeyer, 1974, S. 332-333, 土橋寶「シュプランガーの老年論」『鳥取大学地域科学部紀要』第3巻、2000年、5-6頁。

18 日本でもその7年周期説のもとに子どもの成長をとらえたテレビ番組が制作され、テレビで放映された。2006年10月29日にNHKで、同一人物の成長を7歳と14歳と21歳の時点でとらえた姿が、全国ネットで放映された。

19 R. Steiner, 1978, a.a.O., S. 208.

20 GA. Nr. 307, S. 48, R. シュタイナー、佐々木正昭訳『現代の教育はどうあるべきか』人智学出版社、1985年、63頁。

21 GA. Nr. 304, S. 195.

22 R. Steiner, *Die Erziehung des Kindes vom Gesichtspunkte der Geisteswissenschaft,* 1978, S. 21, R. シュタイナー、松浦賢訳『霊学の観点からの子どもの教育』イザラ書房、1999年、63頁。

23 GA. Nr. 307, S. 49.

24 TB. Nr. 604, S. 20.

25 TB. Nr. 648, S. 158.

26 A.a.O., S. 157.

27 A.a.O., S. 158.

28 GA. Nr. 307, S. 49, R. シュタイナー、佐々木正昭訳、前掲書、64頁。

29 A.a.O., S. 49, R. シュタイナー、佐々木正昭訳、同上書、64頁。

30 GA. Nr. 306, S. 52, GA. Nr. 304, S. 197.

31 TB. Nr. 749, S. 108.
32 田野尚美「R. シュタイナーの発達論における基底」関西学院大学人文学会編『人文論究』1985年、103頁。
33 同上論文、103頁。
34 同上論文、103頁。
35 同上論文、113頁。
36 TB. Nr. 604, S. 151-152, R. シュタイナー、新田義之訳『教育の根底を支える精神的心意的な諸力』人智学出版社、1981年、225頁。
37 H. Scheuerl [Hrsg.], *Klassiker der Pädagogik, Zweiter Band,* Verlag C. H. Beck, 1979, S. 177.
38 TB. Nr. 604, S. 16, R. シュタイナー、新田義之訳、前掲書、17頁。
39 Vgl. F. Rest, *Waldorfpädagogik,* Matthias-Gränewald Verlag, 1992, S. 80-81.
40 田野尚美、前掲論文、105頁。
41 GA. Nr. 293, S. 118, R. シュタイナー、高橋巖訳『教育の基礎としての一般人間学』筑摩書房、1989年、127頁。
42 G. Scherer/ F. J. Krämer/ F. J. Wehnes, *Anthroposophie und Waldorfpädagogik,* Verlag Thomas Plöger Annweiler, 1987, S. 178.
43 Vgl. S. Leber [Hrsg.], *Waldorfschule heute,* Verlag Freies Geistesleben, 2000, S. 80.
44 村田孝次『発達心理学史入門』培風館、1987年、184頁。
45 同上書、188頁。
46 Ch. リンデンベルク著、新田義之・新田貴代訳『自由ヴァルドルフ学校』明治図書、1977年、119-120頁。
47 同上書、120頁。
48 竹内通夫・加藤仁実『ピアジェの発達理論と幼児教育』あるむ、1999年、74-75頁。
49 K. ケーニッヒ著、そのだとしこ訳『子どもが三つになるまで』葦書房、1992年、172頁。
50 同上書、48頁。
51 同上書、200頁。
52 G. Scherer/ F. J. Krämer/ F. J. Wehnes, a.a.O., S. 179.
53 A.a.O., S. 179.
54 TB. Nr. 674, S. 13.
55 TB. Nr. 658, S. 154.
56 Vgl. TB. Nr. 604, S. 14, R. シュタイナー、新田義之訳、前掲書、14頁参照。
57 TB. Nr. 618, S. 17, R. シュタイナー、高橋巖訳『教育芸術1 方法論と教授法』筑摩書房、1989年、5頁。
58 TB. Nr. 618, S. 26.
59 TB. Nr. 658, S. 154.
60 TB. Nr. 618, S. 22.
61 A. Denjean, *Die Praxis des Fremdsprachenunterrichts an der Waldorfschule,* Verlag Freies Geistesleben, 2000, S. 124.

62 Vgl. GA. Nr. 307, S. 28.
63 GA. Nr. 296, S. 17.
64 A.a.O., S. 28.
65 広瀬俊雄、前掲書、74–78頁。
66 R. シュタイナー、高橋巖訳『神智学』筑摩書房、2000年、54–55頁。
67 同上書、56–58頁。

第三章

1 Ch. Lindenberg, *Waldorfschulen*, Rowohlt Taschenbuch Verlag, 1998, S. 157-158.
2 O. F. ボルノー著、森田孝訳『言語と教育』川島書店、1969年、1頁。
3 同上書、10頁。
4 GA. Nr. 307, S. 199, R. シュタイナー、佐々木正昭訳『現代の教育はどうあるべきか』人智学出版社、1985年、267頁。
5 H. Eller, *Der Klassenlehrer an der Waldorfschule,* Verlag Freies Geistesleben, 1998, S. 106, H. エラー著、鳥山雅代訳『人間を育てる』トランスビュー、2003年、142頁。
6 TB. Nr. 658, S. 117.
7 A.a.O., S. 117.
8 広瀬俊雄『教育力としての言語』勁草書房、2002年、31頁。
9 GA. Nr. 306, S. 55.
10 Vgl. GA. Nr. 307, S. 94. R. シュタイナー、佐々木正昭訳、前掲書、125–126頁参照。
11 TB. Nr. 749, S. 67.
12 GA. Nr. 307, S. 94-95.
13 A.a.O., S. 96.
14 A.a.O., S. 94.
15 A.a.O., S. 94. なお、「はじめに言葉があった」は、ルターによるドイツ語訳新訳聖書では「Im Anfang war das Wort」と訳されている。M. Luther, *Das Neue Testament in der deutschen Übersetzung*, 1989, S. 235.
16 TB. Nr. 658, S. 117.
17 GA. Nr. 307, S. 96.
18 A.a.O., S. 98.
19 TB. Nr. 658, S. 117.
20 GA. Nr. 271, S. 123, R. シュタイナー、西川隆範編訳『シュタイナー芸術と美学』平河出版社、1987年、163頁。
21 GA. Nr. 306, S. 55.
22 GA. Nr. 307, S. 199-200.
23 A.a.O., S. 199.
24 T. Richter [Hrsg.], *Pädagogischer Auftrag und Unterrichtsziele einer freien Waldorfschule,* Pädagosische Forschungsstelle beim der Freien Waldorfschulen, 1995, S. 351.

25 Ch. Lindenberg, Rudolf Steiner. In: H. Scheuerl [Hrsg.], *Klassiker der Pädagogik Zweiter Band,* Verlag C. H. Beck, 1979, S. 179.

26 GA. Nr. 271, S. 78-79, R. シュタイナー、西川隆範編訳、前掲書、104、105頁。

27 T. Richter [Hrsg.], a.a.O., S. 352.

28 A.a.O., S. 351.

29 A.a.O., S. 351.

30 Vgl. TB. Nr. 618, S. 209-210, R. シュタイナー、高橋巖訳『教育芸術1　方法論と教授法』筑摩書房、1989年、200頁参照。

31 オーストリア・シェーナウのヴァルドルフ学校教師B. ショーバー（B. Schober）からのEメール（2008年7月11日付）。

32 GA. Nr. 307, S. 199, R. シュタイナー、佐々木正昭訳、前掲書、267頁。

33 A.a.O., S. 95, R. シュタイナー、佐々木正昭訳、同上書、126頁。

34 GA. Nr. 279, S. 26.

35 GA. Nr. 260a, S. 390.

36 GA. Nr. 307, S. 127, R. シュタイナー、佐々木正昭訳、前掲書、171頁。

37 GA. Nr. 260a, S. 391.

38 A.a.O., S. 392.

39 A.a.O., S. 392, W. クグラー著、久松重文訳『シュタイナー　危機の時代を生きる』晩成書房、1987年、187頁。

40 M. コーバリス著、大久保街亜訳『言語は身振りから進化した―進化心理学が探る言語の起源―』勁草書房、2009年、参照。

41 GA. Nr. 260a, S. 392.

42 TB. Nr. 676, S. 213, W. クグラー著、久松重文訳、前掲書、182頁参照。

43 Vgl. GA. Nr. 282, S. 212-222.

44 A.a.O., S. 214.

45 A.a.O., S. 214.

46 A.a.O., S. 214.

47 A.a.O., S. 214.

48 A.a.O., S. 215-216, F. Schiller, *Wallenstein,* 2000, S. 229, F. シラー、濱川祥枝訳『ヴァレンシュタイン』岩波書店、2003年、385頁。戯曲『ヴァレンシュタイン』(1798-99年）は3部より成り、ドイツ古典主義文学の代表作とされる。三十年戦争における野心と運命に弄ばれた英雄ヴァレンシュタインの没落を描く壮大な史劇であり、この場面は第3部「ヴァレンシュタインの死」より第3幕第18場、ヴァレンシュタインが部下の息子マクスを引きとめるやりとりである。

49 GA. Nr. 282, S. 215-216.

50 GA. Nr. 260a, S. 387.

51 TB. Nr. 708, S. 100, R. シュタイナー、西川隆範訳『精神科学による教育の改新』アルテ、2005年、39頁。

52 GA. Nr. 260a, S. 390.

53 TB. Nr. 618, S. 37, R. シュタイナー、高橋巖訳、前掲書、26頁。
54 TB. Nr. 648, S. 226, R. シュタイナー、西川隆範訳『子どもの健全な成長』アルテ、2004年、138頁。
55 A.a.O., S. 226, R. シュタイナー、西川隆範訳、同上書、138頁。
56 GA. Nr. 307, S. 76, R. シュタイナー、佐々木正昭訳、前掲書、102頁。
57 GA. Nr. 306, S. 93.
58 TB. Nr. 676, S. 142.
59 ウィーン・マウアーのヴァルドルフ学校元教師E. グラーフ（E. Graf）へのインタビュー（2001年4月24日）。
60 TB. Nr. 676, S. 141, 142.
61 広瀬綾子「自由ヴァルドルフ学校の演劇教育」『教育学研究』第72巻第3号、日本教育学会、2005年、28-34頁参照。
62 T. Richter, *Wieland der Schmied*–Spiele für das 4. Schuljahr–, 1987.
63 K. ハイデブラント著、西川隆範訳『子どもの体と心の成長』イザラ書房、2002年、144頁。
64 A. Hirose/ Ch. Jaffke, Drama Erziehung an der Waldorfschule als Beitrag zur Reform der Drama Erziehung der japanischen Schule『大阪大学教育学年報』大阪大学大学院人間科学研究科教育学系 第11号、2006年、9頁。
65 たとえば次のような詩である。「植物たちは探す。お日さまの輝きを。暗い森のなかに、あたたかい光が差し込むように。ぼくも探す。しっかりと考えることができる力を。ぼくのなかを貫いて、育み、そして高く成長するように」。(H. エラー著、鳥山雅代訳、前掲書、67頁。)
66 A. Hirose/ Ch. Jaffke, 前掲論文、9頁。
67 GA. Nr. 304, S. 200.
68 ウィーン・マウアーのヴァルドルフ学校元教師E. グラーフへのインタビュー(2001年4月24日)。
69 F. Carlgren, *Erziehung zur Freiheit,* Verlag Freies Geistesleben, 1972, S. 128, F. カールグレン著、国際ヴァルドルフ学校連盟編、高橋巖・高橋弘子訳『自由への教育』ルドルフ・シュタイナー研究所、1992年、172頁。
70 新田義之編『ルドルフ・シュタイナー研究』第3号、人智学研究会、1979年、74頁。
71 M. Tittmann, *Szenen und Spiele für den Unterricht Band 2,* Pädagogische Forschungsstelle beim Bund der Freien Waldorfschulen, 2001, S. 7.
72 M. Tittmann, a.a.O., S. 10.
73 GA. Nr. 304, S. 195.
74 A. Hirose/ Ch. Jaffke、前掲論文、8頁。
75 M. Tittmann, a.a.O., S. 8.
76 TB. Nr. 618, S. 60, R. シュタイナー、高橋巖訳、前掲書、50頁。
77 A.a.O., S. 46, R. シュタイナー、高橋巖訳、同上書、50頁。
78 G. チャイルズ著、渡辺穣司訳『シュタイナー教育―その理論と実践―』イザラ

書房、1997年、275頁。

79 M. Tittmann, a.a.O., S. 8.

80 TB. Nr. 618, S. 61, R. シュタイナー、高橋巖訳、前掲書、50頁。

81 TB. Nr. 708, S. 137, 広瀬俊雄『シュタイナーの人間観と教育方法』ミネルヴァ書房、1988年、196頁。

82 TB. Nr. 674, S. 106, R. シュタイナー、西川隆範訳『人間理解からの教育』筑摩書房、1999年、166頁。

83 TB. Nr. 618, S. 62, R. シュタイナー、高橋巖訳、前掲書、51頁。

84 新田義之編、前掲論集、74頁。

85 K. Kehrwieder, Die Rolle Dramatischen in der Waldorfpädagogik. In: Bund der Freien Waldorfschulen e.V., Stuttgart [Hrsg.], *Erziehungskunst*, 58. Jg., Heft10, 1994, S. 965.

86 M. Tittmann, a.a.O., S. 8.

87 GA. Nr. 307, S. 130, R. シュタイナー、佐々木正昭訳、前掲書、174頁。

88 GA. Nr. 304, S. 196.

89 M. Tittmann, a.a.O., S. 7.

90 M. Tittmann, a.a.O., S. 8.

91 TB. Nr. 618, S. 63, R. シュタイナー、高橋巖訳、前掲書、52頁。

92 言語造型は、シュタイナーの夫人であるマリー（Marie Steiner）との協力によって作り出された。当時、マリー・シュタイナーとの緊密な共同作業の中で、一連の話し方講座が設けられた。そこでは教師、演劇人、また関心を有する一般の人々とともに芸術的に話す練習が行われた。この講座は、700人以上もの参加者のもとに、1924年に行われたシュタイナーによる『言語造型と演劇のための講座』で最高潮に達した。15日間に及ぶ連続講演の間、シュタイナーは音声の発達から始めて、抒情詩、叙事詩、戯曲の意味、言語と所作との関連について述べ、そして「演劇的なものの内的な扱い方」の概略へと参加者を導いた。彼がこうした問題を、単に職業的演劇人ばかりでなく、教師、聖職者、医師や治癒教育者を前にしても語ったということからは、彼が、生全体のうちに芸術を活性化させようとしていたことがわかる（W. クグラー著、久松重文訳、前掲書、181-182頁）。

93 Ch. ヤフケ「シュタイナー学校の演劇教育」216頁（日本演劇教育連盟編『世界の演劇教育に学ぶ―演劇教育実践シリーズ⑱―』晩成書房、1988年、所収）。

94 GA. Nr. 282, S. 59, W. クグラー著、久松重文訳、前掲書、176頁。

95 GA. Nr. 260A, S. 390.

96 TB. Nr. 648, S. 226, R. シュタイナー、西川隆範訳『子どもの健全な成長』アルテ、2004年、138頁。

97 Ch. ヤフケ、前掲論文、216頁。

98 ウィーン・マウアーのヴァルドルフ学校卒業生 V. コナス（V. Konas）からのEメール（2001年5月4日付）。

99 A. Hirose/ Ch. Jaffke、前掲論文、10頁。

100 同上論文、10頁。
101 同上論文、10頁。
102 ウィーン・マウアーのヴァルドルフ学校卒業生 V. コナスからのEメール (2001年5月4日付)。
103 河津雄介『シュタイナー学校の教師教育』学事出版、1995年、45頁参照。
104 W. クグラー著、久松重文訳、前掲書、178頁。
105 R. ケリード著、佐々木正人訳『シュタイナー教育の創造性』小学館、1990年、200頁。
106 同上書、200頁。
107 TB. Nr. 676, S. 214, W. クグラー著、久松重文訳、前掲書、183頁。
108 Vgl. TB. Nr. 618, S. 41, R. シュタイナー、高橋巖訳、前掲書、30頁参照。
109 F. Carlgren, a.a.O., S. 55, F. カールグレン著、国際ヴァルドルフ学校連盟編、高橋巖・高橋弘子訳、前掲書、79頁。
110 GA. Nr. 260A, S. 388, W. クグラー著、久松重文訳、前掲書、183頁。
111 K. ハイデブラント著、西川隆範訳、前掲書、144頁。
112 GA. Nr. 279, S. 28.
113 TB. Nr. 658, S. 114, R. シュタイナー、西川隆範訳『教育の方法』アルテ、2004年、84頁。
114 A.a.O., S. 114, R. シュタイナー、西川隆範訳、同上書、84頁。
115 F. Carlgren, a.a.O., S. 55, F. カールグレン著、国際ヴァルドルフ学校連盟編、高橋巖・高橋弘子訳、前掲書、78–79頁。
116 ベルン自由教育連盟編、子安美知子監訳『授業からの脱皮』晩成書房、1980年、7頁。
117 TB. Nr. 658, S. 114, R. シュタイナー、西川隆範訳、前掲『教育の方法』85頁。
118 TB. Nr. 708, S. 137, R. シュタイナー、西川隆範訳、前掲『精神科学による教育の改新』86頁。
119 A.a.O., S. 138, R. シュタイナー、西川隆範訳、同上書、87頁。
120 A.a.O., S. 151, R. シュタイナー、西川隆範訳、同上書、104頁。
121 GA. Nr. 307, S. 201, R. シュタイナー、佐々木正昭訳、前掲書、269頁。
122 Ch. ヤフケ、前掲論文、216頁。

第四章

1 広瀬俊雄『シュタイナーの人間観と教育方法』ミネルヴァ書房、1988年、138頁。
2 TB. Nr. 648, S. 159, 広瀬俊雄、同上書、139頁。
3 広瀬俊雄、同上書、151頁。
4 R. Steiner, *Die Erziehung des Kindes vom Gesichtspunkte der Geisteswissenschaft,* 1978, S. 10, R. シュタイナー、松浦賢訳『霊学の観点からの子どもの教育』イザラ書房、1999年、45頁。
5 GA. Nr. 13, S. 53, R. シュタイナー、高橋巖訳『神秘学概論』ちくま学芸文庫、

2001年、58頁。

6 A.a.O., S. 53, R. シュタイナー、高橋巖訳、同上書、58頁。

7 GA. Nr. 293, S. 66, R. シュタイナー、高橋巖訳『教育の基礎としての一般人間学』筑摩書房、1989年、62頁。

8 R. シュタイナー、高橋巖訳『神智学』筑摩書房、2000年、57頁。

9 R. シュタイナー、松浦賢訳、前掲書、13頁。

10 R. Steiner, a.a.O., S. 13, 同上書、49頁。

11 A.a.O., S. 13.

12 TB. Nr. 674, S. 97, R. シュタイナー、西川隆範訳『人間理解からの教育』筑摩書房、1999年、154頁。

13 GA. Nr. 307, S. 76, R. シュタイナー、佐々木正昭訳『現代の教育はどうあるべきか』人智学出版社、1985年、100頁。

14 GA. Nr. 304, S. 195.

15 Vgl. TB. Nr. 674, S. 97, R. シュタイナー、西川隆範訳、前掲書、154頁参照。

16 TB. Nr. 674, S. 97, R. シュタイナー、西川隆範訳、同上書、154頁。

17 TB. Nr. 674, S. 97, R. シュタイナー、西川隆範訳、同上書、154頁。

18 TB. Nr. 674, S. 98, R. シュタイナー、西川隆範訳、同上書、156頁。

19 R. Steiner, a.a.O., S. 27, R. シュタイナー、松浦賢訳、前掲書、72頁。

20 GA. Nr. 307, S. 76, R. シュタイナー、佐々木正昭訳、前掲書、100頁。

21 TB. Nr. 674, S. 96.

22 R. Steiner, a.a.O., S. 13, R. シュタイナー、松浦賢訳、前掲書、50頁。

23 GA. Nr. 13, S. 62, R. シュタイナー、高橋巖訳、前掲『神秘学概論』、66-67頁。

24 GA. Nr. 13, S. 59.

25 R. Steiner, a.a.O., S. 13, R. シュタイナー、松浦賢訳、前掲書、51頁。

26 TB. Nr. 749, S. 71.

27 GA. Nr. 307, S. 79, R. シュタイナー、佐々木正昭訳、前掲書、105頁。

28 A.a.O., S. 81, R. シュタイナー、佐々木正昭訳、同上書、107頁。

29 TB. Nr. 657, S. 74, R. シュタイナー、高橋巖訳『14歳からのシュタイナー教育』筑摩書房、1997年、99頁。

30 R. シュタイナー、松浦賢訳、前掲書、17頁。

31 R. Steiner, a.a.O., S. 14, R. シュタイナー、松浦賢訳、同上書、52頁。

32 広瀬俊雄、前掲書、71頁。

33 GA. Nr. 293, S. 88, R. シュタイナー、高橋巖訳、前掲『教育の基礎としての一般人間学』94頁。

34 TB. Nr. 657, S. 72, 広瀬俊雄、前掲書、73頁。

35 R. Steiner, a.a.O., S. 18, R. シュタイナー、松浦賢訳、前掲書、58頁。

36 GA. Nr. 304, S. 198.

37 GA. Nr. 307, S. 121-122, R. シュタイナー、佐々木正昭訳、前掲書、164頁。

38 A.a.O., S. 122, R. シュタイナー、佐々木正昭訳、同上書、165頁。

39 GA. Nr. 304, S. 195. これに対して、青年期の若者は「内的劇作家（Innerlicher Dramatiker）」（K. Kehrwieder, Die Rolle Dramatischen in der Waldorfpädagogik. In: Bund der Freien Waldorfschulen e.V., Stuttgart [Hrsg.], *Erziehungskunst,* 58. Jg., Heft10, 1994, S. 965）ととらえられている。

40 A.a.O., S. 195.

41 TB. Nr. 674, S. 117, R. シュタイナー、西川隆範訳、前掲書、186頁。

42 GA. Nr. 304, S. 193.

43 A.a.O., S. 196.

44 広瀬俊雄、前掲書、164頁。

45 GA. Nr. 307, S. 122, R. シュタイナー、佐々木正昭訳、前掲書、165頁。

46 R. Burckhardt/ H. Colsman, *Kostüm und Farben,* Pädagogische Forschungsstelle beim Bund der Freien Waldorfschulen, 2005, S. 8.

47 TB. Nr. 604, S. 45, R. シュタイナー、新田義之訳『教育の根底を支える精神的心意的な諸力』人智学出版社、1981年、64頁。

48 TB. Nr. 648, S. 174, 広瀬俊雄、前掲書、158頁。

49 GA. Nr. 293, S. 128-129, R. シュタイナー、高橋巖訳、前掲『教育の基礎としての一般人間学』、139頁。

50 R. シュタイナー、西川隆範訳『教育の方法』アルテ、2004年、171-172頁。

51 Vgl. GA. Nr. 298, S. 71.

52 GA. Nr. 298, S. 72.

53 GA. Nr. 307, S. 135, R. シュタイナー、佐々木正昭訳、前掲書、181頁。

54 TB. Nr. 604, S. 74, R. シュタイナー、新田義之訳、前掲書、109頁。

55 GA. Nr. 302a, S. 88, R. シュタイナー、西川隆範訳、前掲『教育の方法』143頁。

56 GA. Nr. 307, S. 135, R. シュタイナー、佐々木正昭訳、前掲書、181頁。

57 R. シュタイナー、松浦賢訳、前掲書、27頁。

58 R. Steiner, S. 38, R. シュタイナー、松浦賢訳、前掲書、92頁。

59 Ch. リンデンベルク著、新田義之・新田貴代訳『自由ヴァルドルフ学校』明治図書、1977年、78-79頁。

60 R. Steiner, a.a.O., S. 40, R. シュタイナー、松浦賢訳、前掲書、95頁。

61 GA. Nr. 306, S. 60, 広瀬俊雄、前掲書、154頁。

62 TB. Nr. 604, S. 123-124, R. シュタイナー、新田義之訳、前掲書、184頁。

63 カントも人間の性格について、この気質の視点から述べている。「人間学的な性格論」の「個人の性格」の中で、四つの気質について述べている。カント著、渋谷治美訳『カント全集15　人間学』岩波書店、2003年、257-264頁。

64 ドイツの教育学者H. ベーメによれば、エンペドクレス（Empedokles）によって元素説は哲学的に確立され、19世紀に至るまで人間に関する哲学的考察は、四元素によって根拠づけられていたという。つまり四元素説は、ヨーロッパ地域を代表する思想であり、人間を理解するためには、火・水・土（地）・空気（風）を理解しなければならない。（H. ベーメ「元素―火、水、土、空気」2-4頁（Ch.

ヴルフ編、藤川信夫監訳『歴史的人間学事典』第1巻、勉誠出版、2008年、所収))。

65 16世紀の宗教改革から生まれてきた信仰的、霊的神秘主義から自然神秘主義に移行するプロセスの中で、17世紀の初頭に活躍したJ. ベーメは、両者を体系的に総合しようと試みた神秘主義者として登場した。自然神秘主義の体系的な完成はベーメによって実現された（金子晴勇『ルターとドイツ神秘主義』創文社、2000年、411頁）。

66 J. ベーメ著、福島正彦訳『キリストへの道』松籟社、1991年、240–244頁参照。なお、気質に対するベーメとシュタイナーの見方は、同じものではない。すなわちベーメは、気質を魂の内に住んでいるもの、すなわち魂との関係で気質をとらえるが、シュタイナーにあっては、そうした見方はない。

67 広瀬牧子『気質でわかる子どもの心』共同通信社、2006年、40頁、参照。

68 F. Carlgren, *Erziehung zur Freiheit,* Verlag Freies Geistesleben, 1972, S. 61, F. カールグレン著、国際ヴァルドルフ学校連盟編、高橋巌・高橋弘子訳『自由への教育』ルドルフ・シュタイナー研究所、1992年、96頁。

69 広瀬俊雄、前掲書、187頁。

70 TB. Nr. 604, S. 118, R. シュタイナー、新田義之訳、前掲書、175頁。

71 GA. Nr. 295, S. 10, R. シュタイナー、高橋巌訳『教育芸術2　演習とカリキュラム』筑摩書房、1989年、7頁。

72 A.a.O., S. 11, R. シュタイナー、高橋巌訳、同上書、7頁。

73 A.a.O., S. 10, R. シュタイナー、高橋巌訳、同上書、6頁。

74 広瀬俊雄、前掲書、188頁。

75 GA. Nr. 295, S. 28, R. シュタイナー、高橋巌訳、前掲『教育芸術2』、30–31頁。

76 R. ケリード著、佐々木正人訳『シュタイナー教育の創造性』小学館、1990年、52頁。

77 K. ハイデブラント著、西川隆範訳『子どもの体と心の成長』イザラ書房、2002年、76頁。

78 広瀬俊雄、前掲書、188頁。

79 TB. Nr. 604, S. 118-119, TB. Nr. 749, S. 129, R. シュタイナー、新田義之訳、前掲書、176頁。

80 A.a.O., S. 119, R. シュタイナー、新田義之訳、同上書、177頁。この同じ原則は、シュタイナー医学の領域における「同種療法」（“似たものは、似たもので治せ！”という類似原理に従って治療する治療法。ある症状と同類の症状を引き起こす物質を数千倍、数万倍に希釈して患者に与えることで、自然な排泄と回復プロセスを促進する）としても生かされている。

81 A.a.O., S. 119, R. シュタイナー、新田義之訳、同上書、177頁。

82 GA. Nr. 295, S. 30, R. シュタイナー、高橋巌訳、前掲『教育芸術2』33頁。

83 F. Carlgren, a.a.O., S. 66, F. カールグレン著、国際ヴァルドルフ学校連盟編、高橋巌・高橋弘子訳、前掲書、95頁。

84 広瀬俊雄、前掲書、190頁。

85 GA. Nr. 282, S. 221.

86　ウィーン・マウアーのヴァルドルフ学校元教師E. グラーフ（E. Graf）へのインタビュー（2001年4月24日）。

87　Rudolf Steiner-Schulverein, 1238 Wien Endresstrasse 100 [Hrsg.], T. Richter, *Aus der Naturkunde und dem Rechnen*, —zwei Spiele für das 1. Schuljahr—, 1987.

88　R. ケリード著、佐々木正人訳、前掲書、60–61頁。

89　子安美知子『魂の発見—シュタイナー学校の芸術教育』音楽之友社、1981年、174頁。

90　T. M. Keller, Kleine szenische Spiele in den unteren Klassen. In: Bund der Freien Waldorfschulen e.V., Stuttgart [Hrsg.], a.a.O., S. 980.

91　W. Greiner, *Bühnenkunst am Goetheanum,* Verlag am Goetheanum, 1988, S. 43.

92　R. Steiner, *Die religiöse und sittliche Erziehung im Lichte der Anthroposophie,* 1966, S. 12-13.

93　A.a.O., S. 12.

94　Ch. リンデンベルク著、新田義之・新田貴代訳、前掲書、81頁。

95　8学年以降の演劇活動では、教師は「ほとんど介入せず、動きを多少アレンジしたり、臆病な生徒を励ますくらいで、基本的には生徒自身の自主性にゆだねる」との立場をとる。（C. Göpfert [Hrsg.], *Jugend und Literatur,* Verlag Freies Geistesleben, 1993, S. 310.）

96　Ch. ヤフケ「シュタイナー学校の演劇教育」220–221頁（日本演劇教育連盟編『世界の演劇教育に学ぶ—演劇教育実践シリーズ⑱—』晩成書房、1988年、所収）。

97　TB. Nr. 749, S. 52.

98　A.a.O., S. 52.

99　A.a.O., S. 52.

100　A.a.O., S. 52.

101　TB. Nr. 708, S. 203, R. シュタイナー、西川隆範訳『精神科学による教育の改新』アルテ、2005年、170頁。

102　H. エラー著、鳥山雅代訳『人間を育てる』トランスビュー、2003年、142頁。

103　TB. Nr. 749, S. 53.

104　A.a.O., S. 53.

105　Ch. Lindenberg, *Waldorfschulen,* Rowohlt Toschenbuch Verlag, 1998, S. 157-158, Ch. リンデンベルク著、新田義之・新田貴代訳、前掲書、219–220頁。

106　TB. Nr. 658, S. 92, 広瀬俊雄、前掲書、165頁。

107　G. B. シックス著、岡田陽・高橋孝一訳『子供のための創造教育』玉川大学出版部、1973年、111–113頁。

108　この資格は高校進学、あるいは他の職業訓練校への進学の際などにも不可欠な資格であるが、試験にあたっては、生徒たちは10科目程度を選択し、受験する。この選択科目の中に「ドラマ」が存在する。

109　この場合の演劇（Drama）とは、観客の前で上演することを目的とせず、原則として台本を用いずに行われる即興的な演劇活動を意味することが多い。

110　イギリスの演劇教師（Drama teacher）養成課程のトレーニングにおいても、言

葉のみならず、身体による表現力を磨く訓練として、このTIRが重視されている。

111　中山夏織「TPNドラマ教育ライブラリー　ドラマ・イン・エデュケーション—ドラマ教育を探る12章」NPO法人シアタープランニングネットワーク、2007年、46頁。

112　K. テイラー（K. Taylor）氏（イギリス・ミドルセックス大学ドラマ教師養成課程主任教官）による、ドラマ教育ワークショップ「Drama in Education 2007 Summer School」2007年8月3日～5日、於：長野県上伊那郡飯島町文化館。

113　中山夏織、前掲冊子、46頁。

114　中山夏織、同上冊子、45頁。

115　シアタープランニングネットワーク編著「ドラマ教育―倫理と展開」NPO法人シアタープランニングネットワーク、2008年、41頁。

116　シアタープランニングネットワーク編著、同上冊子、41頁。

117　Vgl. TB. Nr. 618, S. 109.

118　Ch. リンデンベルク著、新田義之・新田貴代訳、前掲書、74-75頁。

119　ドイツの公立学校の場合、学校教育の中で「演劇」を教えることができるのは、「演劇教師」と呼ばれる資格を持った教師だけである。一般の大学には演劇専攻はないため、教師は学校現場で教えながら、他の専門的な民間の研究機関が行う一定のコースに参加し、およそ二年間の理論と実習科目を履修しなければならない。この課程を修了し「演劇教師」の資格を得た教師のみが、「演劇」を教えられる非常に高い専門性と技術を有していると認められる。「演劇教師」および「演劇教育家」の資格は、ドイツ連邦演劇教育家連盟の資格試験で取得することができる。国立ベルリン芸術大学では「演劇教師」と「演劇教育家」の二つの専門養成課程があり、その資格は国家資格としてドイツ全土で認められている。山本茂男「〈日独青少年指導者セミナー〉報告②〈演劇教育家〉と〈演劇教師〉」5頁（社団法人日本児童演劇協会編『児童演劇』No. 546/2006. 5. 25、所収）。

120　山本茂男、同上報告、5頁。

121　TB. Nr. 618, S. 109.

122　オーストリア・シェーナウのヴァルドルフ学校教師B. ショーバー（B. Schober）からのEメール（2008年7月11日付）。

123　G. チャイルズ著、渡辺穣司訳『シュタイナー教育―その理論と実践―』イザラ書房、1997年、275頁。

124　M. Tittmann, *Szenen und Spiele für den Unterricht,* Pädagogische Forschungsstelle beim Bund der Freien Waldorfschulen, 2001, S. 8.

125　シェーナウのヴァルドルフ学校教師B. ショーバーからのEメール（2008年7月11日付）。

126　A. Hirose/ Ch. Jaffke, Drama Erziehung an der Waldorfschule als Beitrag zur Reform der Drama Erziehung der japanischen Schule『大阪大学教育学年報』大阪大学大学院人間科学研究科教育学系　第11号、2006年、9頁。

127 T. M. Keller, a.a.O., S. 973.

128 T. Richter [Hrsg.], *Pädagogischer Auftrag und Unterrichtsziele einer freien Waldorfschule,* Pädagogische Forschungsstelle beim der Freien Waldorfschuln, 1995, S. 310.

129 F. Carlgren, a.a.O., S. 129, F. カールグレン著、国際ヴァルドルフ学校連盟編、高橋巖・高橋弘子訳、前掲書、174頁。

130 Ch. ヤフケ、前掲論文、215頁。

131 広瀬俊雄、前掲書、194頁。

132 Die Freie Pädagogische Vereinigung Bern [Hrsg.],*Waldorfpädagogik in öffentlichen Schulen,* Herderbücherei, 1976, S. 123, ベルン自由教育連盟編、子安美知子監訳『授業からの脱皮』晩成書房、1980年、216頁。

133 T. M. Keller, a.a.O., S. 977.

134 Die Freie Pädagogische Vereinigung Bern [Hrsg.], a.a.O., S. 123, ベルン自由教育連盟編、子安美知子監訳、前掲書、216頁。

135 GA. Nr. 302a, S. 75.

136 Vgl. GA. Nr. 307, S. 206.

137 G. Kniebe [Hrsg.], *Aus der Unterrichtspraxis an Waldorf-/Rudolf Steiner Schulen*, Verlag am Goetheanum, 1996, S. 240, 241.

138 M. Tittmann, a.a.O., S. 8.

139 F. Carlgren, a.a.O., S. 84, F. カールグレン著、国際ヴァルドルフ学校連盟編、高橋巖・高橋弘子訳、前掲書、125頁。

140 F. Carlgren, a.a.O., S. 85, F. カールグレン著、国際ヴァルドルフ学校連盟編、高橋巖・高橋弘子訳、同上書、127頁。

141 Die Freie Pädagogische Vereinigung Bern [Hrsg.], a.a.O., S. 53, ベルン自由教育連盟編、子安美知子監訳、前掲書、95頁。

142 A.a.O., S. 49, ベルン自由教育連盟編、子安美知子監訳、同上書、89頁。

143 A.a.O., S. 51, ベルン自由教育連盟編、子安美知子監訳、同上書、91頁。

144 A.a.O., S. 51, ベルン自由教育連盟編、子安美知子監訳、同上書、91頁。

145 A.a.O., S. 125, ベルン自由教育連盟編、子安美知子監訳、同上書、220頁。

146 A.a.O., S. 50, ベルン自由教育連盟編、子安美知子監訳、同上書、90頁。

147 A.a.O., S. 53, ベルン自由教育連盟編、子安美知子監訳、同上書、95頁。

148 A.a.O., S. 52, 53, ベルン自由教育連盟編、子安美知子監訳、同上書、94、95頁。

149 A.a.O., S. 50, ベルン自由教育連盟編、子安美知子監訳、同上書、90頁。

150 A.a.O., S. 51, ベルン自由教育連盟編、子安美知子監訳、同上書、92頁。

151 A.a.O., S. 71, ベルン自由教育連盟編、子安美知子監訳、同上書、134頁。

152 A.a.O., S. 49.

153 ウィーン・マウアーのヴァルドルフ学校卒業生 V. コナス (V. Konas) のアンケート (2001年3月 31日)。

154 F. Carlgren, a.a.O., S. 38, F. カールグレン著、国際ヴァルドルフ学校連盟編、高橋巖・高橋弘子訳、前掲書、51頁。

155　Rudolf Steiner-Schulverein, 1238 Wien Endresstrasse 100 [Hrsg.], T. Richter, *Aus der Naturkunde und dem Rechnen*, —zwei Spiele für das 1. Schuljahr—, 1987.

156　T. Richter, a.a.O.

157　ここには、数の神秘主義思想すなわち「数は数によって、秩序づけられた事物の本性に影響を及ぼす」、「人間は数を数えることによって、世界との関係を築いていく」という原理を見てとることができる。(J. ツィルファス「数」320、324頁 (Ch. ヴルフ編、藤川信夫監訳『歴史的人間学事典』第2巻、勉誠出版、2005年、所収))。

158　T. Richter, a.a.O.

159　シェーナウのヴァルドルフ学校教師 B. ショーバーからの E メール (2008年7月11日付)。

160　Rudolf Steiner-Schule Wien-Mauer, *Moment* (Monatsschrift von und für Eltern, Lehrer, Schüler und Freunde der Rudolf Steiner-Schule Wien-Mauer, Freie Waldorfschule), Februar, 2006, S. 13.

161　シェーナウのヴァルドルフ学校教師 B. ショーバーからの E メール (2008年7月11日付)。

162　Die Freie Pädagogische Vereinigung Bern [Hrsg.], a.a.O., S. 54, ベルン自由教育連盟編、子安美知子監訳、前掲書、96頁。

163　F. Carlgren, a.a.O., S. 91, F. カールグレン著、国際ヴァルドルフ学校連盟編、高橋巖・高橋弘子訳、前掲書、133頁。

164　Die Freie Pädagogische Vereinigung Bern [Hrsg.], a.a.O., S. 55, ベルン自由教育連盟編、子安美知子監訳、前掲書、99頁。

165　A.a.O., S. 56, ベルン自由教育連盟編、子安美知子監訳、同上書、101頁。

166　A.a.O., S. 54, ベルン自由教育連盟編、子安美知子監訳、同上書、99頁。

167　F. Carlgren, a.a.O., S. 94, F. カールグレン著、国際ヴァルドルフ学校連盟編、高橋巖・高橋弘子訳、前掲書、137頁。

168　Die Freie Pädagogische Vereinigung Bern [Hrsg.], a.a.O., S. 57, ベルン自由教育連盟編、子安美知子監訳、前掲書、102頁。

169　Die Freie Pädagogische Vereinigung Bern [Hrsg.], a.a.O., S. 57, ベルン自由教育連盟編、子安美知子監訳、同上書、102頁。

170　Die Freie Pädagogische Vereinigung Bern [Hrsg.], a.a.O., S. 58, ベルン自由教育連盟編、子安美知子監訳、同上書、103頁。

171　T. M. Keller, a.a.O., S. 978.

172　A.a.O., S. 978.

173　A. Hirose/ Ch. Jaffke, 前掲論文、8頁。

174　F. Carlgren, a.a.O., S. 102, F. カールグレン著、国際ヴァルドルフ学校連盟編、高橋巖・高橋弘子訳、前掲書、144頁。

175　T. M. Keller, a.a.O., S. 978.

176　子安美知子「いのちとかたち」196頁 (日本演劇教育連盟編『世界の演劇教育に

学ぶ―演劇教育実践シリーズ⑱―』晩成書房、1988年、所収)。

177　ウィーン・マウアーのヴァルドルフ学校元教師E.グラーフへのインタビュー(2001年4月24日)。

178　子安美知子、前掲論文、196頁参照。

179　T. M. Keller, a.a.O., S. 974.

180　T. Richter, a.a.O., S. 2.

181　T. M. Keller, a.a.O., S. 979.

182　R. Burckhardt/ H. Colsman, a.a.O., S. 15.

183　Die Freie Pädagogische Vereinigung Bern [Hrsg.], a.a.O., S. 123, ベルン自由教育連盟編、子安美知子監訳、前掲書、216頁。

184　ウィーン・マウアーのヴァルドルフ学校卒業生V.コナスからのEメール(2001年5月4日付)。

185　ウィーン・マウアーのヴァルドルフ学校元教師E.グラーフへのインタビュー(2001年4月24日)。

186　ウィーン・マウアーのヴァルドルフ学校元教師E.グラーフへのインタビュー(2001年4月24日)。

187　広瀬俊雄、前掲書、195頁。

188　GA. Nr. 307, S. 157-158, R. シュタイナー、佐々木正昭訳、前掲書、211頁。

189　GA. Nr. 304, 199.

190　GA. Nr. 307, S. 199, R. シュタイナー、佐々木正昭訳、前掲書、266-267頁。

191　Die Freie Pädagogische Vereinigung Bern [Hrsg.], a.a.O., S. 62, ベルン自由教育連盟編、子安美知子監訳、前掲書、111頁。

192　GA. Nr. 307, S. 200.

193　A.a.O., S. 201.

194　A.a.O., S. 201.

195　A.a.O., S. 200, R. シュタイナー、佐々木正昭訳、前掲書、268頁。

196　F. Carlgren, a.a.O., S. 60, F. カールグレン著、高橋巌・高橋弘子訳、国際ヴァルドルフ学校連盟編、前掲書、86頁。

197　GA. Nr. 307, S. 199.

198　Die Freie Pädagogische Vereinigung Bern [Hrsg.], a.a.O., S. 62, ベルン自由教育連盟編、子安美知子監訳、前掲書、111頁。

199　A.a.O., S. 64, ベルン自由教育連盟編、子安美知子監訳、同上書、119頁。

200　TB. Nr. 618, S. 163-164, R. シュタイナー、高橋巌訳『教育芸術1　方法論と教授法』筑摩書房、1989年、157頁。

201　A. Hirose/ Ch. Jaffke、前掲論文、12頁。

202　TB. Nr. 618, S. 171, R. シュタイナー、高橋巌訳、前掲『教育芸術1』163頁。

203　A.a.O., S. 159, R. シュタイナー、高橋巌訳、同上書、149頁。

204　Vgl. R. Sim, Sprache durch [fremdsprachige] Klassenspiele. In: A. Templeton, *Aus dem Englischunterricht der Mittelstufe.* Manuskriptdruck der Pädagogischen Forschungsstelle beim

Bund der Freien Waldorfschulen, Stuttgart 1997, S. 88-99.

205 H. W. Masukowitz, Fremdsprachige Klassenspiel. In: Bund der Freien Waldorfschulen e.V., Stuttgart [Hrsg.], *Erziehungskunst,* 58. Jg., Heft10, 1994, S. 997-998.

206 A.a.O., S. 998.

207 F. カールグレン著、高橋弘子訳『ルドルフ・シュタイナーと人智学』創林社、1985年、88頁。

208 F. Carlgren, a.a.O., S. 12, F. カールグレン著、国際ヴァルドルフ学校連盟編、高橋巖・高橋弘子訳、前掲書、8頁。

209 広瀬俊雄、前掲書、48頁。

210 GA. Nr. 277, S. 184.

211 A.a.O., S. 242.

212 F. Carlgren, a.a.O., S. 56, F. カールグレン著、高橋巖・高橋弘子訳、国際ヴァルドルフ学校連盟編、前掲書、81頁。

213 GA. Nr. 282, S. 54.

214 A.a.O., S. 54.

215 W. クグラー著、久松重文訳『シュタイナー　危機の時代を生きる』晩成書房、1987年、180頁。

216 GA. Nr. 307, S. 127, R. シュタイナー、佐々木正昭訳、前掲書、171頁。

217 A.a.O., S. 240, R. シュタイナー、佐々木正昭訳、同上書、320頁。

218 F. カールグレン著、高橋弘子訳、前掲書、89頁。

219 TB. Nr. 674, S. 109-110, R. シュタイナー、西川隆範訳、前掲『人間理解からの教育』173-174頁。

220 W. クグラー著、久松重文訳、前掲書、168頁。

221 TB. Nr. 657, S. 40, R. シュタイナー、高橋巖訳、前掲『14歳からのシュタイナー教育』51頁。

222 A.a.O., S. 62, R. シュタイナー、高橋巖訳、同上書、83頁。

223 R. シュタイナー、西川隆範編訳『シュタイナー芸術と美学』平河出版社、1987年、26頁。

224 R. Marks, Schülertheater. In: Bund der Freien Waldorfschulen e.V., Stuttgart [Hrsg.], *Erziehungskunst,* 1994, S. 925.

225 A.a.O., S. 925.

226 C. Lohmann, Unterricht und Schauspiel in der Oberstufe. In: Bund der Freien Waldorfschulen e.V., Stuttgart [Hrsg.], *Erziehungskunst,* 58. Jg., Heft10, 1994, S. 992.

227 F. Carlgren, a.a.O., S. 56, F. カールグレン著、高橋巖・高橋弘子訳、国際ヴァルドルフ学校連盟編、前掲書、79頁。

228 TB. Nr. 618, S. 129.

229 A.a.O., S. 129, R. シュタイナー、高橋巖訳、前掲『教育芸術1』120頁。

230 Vgl. A.a.O., S. 129, 高橋巖訳、同上書、120頁参照。

231 Vgl. A.a.O., S. 129, 高橋巖訳、同上書、120頁参照。

232 GA. Nr. 306, S. 89.
233 GA. Nr. 307, S. 202, R. シュタイナー、佐々木正昭訳、前掲書、270頁。
234 Die Freie Pädagogische Vereinigung Bern [Hrsg.], a.a.O., S. 123, ベルン自由教育連盟編、子安美知子監訳、前掲書、216頁。
235 ウィーン・マウアーのヴァルドルフ学校元教師E. グラーフへのインタビュー(2001年4月24日)。
236 同上インタビュー。
237 同上インタビュー。
238 GA. Nr. 307, S. 202, 広瀬俊雄、前掲書、230頁。
239 A.a.O., S. 202, R. シュタイナー、佐々木正昭訳、前掲書、271頁。
240 TB. Nr. 674, S. 105, R. シュタイナー、西川隆範訳、前掲『人間理解からの教育』165頁。
241 ウィーン・マウアーのヴァルドルフ学校元教師E. グラーフへのインタビュー(2001年4月24日)。
242 T. M. Keller, a.a.O., S. 980.
243 F. Carlgren, a.a.O., S. 40, F. カールグレン著、国際ヴァルドルフ学校連盟編、高橋巖・高橋弘子訳、前掲書、54頁。
244 Die Freie Pädagogische Vereinigung Bern [Hrsg.], a.a.O., S. 124, ベルン自由教育連盟編、子安美知子監訳、前掲書、217頁。
245 Vgl. F. Carlgren, a.a.O., S. 40, F. カールグレン著、国際ヴァルドルフ学校連盟編、高橋巖・高橋弘子訳、前掲書、54頁。
246 R. Marks, a.a.O., S. 922.
247 F. Carlgren, a.a.O., S. 38, F. カールグレン著、国際ヴァルドルフ学校連盟編、高橋巖・高橋弘子訳、前掲書、51頁。
248 T. M. Keller, a.a.O., S. 979.
249 Rudolf Steiner-Schulverein, 1238 Wien Endresstrasse 100 [Hrsg.], *Hiob*, 1987.
250 F. Carlgren, a.a.O., S. 128.
251 Die Freie Pädagogische Vereinigung Bern [Hrsg.], a.a.O., S. 61, ベルン自由教育連盟編、子安美知子監訳、前掲書、109頁。
252 Ch. ヤフケ、前掲論文、214頁。
253 Die Freie Pädagogische Vereinigung Bern [Hrsg.], a.a.O., S. 60, ベルン自由教育連盟編、子安美知子監訳、前掲書、107頁。
254 T. M. Keller, a.a.O., S. 984.
255 TB. Nr. 657, S. 20, R. シュタイナー、高橋巖訳、前掲『14歳からのシュタイナー教育』22頁。
256 楠見千鶴子『ギリシャ神話物語』講談社、2001年、6–7頁。
257 GA. Nr. 203, S. 169.
258 R. シュタイナー、西川隆範編訳、前掲『シュタイナー芸術と美学』42–45頁。
259 TB. Nr. 648, S. 161, 広瀬俊雄、前掲書、247頁。

260 GA. Nr. 302a, S. 75.

261 Rudolf Steiner-Schulverein, 1238 Wien Endresstrasse 100 [Hrsg.], *Die Gründung Roms,* 1987, J. Möckel, *Christoph Columbus*, 1991.

262 T. M. Keller, a.a.O., S. 984.

263 Rudolf Steiner-Schule Wien-Mauer, *Moment* (Monatsschrift von und für Eltern, Lehrer, Schüler und Freunde der Rudolf Steiner-Schule Wien-Mauer, Freie Waldorfschule), Februar, 2006, S. 13.

264 GA. Nr. 304, S. 200.

265 A.a.O., S. 197.

266 A.a.O., S. 197.

267 TB. Nr. 657, S. 72, R. シュタイナー、高橋巌訳、前掲『14歳からのシュタイナー教育』97頁。

268 GA. Nr. 304, S. 196.

269 Lehrerkollegium und Schulverein der Rudolf Steiner Schule Birseck [Hrsg.], *Schifer*, Herbst, 2007, S. 20.

270 GA. Nr. 304, S. 199.

271 GA. Nr. 302a, S. 75-76, R. シュタイナー、西川隆範訳、前掲『教育の方法』128頁。

272 A.a.O., S. 76, R. シュタイナー、西川隆範訳、同上書、129頁。

273 修学旅行では、事前準備や綿密な計画、話し合いが行われる。たとえばフィンランドに行くなら、フィンランドの歴史や民族について勉強したり、フィンランドでどういうことを体験したいか、またクラス全員で何をしたいかなど、生徒たち一人一人の目的や意識、積極性が要求される。

274 修了論文のテーマは、たとえば、「第二次世界大戦中における対ヒトラー闘争について」、「バイクについて」、「広告について」など個々の興味、関心に基づいて作成する。原稿用紙で言えば、50、60枚に相当し、自分で描いたカラフルな絵や図とともに、自筆でA4大版のノートに作成する。

275 H. Eller, *Der Klassenlehrer an der Waldorfschule,* Verlag Freies Geistesleben, 1998, S. 166, H. エラー著、鳥山雅代訳、前掲書、235頁。

276 H. W. Masukowitz, a.a.O., S. 998.

277 A.a.O., S. 998.

278 シェーナウのヴァルドルフ学校第8学年の担任教師C. グラースベック（C. Grasböck）へのインタビュー（2001年4月27日）。

279 同上インタビュー。

280 同上インタビュー。

281 同上インタビュー。

282 シェーナウのヴァルドルフ学校教師B. ショーバーからのEメール（2008年7月11日付）。

283 M. Mackensen, Autorität und Hülle-Zum Theaterspiel in der 8. Klasse. In: Bund der Freien Waldorfschulen e.V., Stuttgart [Hrsg.], *Erziehungskunst,* 2000, März, S. 304.

284 W. Wildeman, Achtklass-Spiel. In: Bund der Freien Waldorfschulen e.V., Stuttgart [Hrsg.], *Erziehungskunst*, 2000, Februar, S. 457.

285 筆者は2001年4月から5月にかけて、オーストリア・シェーナウのヴァルドルフ学校に入り込み、演劇活動の実態の観察、調査を行った。

286 ウィーン・マウアーのヴァルドルフ学校卒業生A. ブラウン（A. Braun）へのアンケート（2001年4月29日付）。

287 T. M. Keller, a.a.O., S. 973.

288 TB. Nr. 657, S. 66, R. シュタイナー、高橋巌訳、前掲『14歳からのシュタイナー教育』、87頁。

289 R. Steiner, *Die Erziehung des Kindes vom Gesichtspunkte der Geisteswissenschaft,* 1978, S. 34, R. シュタイナー、松浦賢訳、前掲書、85頁。

290 A.a.O., S. 35, R. シュタイナー、松浦賢訳、同上書、86頁。

291 TB. Nr. 618, S. 105-106, R. シュタイナー、高橋巌訳、前掲『教育芸術1』98–99頁。

292 A.a.O., S. 57, R. シュタイナー、高橋巌訳、同上書、47–48頁。

293 F. Carlgren, a.a.O., S. 38, F. カールグレン著、国際ヴァルドルフ学校連盟編、高橋巌・高橋弘子訳、前掲書、51頁。

294 GA. Nr. 293, S. 72, R. シュタイナー、高橋巌訳、前掲『教育の基礎としての一般人間学』71–72頁。

295 I. Duwan, *Sprachgeataltung und Schauspielkunst,* 1990, Verlag am Goetheanum, S. 47.

296 GA. Nr. 293, S. 160.

297 A. Hirose/ Ch. Jaffke, 前掲論文、8頁。

298 R. Burckhardt/ H. Colsman, a.a.O., S. 8.

299 GA. Nr. 282, S. 295.

300 GA. Nr. 260a, S. 393, R. シュタイナー、西川隆範訳『色と形と音の瞑想』風濤社、2001年、211頁。

301 R. Burckhardt/ H. Colsman, a.a.O., S. 11.

302 A.a.O., S. 8.

303 A.a.O., S. 9.

304 A.a.O., S. 9.

305 R. シュタイナー、西川隆範訳、前掲『色と形と音の瞑想』213頁。

306 GA. Nr. 282, S. 294.

307 R. シュタイナー、西川隆範訳、前掲『色と形と音の瞑想』、211頁。

308 GA. Nr. 282, S. 300.

309 A.a.O., S. 295.

310 R. シュタイナー、西川隆範訳、前掲『色と形と音の瞑想』、183頁。

311 R. シュタイナー、西川隆範訳、同上書、164頁。

312 R. シュタイナー、西川隆範訳、同上書、156頁。

313 R. Burckhardt/ H. Colsman, a.a.O., S. 16.

314 A.a.O., S. 9.

315 R. シュタイナー、西川隆範編訳、前掲『シュタイナー芸術と美学』19頁。
316 GA. Nr. 282, S. 295.
317 A.a.O., S. 295.
318 A.a.O., S. 296.
319 R. Burckhardt/ H. Colsman, a.a.O., S. 9.
320 A.a.O., S. 9.
321 A.a.O., S. 9.
322 A.a.O., S. 9.
323 A.a.O., S. 9.
324 A.a.O., S. 15.
325 A.a.O., S. 25.
326 A.a.O., S. 25.
327 A.a.O., S. 25.
328 A.a.O., S. 25.
329 A.a.O., S. 25.
330 A.a.O., S. 25.
331 Lehrerkollegium und Schulverein der Rudolf Steiner Schule Birseck [Hrsg.], a.a.O., S. 21.
332 R. Burckhardt/ H. Colsman, a.a.O., S. 25.
333 ウィーン・マウアーのヴァルドルフ学校元教師 E. グラーフへのインタビュー(2001年4月24日)。
334 Ch. ヤフケ、前掲論文、220頁。
335 子安美知子『ミュンヘンの中学生』朝日新聞社、1984年、276-277頁。
336 C. Göpfert [Hrsg.], *Jugend und Literatur,* Verlag Freies Geistesleben, 1993, S. 310.
337 Rudolf Steiner-Schule Wien-Mauer, *Moment* (Monatsschrift von und für Eltern, Lehrer, Schüler und Freunde der Rudolf Steiner-Schule Wien-Mauer, Freie Waldorfschule), Mai, 2007, S. 12.
338 A. Hirose/ Ch. Jaffke, 前掲論文、1-18頁、Ch. ヤフケより筆者宛て資料 "Beispiele von Achtklass-Spielen an deutschen Waldorfschulen", R. Burckhardt/ H. Colsman, a.a.O., S. 47, 48. 日本でなじみのある作家および作品のみ、日本語で表記している。
339 グローブ座は、エリザベス朝を代表する劇場の一つ。1598年、ロンドンのテムズ川の南岸に建造された。ウィリアム・シェイクスピアの戯曲が数多く初演された劇場として、演劇史に名を残している。
340 GA. Nr. 51, S. 69.
341 たとえば、『ジュリアス・シーザー』の中で、シーザー暗殺の前夜にさまざまな天変地異が起こるなど、宇宙的な世界観である。シェイクスピアは、「私」の身体は決して私だけのものではなく、意識を超えたところでさまざまな「他なるもの」と繋がり合っている何ものかであり、劇場は、「私」の肉体が宇宙（コスモス）の一部であることを意識させ、「私」が宇宙（コスモス）に繋がっている場である、という見方を示した。また、シュタイナーはシェイクスピアの自然

観にも共感した。たとえば、シェイクスピアの作品の中に150もの植物の名前や、100もの鳥の名前が見られるが、これは、人間も自然も一体となり、全体に属している、との見方を示している。

342 GA. Nr. 304, S. 213.

343 GA. Nr. 210, S. 175.

344 TB. Nr. 648, S. 250-251, R. シュタイナー、西川隆範訳『子どもの健全な成長』アルテ、2004年、167頁。

345 出口典雄監修『シェイクスピア作品ガイド37』成美堂出版、2002年、47頁。

346 W. シェイクスピア、中野好夫訳『ロミオとジュリエット』新潮社、2004年、240頁。

347 W. シェイクスピア、中野好夫訳、同上書、239頁。

348 GA. Nr. 304, S. 202.

349 GA. Nr. 210, S. 175.

350 GA. Nr. 304, S. 214.

351 W. シェイクスピア、小田島雄志訳『ハムレット』白水社、2002年、110頁、福田恆存訳『ハムレット』新潮文庫、2010年、94頁、参照。

352 R. シュタイナー、西川隆範編訳『シュタイナー芸術と美学』140頁。

353 GA. Nr. 36, S. 297.

354 T.B. Nr. 648, S. 267, R. シュタイナー、西川隆範訳、前掲『子どもの健全な成長』173頁。

355 W. シェイクスピア、中野好夫訳、前掲書、239頁。

356 GA. Nr. 293, S. 156、R. シュタイナー、高橋巖訳、前掲『教育の基礎としての一般人間学』172頁。

357 GA. Nr. 304, S. 201.

358 A.a.O., S. 214-215.

359 A.a.O., S. 206.

360 A.a.O., S. 212.

361 A.a.O., S. 213.

362 A.a.O., S. 202.

363 A.a.O., S. 212.

364 A.a.O., S. 212.

365 A.a.O., S. 213.

366 A.a.O., S. 213.

367 A.a.O., S. 197.

368 W. シェイクスピア、福田恆存訳『ジュリアス・シーザー』新潮文庫、1997年、181頁。

369 GA. 282, S. 25.

370 A.a.O., S. 25.

371 GA. Nr. 304, S. 197.

372 永野藤夫『世界の演劇文化史』原書房、2001年、75頁。

373　GA. Nr. 304, S. 189.
374　GA. Nr. 29, S. 140.
375　GA. Nr. 304, S. 203.
376　B. Heck, Dramatische Arbeit und menschliche Entwicklung. In: Bund der Freien Waldorfschulen e.V., Stuttgart [Hrsg.], *Erziehungskunst,* 58. Jg., Heft10, 1994, S. 950.
377　TB. Nr. 648, S. 240.
378　T. Richter, Von der Theaterarbeit an einer Waldorfschule, In: Helmut Neuffer [Hrsg.], *Zum Unterricht des Klassenlehrers an der Waldorfschule,* Verlag Freies Geistesleben, 1997, S. 313.
379　GA. Nr. 125, S. 112.
380　A.a.O., S. 113.
381　W. シェイクスピア、小田島雄志訳、前掲書、37頁。
382　TB. Nr. 648, S. 216, R. シュタイナー、西川隆範訳、前掲『子どもの健全な成長』126頁。
383　広瀬俊雄、前掲書、254-255頁。
384　Lehrerkollegium und Schulverein der Rudolf Steiner Schule Birseck [Hrsg.], a.a.O., S. 5
385　A.a.O., S. 5.
386　A.a.O., S. 5.
387　A.a.O., S. 5.
388　A.a.O., S. 5.
389　A.a.O., S. 5.
390　A.a.O., S. 5.
391　A.a.O., S. 5.
392　GA. Nr. 125, S. 112.
393　GA. Nr. 304, S. 206.
394　A.a.O., S. 202.
395　A.a.O., S. 214.
396　A.a.O., S. 197.
397　M. Luserke, *Das Laienspiel. Revolte der Zuschauer für das Theater,* 1930, S. 55, 岡本定男「マルティン・ルゼルケの視座と実践［下］―ドイツ改革教育運動の副奏曲―」『奈良教育大学紀要』第49巻第1号、2000年、109頁。
398　岡本定男、同上論文、108-109頁。
399　M. Luserke, a.a.O., S. 48, 岡本定男、同上論文、109頁。
400　新田義之編『ルドルフ・シュタイナー研究』第3号、人智学研究会、1979年、18頁。
401　J. シェーファー著、船尾日出志・船尾恭代監訳『教育者シラー』学文社、2007年、19頁。
402　J. シェーファー著、船尾日出志・船尾恭代監訳、同上書、18頁。
403　F. Schiller, *Sämtliche Werke. Säkularausgabe,* Stuttgart 1904/05, Bd. 11, S. 98, J. シェーファー著、船尾日出志・船尾恭代監訳、同上書、20頁。
404　J. シェーファー著、船尾日出志・船尾恭代監訳、同上書、19頁。

405　内藤克彦『シラーの美的教養思想』三修社、1999年、8頁。
406　金田民夫『シラーの芸術論』理想社、1955年、49頁、53頁参照。
407　GA. Nr. 53, S. 393.
408　R. Steiner, *Mein Lebensgang,* 1982, S. 69, R. シュタイナー、伊藤勉・中村康二訳『シュタイナー自伝』ぱる出版、2001年、68頁。
409　TB. Nr. 618, S. 131, R. シュタイナー、高橋巖訳、前掲『教育芸術1』122頁。
410　新田義之編、前掲論集、18頁。
411　TB. Nr. 618, S. 132, R. シュタイナー、高橋巖訳、前掲『教育芸術1』、123頁。
412　GA. Nr. 53, S. 407.
413　B. Heck, a.a.O., S. 951.
414　J. シェーファー著、船尾日出志・船尾恭代監訳、前掲書、110頁。
415　F. シラー著、石原達二訳『美学芸術論集』冨山房百科文庫、1993年、153頁。
416　J. シェーファー著、船尾日出志・船尾恭代監訳、前掲書、111頁。
417　内藤克彦、前掲書、177頁。
418　同上書、8頁。
419　T. M. Keller, a.a.O., S. 983.
420　A.a.O., S. 983.
421　A.a.O., S. 983.
422　A.a.O., S. 983.
423　Rudolf Steiner-Schule Wien-Mauer, *Moment* (Monatsschrift von und für Eltern, Lehrer, Schüler und Freunde der Rudolf Steiner-Schule Wien-Mauer, Freie Waldorfschule), Februar, 2007, S. 11.
424　手塚富雄・神品芳夫『ドイツ文学案内』岩波書店、1997年、139頁。
425　同上書、128頁。
426　同上書、133頁。「たとえば、われわれがなさねばならぬ義務を果たしたとき、たとえそれが苦痛をともない、安易を求める気持ちには反しても、自己のなかの道徳的要請に従ってなしたこと、つまり高い自分が低い自分に勝ったということによって、真実の自由が実現するのである」(同上書、133–134頁)。
427　GA. Nr. 51, S. 227.
428　F. シラー著、石原達二訳、前掲書、45頁。
429　TB. Nr. 657, S. 82-83, R. シュタイナー、高橋巖訳、前掲『14歳からのシュタイナー教育』109–110頁。
430　手塚富雄・神品芳夫、前掲書、126–127頁。
431　梅澤知之・栗林澄夫、他編著『仮面と遊戯—フリードリヒ・シラーの世界』鳥影社、2001年、11頁。
432　TB. Nr. 648, S. 240.
433　TB. Nr. 657, S. 122, R. シュタイナー、高橋巖訳、前掲『14歳からのシュタイナー教育』163–164頁。
434　A.a.O., S. 123, R. シュタイナー、高橋巖訳、同上書、164頁。

435　A.a.O., S. 82, R. シュタイナー、高橋巖訳、同上書、109頁。
436　ウィーン・マウアーのヴァルドルフ学校教師E. グラーフへのインタビュー(2001年4月24日)。
437　TB. Nr. 657, S. 122-123, R. シュタイナー、高橋巖訳、前掲『14歳からのシュタイナー教育』163-164頁。
438　梅澤知之・栗林澄夫、他編著、前掲書、36頁。
439　同上書、34-35頁。
440　TB. Nr. 657, S. 77, R. シュタイナー、高橋巖訳、前掲書、102頁。
441　GA. Nr. 51, S. 227.
442　梅澤知之・栗林澄夫、他編著、前掲書、46頁。
443　TB. Nr. 657, S. 78, R. シュタイナー、高橋巖訳、前掲『14歳からのシュタイナー教育』105頁。
444　GA. Nr. 51, S. 255.
445　A.a.O., S. 252.
446　A.a.O., S. 255.
447　GA. Nr. 53, S. 410.
448　TB. Nr. 657, S. 78-79, R. シュタイナー、高橋巖訳、前掲『14歳からのシュタイナー教育』105頁。
449　A.a.O., S. 77, R. シュタイナー、高橋巖訳、同上書、102-104頁。
450　F. シラー著、石原達二訳、前掲書、123頁。
451　TB. Nr. 657, S. 77-78, R. シュタイナー、高橋巖訳、前掲『14歳からのシュタイナー教育』102-104頁。
452　A.a.O., S. 78, R. シュタイナー、高橋巖訳、同上書、104頁。
453　手塚富雄・神品芳夫、前掲書、139頁。
454　GA. Nr. 29, S. 137.
455　A.a.O., S. 137.
456　A.a.O., S. 139.
457　F. シラー著、浜田正秀訳『美的教育』玉川大学出版部、1984年、5頁。
458　役を演じることを通して、思春期特有の揺れ動く感情や意志を調和させることができる(シェーナウのヴァルドルフ学校教師B. ショーバーからのEメール(2008年7月11日付))。
459　須崎朝子「クリエイティブ・ドラマにおける演劇教育観について」『広島大学教育学部紀要』第一部、第49号、2000年、186頁。
460　G. B. シックス著、岡田陽・高橋孝一訳、前掲書、54頁。
461　同上書、参照、須崎朝子、前掲論文、186頁。
462　同上論文、187頁。
463　長須正文「演劇を導入し、人格育てよ」『朝日新聞』2002年4月13日付。
464　H. Eller, a.a.O., S. 167.
465　M. Seitz/ U. Hallwachs, *Montessori oder Waldorf?*, Kösel Verlag, 1996, S. 185.

466 W. Hehlmann, *Wörterbuch der Pädagogik*, Alfred Kröner Verlag, 1971, S. 190.
467 渡邊隆信「オーデンヴァルト校における『自由学校共同体』理念の実践化」『広島大学教育学部紀要』第一部、第44号、1995年、2頁。
468 M. Luserke, Eine Lehrbühne für das Jugend und Laienspiel. In: Pädagogisches Zentralblatt. Heft. 7, 1927, S. 295, 岡本定男、前掲論文、109頁。
469 岡本定男、同上論文、110頁。
470 H. Eller, a.a.O., S. 167, H. エラー著、鳥山雅代訳、前掲書、236頁。
471 シェーナウのヴァルドルフ学校教師 C. グラースベックへのインタビュー(2001年4月28日)
472 Die Freie Pädagogische Vereinigung Bern [Hrsg.], a.a.O., S. 126, ベルン自由教育連盟編、子安美知子監訳、前掲書、221頁。
473 A.a.O., S. 126, ベルン自由教育連盟編、子安美知子監訳、同上書、221頁。
474 H. Eller, a.a.O., S. 56.
475 T. M. Keller, a.a.O., S. 978.
476 A.a.O., S. 981.
477 H. Eller, a.a.O., S. 56.
478 Die Freie Pädagogische Vereinigung Bern [Hrsg.], a.a.O., S. 126, ベルン自由教育連盟編、子安美知子監訳、前掲書、222頁。
479 A.a.O., S. 127, ベルン自由教育連盟編、子安美知子監訳、同上書、223-224頁。
480 Rudolf Steiner-Schule Wien-Mauer, *Moment* (Monatsschrift von und für Eltern, Lehrer, Schüler und Freunde der Rudolf Steiner-Schule Wien-Mauer, Freie Waldorfschule), Juni, 2001, S. 7.
481 A.a.O., S. 9.
482 A.a.O., S. 9.
483 T. M. Keller, a.a.O., S. 984.
484 シェーナウのヴァルドルフ学校第8学年の担任教師 C. グラースベックへのインタビュー (2001年4月27日)。
485 GA. Nr. 307, S. 231, R. シュタイナー、佐々木正昭訳、前掲書、62頁。
486 ヨルゴス・D. フルムジアーディス著、谷口勇訳『ギリシャ文化史』而立書房、1989年、88頁。
487 GA. Nr. 255, S. 58.
488 シェーナウのヴァルドルフ学校第8学年の担任教師 C. グラースベックへのインタビュー (2001年4月27日)。
489 B. Pietschmann, Theaterspiel in der 8. Klasse. In: Bund der Freien Waldorfschulen e.V., Stuttgart [Hrsg.], *Erziehungskunst,* 2000, S. 537.
490 A. Hirose/ Ch. Jaffke、前掲論文、9頁。
491 Lehrerkollegium und Schulverein der Rudolf Steiner Schule Birseck [Hrsg.], a.a.O., S. 21.
492 B. Pietschmann, a.a.O., S. 537.
493 A.a.O., S. 537.

494　ウィーン・マウアーのヴァルドルフ学校元教師E. グラーフへのインタビュー（2001年4月24日）。
495　シェーナウのヴァルドルフ学校第8学年の担任教師C. グラースベックへのインタビュー（2001年4月27日）。
496　Ch. ヤフケ、前掲論文、220頁。
497　TB. Nr. 657, S. 89, R. シュタイナー、高橋巖訳、前掲『14歳からのシュタイナー教育』118頁。
498　Vgl. GA. Nr. 306, S. 119.
499　Rudolf Steiner-Schule Wien-Mauer, *Moment,* a.a.O., S. 6.
500　A.a.O., S. 9.
501　A.a.O., S. 6.
502　ウィーン・マウアーのヴァルドルフ学校卒業生A. コナス（A. Konas）へのアンケート（2001年5月14日付）。
503　NPO法人京田辺シュタイナー学校、学校報「Planets. 51」2006年10月号、17頁。
504　同上学校報、17頁。
505　同上学校報、17頁。
506　R. シュタイナー、新田義之訳『教育と芸術』人智学出版社、1986年、27頁。
507　ウィーン・マウアーのヴァルドルフ学校卒業生A. ブラウンへのアンケート（2001年4月29日付）。
508　Rudolf Steiner-Schule Wien-Mauer, *Moment*, a.a.O., S. 9.
509　Lehrerkollegium und Schulverein der Rudolf Steiner Schule Birseck [Hrsg.], a.a.O., S. 20.
510　GA. Nr. 302a, S. 85, R. シュタイナー、西川隆範訳、前掲『教育の方法』139頁。
511　Vgl. TB. Nr. 749, S. 108.
512　GA. Nr. 302a, S. 85, R. シュタイナー、西川隆範訳、前掲『教育の方法』139頁。
513　R. シュタイナー、高橋巖訳、前掲『神智学』56–58頁参照。
514　Vgl. GA. Nr. 302a, S. 75, 76.
515　H. Neuffer [Hrsg.], a.a.O., S. 313.
516　GA. Nr. 304, S. 197.
517　A.a.O., S. 197.
518　Vgl. TB. Nr. 657, S. 82-83.
519　GA. Nr. 307, S. 195, R. シュタイナー、佐々木正昭訳、前掲書、262頁。
520　TB. Nr. 708, S. 187, R. シュタイナー、西川隆範訳、前掲『精神科学による教育の改新』150–151頁。
521　GA. Nr. 302a, S. 74.
522　A.a.O., S. 79.
523　A.a.O., S. 74, R. シュタイナー、西川隆範訳、前掲『教育の方法』127頁。
524　A.a.O., S. 101, R. シュタイナー、西川隆範訳、同上書、157頁。
525　R. シュタイナー、西川隆範訳、同上書、175頁。
526　GA. Nr. 302a, S. 79.

527　A.a.O., S. 77, R. シュタイナー、西川隆範訳、同上書、131頁。

528　TB. Nr. 708, S. 203, R. シュタイナー、西川隆範訳、前掲『精神科学による教育の改新』169頁。

529　GA. Nr. 304, S. 199.

結　章

1　吉田武男「私学の自由とユニークな私学教育」148頁（天野正治・結城忠・別府昭郎編『ドイツの教育』東信堂、1998年、所収）。

2　シュタイナー教育・友の会（ドイツ・ベルリン）編『世界のシュタイナー学校はいま……』平凡社、2005年、28頁。

3　吉田武男、前掲論文、148頁。

4　今井重孝「ドイツ―着実に拡大普及しているシュタイナー学校―」148頁（佐藤三郎編『世界の教育改革』東信堂、1999年、所収）。

5　シュタイナー教育・友の会（ドイツ・ベルリン）編、前掲書、47頁。

6　同上書、47頁、HP: http://waldorfschule.info/de/lehrerbildung-weltweit/irdex.html（"Seminare weltweit nach Ländern（世界のヴァルドルフ教員養成所）" より）

7　1976年に設立されたカッセルのヴァルドルフ教員養成大学（Seminar für Waldorfpädagogik-Hochschule in feier Trägerschaft Kassel）は、上級学年の教師養成の専門校である。

8　河津雄介『シュタイナー学校の教師教育』学事出版、1995年、19頁。

9　Ch. リンデンベルク著、新田義之・新田貴代訳『自由ヴァルドルフ学校』明治図書、1977年、220頁。

10　Vgl. Freie Hochschule Stuttgart Seminar für Waldorfpädagogik, *Die Lehrerbildung*, 1997.

11　Vgl. A.a.O..

12　GA. Nr. 307, S. 91, R. シュタイナー、佐々木正昭訳『現代の教育はどうあるべきか』人智学出版社、1985年、121頁。

13　K. ハイデブラント著、西川隆範訳『子どもの体と心の成長』イザラ書房、2002年、136頁。

14　GA. Nr. 307, S. 132, R. シュタイナー、佐々木正昭訳、前掲書、178頁。

15　A. C. ハーウッド著、中村正明訳『シュタイナー教育と子供』青土社、2005年、130–131頁。

16　G. チャイルズ著、渡辺穣司訳『シュタイナー教育―その理論と実践―』イザラ書房、1997年、189頁。

17　池内耕作「シュタイナー教育を支える教師観」121頁（広瀬俊雄・秦理絵子編著『未来を拓くシュタイナー教育』ミネルヴァ書房、2006年、所収）。

18　H. Eller, *Der Klassenlehrer an der Waldorfschule*, Verlag Freies Geistesleben, 1998, S. 152, H. エラー著、鳥山雅代訳『人間を育てる』トランスビュー、2003年、214頁。

19　A.a.O., S. 152, H. エラー著、鳥山雅代訳、同上書、215頁。

20 Vgl. GA. Nr. 293, S. 43, T. Hirose/ H. U. Schmutz, Lehrerbildung in der Waldorfpädagogik —Ein Beitrag zur Erneuerung der Lehrerbildung,『同志社女子大学 学術研究年報』第55巻、2004年、153頁。

21 T. Hirose/ H. U. Schmutz, 同上論文、153-154頁。

22 河津雄介、前掲書、184-199頁。

23 河津雄介、同上書、195頁。

24 河津雄介、同上書、196頁。

25 河津雄介、同上書、196頁。

26 シュタイナーは、教育という営みそのものを「芸術」と同じような創造的なものとしてとらえた。具体的には、授業を芸術的な要素で満たし、授業を芸術的に形成することを言う。

27 K. ハイデブラント著、西川隆範訳、前掲書、137頁。

28 同上書、138頁。

29 G. チャイルズ著、渡辺穣司訳、前掲書、298頁。

30 Vgl. Lehrerseminar der Goetheanistischen Studienstätte, *Ausbildung zum Waldorflehrer,* 1990.

31 ドイツの教師教育は、(1)大学における養成教育、(2)試補勤務、という大きく二段階に区分することができる。教職志願者は、まず各大学でそれぞれの専門分野に対応して、少なくとも3年から4年かけて所定の科目を履修し、論文試験、筆記試験、口述試験の三部から構成される第一次国家試験に合格しなければならない。続いて試補 (Referender) と呼ばれる見習い期間に入る。試補はそれぞれの指導教員の助言を受けながら、現場の実習校で毎週数時間の授業実践を担当するとともに、各州文部省が管轄する教員研修所における各種研修の催しに参加し、教職に関する理論的かつ実践的教育を受ける。試補は、この間、身分上はわが国の司法修習生のように公務員として一定額の給与が支給される。試補勤務期間は州によって、また取得する教職の種類によって必ずしも一様ではないが、約1年半ないし2年間である。そしてこの段階の最後に第二次国家試験が実施される。そこでは勤務校での平常の勤務成績のほか、論文試験、口述試験、それから試験管を前にして行う試験授業などの点数を総合して、最終的な合否が判定される（天野正治・結城忠・別府昭朗編著『ドイツの教育』東信堂、1998年、299頁）。

32 同上書、286頁。

33 同上書、286頁。

34 同上書、287頁。

35 P. Amtmann, *Das Schulspiel*, Manz Verlag, 1968, S. 28.

36 須崎朝子「クリエイティブ・ドラマにおける演劇教育観について」『広島大学教育学部紀要』第一部、第49号、2000年、186頁。

37 ブライアン・ウェイ、岡田陽・高橋美智訳『ドラマによる表現教育』玉川大学出版部、1977年、18頁。

38 須崎朝子、前掲論文、188頁。

39 P. Amtmann, a.a.O., 1968, S. 29.

40 *Stuttgarter Zeitung* , Nr. 219, 21. September, 2004.

41 NPO法人京田辺シュタイナー学校の担任教師、津田義子氏による筆者宛てFAX（2004年1月11日付け）より（津田は1990年から1991年にかけて、ウィーン・マウアーのヴァルドルフ教員養成所にて学び、ヴァルドルフ学校の教員資格を取得）。当時の卒業演劇公演（W. シェイクスピア作『真夏の夜の夢』）を振り返って。

42 元広島大学客員教授（2003–2004年）、現マンハイム・ヴァルドルフ教員養成大学教授H. U. シュムッツ（H.U. Schmutz）への質疑応答より（2003年11月18日）。

43 H. U. Schmutz, 同上質疑応答。

44 Freie Hochschule Stuttgart Seminar für Waldorfpädagogik, *Studienbegleiter für den Studiengang 2005/ 2006.*

45 Freie Hochschule für anthroposophische Pädagogik, *Kommentiertes Vorlesungsverzeichnis für das Studienjahr* 2003/ 2004, Manheim, S. 9, 14.

46 オーバーウーファーは、オーストリアとハンガリーの国境にある村で、ここでは16世紀から、村人総出の「キリスト誕生の劇」、「東方の三博士の劇」などのクリスマス劇が演じられてきた。これらの劇を研究したウィーン大学の教授であるカール・ユリウス・シュリョーアーを通じてこの劇を知ったシュタイナーは、「この劇には、素朴で心温まる人間本来の信仰の力が生きている」ことを感じ、この劇を広く紹介した。（H. エラー著、鳥山雅代訳、前掲書、64頁。）

47 A. Hirose/ Ch. Jaffke, Drama Erziehung an der Waldorfschule als Beitrag zur Reform der Drama Erziehung der japanischen Schule『大阪大学教育学年報』大阪大学大学院人間科学研究科教育学系 第11号、2006年、13頁。

48 A. Hirose/ Ch. Jaffke, 同上論文、13頁。

49 H. U. Schmutz, 前掲質疑応答。

50 H. Eller, a.a.O., S. 105-106, H. エラー著、鳥山雅代訳、前掲書、142頁。

51 H. Schiller, Die Ausbildung zum Waldorflehrer, Geschichte, Inhalte und Strukturen. In: F. Bohnsack/S. Leber [Hrsg.], *Alternative Konzepte für die Lehrerbildung*, Band 1, Verlag Julius Klinkhardt, 2000, S. 111.

52 A.a.O., S. 110.

53 Vgl. Freie Hochschule Stuttgart Seminar für Waldorfpädagogik, *Die Lehrerbildung*, 1997.

54 Vgl. Lehrerseminar der Goetheanistischen Studienstätte, *Ausbildung zum Waldorflehrer,* 1990.

55 H. U. Schmutz, 前掲質疑応答。

56 A. Hirose/ Ch. Jaffke, 前掲論文、13頁。

著者紹介

広瀬　綾子（ひろせ・あやこ）

1977年東京都に生まれる。

1990～91年、ウィーンのヴァルドルフ学校（Rudolf Steiner-Schule Wien-Mauer）の第7学年に編入学・在籍。

関西学院大学文学部ドイツ文学科卒業。大阪大学大学院人間科学研究科博士課程修了。博士（人間科学）。

現在、兵庫県立ピッコロ劇団劇団員、京都教育大学教育学部非常勤講師。

〔主要論文〕

「自由ヴァルドルフ学校の演劇教育――ドイツの公立・私立学校の演劇教育の現状を踏まえて」日本教育学会誌『教育学研究』第72巻第3号、2005年。

「R. シュタイナーの言語観と自由ヴァルドルフ学校の教育」日本キリスト教教育学会誌『キリスト教教育論集』第14号、2006年。

「自由ヴァルドルフ学校の演劇教育の基礎としての人智学的人間観」『大阪大学大学院人間科学研究科紀要』第36号、2010年。

〔主要著書〕

『未来を拓くシュタイナー教育』（共著）、ミネルヴァ書房、2006年。

『教育人間学の展開』（共著）、北樹出版、2009年。

Untersuchung über Theorie und Praxis der Dramenerziehung
Theaterspiel in der Freie Waldorfschule

演劇教育の理論と実践の研究――自由ヴァルドルフ学校の演劇教育

2011年2月28日　　初　版第1刷発行　　〔検印省略〕

定価はカバーに表示してあります。

著者©広瀬綾子／発行者 下田勝司　　印刷・製本／中央精版印刷

東京都文京区向丘1-20-6　　郵便振替00110-6-37828

〒113-0023　TEL (03) 3818-5521　FAX (03) 3818-5514

発行所　株式会社 東信堂

Published by TOSHINDO PUBLISHING CO., LTD.

1-20-6, Mukougaoka, Bunkyo-ku, Tokyo, 113-0023 Japan

E-mail : tk203444@fsinet.or.jp　http://www.toshindo-pub.com

ISBN978-4-7989-0047-6　C3037

東信堂

〔世界美術双書〕

- バルビゾン派　井出洋一郎　二〇〇〇円
- キリスト教シンボル図典　中森義宗　二三〇〇円
- パルテノンとギリシア陶器　関隆志　二三〇〇円
- 中国の版画—唐代から清代まで　小林宏光　二三〇〇円
- 象徴主義—モダニズムへの警鐘　中村隆夫　二三〇〇円
- 中国の仏教美術—後漢代から元代まで　久野美樹　二三〇〇円
- セザンヌとその時代　浅野春男　二三〇〇円
- 日本の南画　武田光一　二三〇〇円
- 画家とふるさと　小林忠　二三〇〇円
- ドイツの国民記念碑—一八一三—一九一三年　大原まゆみ　二三〇〇円
- 日本・アジア美術探索　永井信一　二三〇〇円
- インド、チョーラ朝の美術　袋井由布子　二三〇〇円
- 古代ギリシアのブロンズ彫刻　羽田康一　二三〇〇円

〔芸術学叢書〕

- 芸術理論の現在—モダニズムから　藤枝晃雄・谷川渥 編著　三八〇〇円
- 絵画論を超えて　尾崎信一郎　四六〇〇円

- 美術史の辞典　P・デューロ他　中森義宗・清水忠 訳　三六〇〇円
- バロックの魅力　小穴晶子 編　二六〇〇円
- 新版 ジャクソン・ポロック　藤枝晃雄　二六〇〇円
- 美学と現代美術の距離—アメリカにおけるその乖離と接近をめぐって　金悠美　三八〇〇円
- ロジャー・フライの批評理論—知性と感受性の間で　要真理子　四二〇〇円
- レオノール・フィニ—境界を侵犯する新しい種　尾形希和子　二八〇〇円
- いま蘇るブリア＝サヴァランの美味学　川端晶子　三八〇〇円
- ネットワーク美学の誕生—「下からの綜合」の世界へ向けて　川野洋　三六〇〇円
- イタリア・ルネサンス事典　J・R・ヘイル 編　中森義宗 監訳　七八〇〇円
- 福永武彦論—「純粋記憶」の生成とボードレール　西岡亜紀　三二〇〇円
- 『ユリシーズ』の詩学　金井嘉彦　三二〇〇円

〒113-0023　東京都文京区向丘 1-20-6　TEL 03-3818-5521　FAX03-3818-5514　振替 00110-6-37828
Email tk203444@fsinet.or.jp　URL:http://www.toshindo-pub.com/

※定価：表示価格（本体）＋税

東信堂

人は住むために闘ってきたか—（新装版）欧米住宅物語	早川和男	二〇〇〇円
イギリスにおける住居管理—オクタヴィア・ヒルからサッチャーへ	中島明子	七四五三円
〔居住福祉ブックレット〕		
居住福祉資源発見の旅：新しい福祉空間、懐かしい癒しの場	早川和男	七〇〇円
どこへ行く住宅政策：進む市場化、なくなる居住のセーフティネット	本間義人	七〇〇円
漢字の語源にみる居住福祉の思想	李　桓	七〇〇円
日本の居住政策と障害をもつ人	大本圭野	七〇〇円
障害者・高齢者と麦の郷のこころ：住民、そして地域とともに	伊藤静美　田中秀樹　加藤直人	七〇〇円
地場工務店とともに：健康住宅普及への途	山本里見	七〇〇円
子どもの道くさ	水月昭道	七〇〇円
居住福祉法学の構想	吉田邦彦	七〇〇円
奈良町の暮らしと福祉：市民主体のまちづくり	黒田睦子	七〇〇円
精神科医がめざす近隣力再建：進む「子育て」砂漠化、はびこる「付き合い拒否」症候群	中澤正夫	七〇〇円
住むことは生きること：鳥取県西部地震と住宅再建支援	片山善博	七〇〇円
最下流ホームレス村から日本を見れば	ありむら潜	七〇〇円
世界の借家人運動：あなたは住まいのセーフティネットを信じられますか？	髙島一夫	七〇〇円
「居住福祉学」の理論的構築	柳中権　張秀萍	七〇〇円
居住福祉資源発見の旅Ⅱ：地域の福祉力・教育力・防災力	早川和男	七〇〇円
居住福祉の世界：早川和男対談集	早川和男	七〇〇円
医療・福祉の沢内と地域演劇の湯田：岩手県西和賀町のまちづくり	高橋典成　金持伸子	七〇〇円
「居住福祉資源」の経済学	神野武美	七〇〇円
長生きマンション・長生き団地	千代崎一夫　山下千佳	八〇〇円
高齢社会の住まいづくり・まちづくり	蔵田　力	七〇〇円

〒113-0023　東京都文京区向丘 1-20-6　TEL 03-3818-5521　FAX03-3818-5514　振替 00110-6-37828
Email tk203444@fsinet.or.jp　URL:http://www.toshindo-pub.com/

※定価：表示価格（本体）＋税

東信堂

〈未来を拓く人文・社会科学シリーズ〈全17冊・別巻2〉

科学技術ガバナンス	城山英明編	一八〇〇円
ボトムアップな人間関係—心理・教育・福祉・環境・社会の12の現場から	サトウタツヤ編	一六〇〇円
高齢社会を生きる—老いる人／看取るシステム	清水哲郎編	一八〇〇円
家族のデザイン	小長谷有紀編	一八〇〇円
水をめぐるガバナンス—日本、アジア、中東、ヨーロッパの現場から	蔵治光一郎編	一八〇〇円
生活者がつくる市場社会	久米郁夫編	一八〇〇円
グローバル・ガバナンスの最前線—現在と過去のあいだ	遠藤乾編	二二〇〇円
資源を見る眼—現場からの分配論	佐藤仁編	二〇〇〇円
これからの教養教育—「カタ」の効用	葛西康徳・鈴木佳秀編	二〇〇〇円
「対テロ戦争」の時代の平和構築—過去からの視点、未来への展望	黒木英充編	一八〇〇円
企業の錯誤／教育の迷走—人材育成の「失われた一〇年」	青島矢一編	一八〇〇円
日本文化の空間学	桑子敏雄編	二二〇〇円
千年持続学の構築	木村武史編	一八〇〇円
多元的共生を求めて—〈市民の社会〉をつくる	宇田川妙子編	一八〇〇円
芸術は何を超えていくのか？	沼野充義編	一八〇〇円
芸術の生まれる場	木下直之編	二〇〇〇円
文学・芸術は何のためにあるのか？	吉岡洋・岡田暁生編	二〇〇〇円
紛争現場からの平和構築—国際刑事司法の役割と課題	城山英明・石田勇治・遠藤乾編	二八〇〇円
〈境界〉の今を生きる	荒川歩・川喜田敦子・谷川竜一・内藤順子・柴田晃芳編	一八〇〇円
日本の未来社会—エネルギー・環境と技術・政策	城山英明・鈴木達治郎・角和昌浩編	二二〇〇円

〒113-0023　東京都文京区向丘 1-20-6　TEL 03-3818-5521　FAX03-3818-5514　振替 00110-6-37828
Email tk203444@fsinet.or.jp　URL:http://www.toshindo-pub.com/

※定価：表示価格（本体）＋税